中国法制史考证续编

第五册

杨一凡 主编

汉代律家与律章句考

龙大轩 著

社会科学文献出版社

SOCIAL SCIENCES ACADEMIC PRESS (CHINA)

图书在版编目（CIP）数据

汉代律家与律章句考／龙大轩著. —北京：社会科学文
献出版社，2009.8
　（中国法制史考证续编；第五册）
　ISBN 978-7-5097-0821-7

　Ⅰ. 汉… Ⅱ. 龙… Ⅲ.①汉律-研究②法律史-研究-
中国-汉代 Ⅳ. D929.34

中国版本图书馆 CIP 数据核字（2009）第 104934 号

自 序

《明史·刑法志》云："历代之律，皆以汉《九章》为宗。"足见汉律地位之尊，实系吾国古代法之基石者也。然其成分复杂，素称难治，既有国家制定之律、令、科、比、品、式，又有律家著述之律章句同具效力。清末民初，杜贵墀、张鹏一、薛允升、沈家本、程树德诸氏之钩考，致力于前者，多有发明；于后者则似力有未逮。由彼及今，此研究格局未有大变。

于前人言犹未及或意犹未尽处着力，斯考据之要旨也。笔者倾三年之力，综罗汉史资料，用心爬梳剔抉，概辑得律家 15 人，钩沉律章句 543 条。列史料以显原貌于前，藉比对而辨真伪于后，个人陋见，亦随文陈之。笼而统之，凡十余万言。不求立宏观之论于当世，但祈对两汉法律与汉代法学之细枝末节，有所厘清。或能为时贤或后学之深入研究提供便利之资，则欣然愿足矣！

文中误失，在所难免，诚请方家指正。

作者于 2009 年 3 月

目　录

一　概　论

汉史素称难治，汉律亦然。汉代法律的特殊之处在于，它不仅包括国家制定的法律本文体系——律令科比等；还包括律家所著且用于司法实践的法律解释体系——律章句。清末民初以降，学人重在直奔主题，倾力以探两汉制定了何律、何令、何科、何比？忽略了对律章句的钩考、分析，致使整个研究格局有"重此轻彼"之势。

欲厘清汉律，必厘清汉代之律章句。欲厘清汉律章句，必先探寻著章句之律家。律家与律章句二者，相应相成，必得同步而考之。此前治汉律者，于律家与律章句之考证、钩沉，尚欠薄弱，故专为之考，以为研究者有所鉴焉。

（一）关于律家

汉代从事律令注释并著述律章句的学者称为"律家"。依《晋志》（《晋书·刑法志》）之言，其成就斐然者，有叔孙宣、郭令卿、马融、郑玄等十几家，至于其他研习律章句而无太大影响的学者，更是不知凡几。据程树德先生考证统计，两汉律家，共有 75 人，① 堪谓阵容庞大。这中间，又可分为两类。一是出身律令的学者，因熟读儒家经书，借用经学章句方法转而研治律令，以郭躬、陈宠等人为代表；二是本为经师，将经学研究扩伸于律令学领域，进而为律令著述章句，以马融、郑玄等人为代表。后一种律章句学者，于经学已有极高造诣，在经学学术史中常被推为经学家；然站在法学史的角度，亦可称其为律家。

　　传统学术将汉代律令注释之学称"律学"，随之将其从业学者称"律学家"，这是需要辨正的。按汉代人自己的说法，这些人应该叫做"律家"，他们是律章句学中的主体。最有证明力的当属郑玄的一句话，他在注《周礼》"司刑"官时说："诏刑罚者，处其所应不，如今律家所署法矣。"② 这里便有了律家的称谓。非惟如此，律家还对刑罚的适用作了解释，案件证据充分的入于刑；证据有疑点的则降格处理，入于罚。又，陈宠在公元94 年的上疏中说："律有三家，其说各异。"③ 表明这些人是被称为"家"的，其所著作品便是"律说"。王充的《论衡·谢短篇》中说："法律之家，亦为儒生。"说明律家既可以是儒生，儒生亦可以成为律家。南齐崔祖思也说："汉来治律有家。"④ 可见，汉魏以来，律家的称呼已是较为通行的了。

　　由于律家是以著述律章句而显身立命的，亦不妨将其称作"律章句家"，概言之，则都是律章句学者。在此，出现了"律家"、"律章句家"、"律章句学者"三个概念，笔者在使用时常

---

① 程树德著：《九朝律考·汉律考八·律家考》，中华书局，2003，第 175～185 页。下引此书，只注页码。
② 《周礼注疏》卷三六《秋官司寇第五》。唐贾公彦疏曰："诏刑罚，刑罚并言者，刑疑则入罚故也。"
③ 《后汉书》卷四六《陈宠传》，中华书局，1982，第 1554 页。
④ 《南齐书》卷二八《崔祖思传》，中华书局，1983，第 519 页。

有互换，特此说明。

汉代律家的涌现，与汉代律章句学的形成、发展相携而行，故宜分段考察。律章句学，滥觞于西汉，兴盛于东汉，流绪于曹魏，各阶段皆有律家的代表人物。

1. 律章句学萌芽期之律家（西汉宣帝至新莽时期·公元前74～前24年）

在经学史中，汉宣帝之前，虽有章句之说，而无章句之学。章句作为一种注疏体裁，早见于春秋末年。东汉徐防说："发明章句，始于子夏。其后诸家分析，各有异说。"① 但章句作为一门学术，则始于汉宣帝时，这是学术界通行的看法。② 既如此，律章句学是借鉴经学中章句之学的方法而成的，其产生自当在宣帝或宣帝之后，不得早于此时。

但是，上论并不等于说宣帝前就没有研习律令的学术了。南齐崔祖思曰："汉来治律有家，子孙并世其业，聚徒讲授，至数百人。故张、于二氏絜言文宣之世。"③ 此处提及的"张"，指张释之，字季。汉文帝时官拜廷尉，以秉公执法闻名于世；景帝时任为淮南相，素有治律之誉。武帝时廷尉杜周（公元前？～前94年）亦治律，《史记·酷吏列传》、《汉书》有传，治狱以严苛著称，"外宽，内深次骨"，所传律学，为"大杜律"。此二人，皆为文、景、武帝时期研习律令学之代表人物。由于当时章句学的方法尚未流行，张、杜二人不可能借其方法以治律令，故其人其学，还不能纳入"律章句学"的范畴。其治律方法与成

---

① 《后汉书》卷四四《徐防传》，中华书局，1982，第1500页。
② 参见杨权《论章句与章句之学》，载《中山大学学报》（社会科学版）2002年第4期，第81、84页。他说："而章句之学作为一门学术，则产生于西汉宣帝时期。"
③ 《玉海》卷六五《诏令·汉法名家》。

果，有的学者将之称为"律令之学"，与战国时兴的刑名法术之学既有因陈又有区别，此论以台湾学者邢义田为代表。他说："姑以'律令'代称秦汉行政遵循的一切法令规章。有关这些规章的学习和传授也就是律令之学。"① 追根溯源，刑名法术之学乃律令学之源，律令学又为律章句学之源。应该说，律章句学有两个源头，秦汉以来的律令之学为其本源；宣帝时兴起的章句之学为其旁源，两相结合，遂有律章句学的诞生。

自宣帝以迄新莽，律令学界出现三位代表人物。

一是杜延年，系杜周第三子，"亦明法律"，时人称"小杜"，《汉书》有传。昭宣之世，延年位居九卿十余年，五凤（公元前57～前54年）中任御史大夫，视事三年而薨。有文字化的律令著作传世，即前述沈约所言，西汉"律书"出于小杜。

二是于定国，字曼倩，乃宣帝之臣。崔祖思谓"张、于二氏絜言文宣之世"之"于"，指的就是于定国。其父于公，精于律法，"决狱平，罹文法者，于公所决，皆不恨。"② 定国"少学法于父"，历任侍御史、御史中丞、廷尉等职，元帝永光（公元前43～前39年）中去世，享年70余岁。一生治律甚勤，"集诸法律，凡九百六十卷，大辟四百九十条，千八百八十二事，死罪决事比，凡三千四百七十二条，诸断罪当用者，合二万六千二百七十二条。"③ 很可能解释过汉律。孔稚珪说："寻古之名流，多有法学。故释之定国，声光汉台。"④ 以此之故，遂将于定国视

① 邢义田：《秦汉的律令学——兼论曹魏律博士的出现》，载黄清连主编《制度与国家》，中国大百科全书出版社，2005，第86页。
② 《汉书》卷七一《于定国传》，中华书局，1983，第3041页。
③ 《魏书》卷一一一《刑罚志》，中华书局，1983，第2872页。
④ 《南齐书》卷四八《崔祖思传》，中华书局，1983，第837页。《玉海》卷六五《诏令·汉法名家》中，此则资料作："古之名流，少有法学。"

为法学先驱。

三是陈咸。陈咸是东汉著名律家陈宠的曾祖父，"成哀间以律令为尚书"，后王莽篡政，召其为掌寇大夫，陈咸称病不仕，"于是乃收敛其家律令书文，皆壁藏之。"① 可见其著有成文的"律令书文"。

将宣帝前后治律人物进行比较，便可发现不同。盖宣帝前的两位，张释之、杜周虽治律有名，却不见有著述成文律令作品的记载。宣帝后的三位，均有律令著述，杜延年有"律书"，于定国集撰法律 960 卷，陈咸有"律令书文"。这一看似细微的差异，却孕育着一门新学科——律章句学的胚胎。因为自宣帝始，在经学界出现了欧阳高、夏侯建、孟喜、施雠、梁丘贺、尹更始等一大批对政界影响很大的章句作者；经生以"博士弟子"的身份在太学研习章句者越来越多（宣帝时增为 200 人，元帝时增为千人，成帝时增为 3000 人）；章句作品大量涌现；经师制出章句，一旦得到皇帝认可，便成为太学的重要教学内容，功名利禄随之而来，章句之学成为显学。在这种学风的影响下，律令学界不可能不受其影响，故杜延年、于定国、陈咸所著，很可能就是借助了经学方法为律令撰作的章句。由于笔者尚未发现他们的律章句在实践中运用的痕迹（但并不等于说就不能运用，只是目前尚未找到相关资料），故宜将这一时期确定为"律章句学的萌芽阶段"。

2. 律章句学发展期之律家（1 世纪之东汉·公元 25～99 年）

及至东汉，经学大盛。"光武中兴，笃好文雅，明、章继

① 《后汉书》卷四六《陈宠传》，中华书局，1982，第 1548 页。

轨，尤重经术。"① 律章句之学亦随之得到发展。"光武中兴，未及下车，先访儒雅，四方学士，云会京师。……于是立《五经》博士，各以家法教授。"② 汉明帝更是"崇尚儒学，自皇太子诸王侯及大臣子弟、功臣子孙，莫不受经。"③ 章帝建初四年（公元 79 年）召开了著名的白虎观会议，讲论五经异同，最后整理编纂为《白虎通德论》，推出以"三纲"、"六纪"为核心的政治伦理体系。

> 三纲者，何谓也？谓君臣、父子、夫妇也。六纪者，谓诸父、兄弟、族人、诸舅、师长、朋友也。故君为臣纲，父为子纲，夫为妻纲。又曰：敬诸父兄，六纪道行，诸舅有义，族人有序，昆弟有亲，师长有尊，朋友有旧。
>
> 何谓纲纪？纲者，张也。纪者，理也。大者为纲，小者为纪，所以疆理上下，整齐人道也。④

经学研究得到了政治上的认可，《白虎通德论》成为规范人们思想行为乃至衣冠服饰的经学法典；反过来，政治上的认同又刺激经学的进一步发展，走向鼎盛，研究门派日益繁多。"及东京学者，亦各名家，而守文之徒，滞固所禀，异端纷纭，互相诡激，遂令经有数家，家有数说，章句多者，或乃百余万言。"⑤ 至汉和帝永元十一年（公元 99 年），中大夫鲁正在其上疏中说：

---

① 《隋书》卷三二《经籍一》，中华书局，1983，第 906 页。

② 《后汉书》卷七九上《儒林列传》，中华书局，1982，第 2545 页。

③ （宋）司马光撰、（元）胡三省音注：《资治通鉴》卷四五《汉纪三七》明帝永平八年条。

④ 《白虎通义》卷八《三纲六纪》。

⑤ （南宋）徐天麟撰：《东汉会要》卷一二《经学》引《郑玄论》，中华书局，1955，第 125 页。下引只注卷页。

"臣闻说经者，傅先师之言，非从己出，不得相让；相让则道不明，若规矩权衡之不可枉也。"随之，这种分门别派的做法又得到国家的鼓励与支持。永和十四年（公元102年），要求"博士及甲乙策试，宜从其家章句。……若不依先师，义有相伐，皆正以为非"。①

经学发展的自然延伸，便是律章句学的进一步发展。且律章句学亦仿效经学，各立家法门派，以促研究之专精。研究律令的学者队伍中出现师法家法，是律章句学得以发展的重要标志。何谓师法、家法？由于对律令理解的不同，"所欲活则傅生议，所欲陷则予死比"，② 以及引用儒家经义的分殊，导致律家对律令的注释有了分歧。师傅所传，弟子所受，逐渐固定为不能改变的师法。同出一师，分成诸家，又演变出家法。律章句既是形成不同律家派别的前提，又成为凸显不同家派之差异的表征。故有论者云："家法确立的前提是有章句，有章句才有家法可守。才可据以教授弟子，批判异端。"③

这一阶段的律家，共有三家。陈宠在公元94年说："汉兴以来，三百二年，宪令稍增，科条无限。又律有三家，其说各异。"说明在他生活的那个时代，已有三大律家。这是将公元1世纪东汉（公元25～100年）定为律章句学发展期的直接证据。

笔者认为，此三大律家，即指杜林、郭躬、陈宠三氏。（详细考证见第二章《律家考》）

---

① 《资治通鉴》卷四八《汉纪四〇》和帝永元十一年、十四年条。
② 《汉书》卷二三《刑法志》，中华书局，1983，第1101页。
③ 严正：《汉代经学的确立与演变》，载姜广辉主编《经学今诠初编》，辽宁教育出版社，2000，第254页。

3. 律章句学繁荣期之律家（2 世纪之东汉·公元 100～199年）

东汉后九朝（殇、安、顺、冲、质、桓、灵、少、献帝），约在公元 2 世纪。这一时期，经学曾一度冷落，"自安帝（公元 107～125 年）览政，薄于艺文，博士倚席不讲，朋徒相视怠散"。但至顺帝（公元 126 年～144 年）时，又得复兴，国家大修黉室以供讲经习经之用，又定通经入仕之激励政策，"试明经下第补弟子，增甲乙之科员十人，除郡国耆儒皆补郎、舍人"。质帝时梁太后于本初元年（公元 146 年）诏曰："大将军下至六百石，悉遣子就学，每岁辄于乡射月一饗会之，以此为常。"自是游学增盛，太学的经生增至三万余人，是西汉末博士弟子数量的十倍。由此以及汉季，经学不衰。熹平四年（公元 175 年），"灵帝乃诏诸儒正定《五经》，刊于石碑，为古文、篆、隶三体书法以相参检，树之学门，使天下咸取则焉。"①

经学兴盛，兼习经、律者日众，以章句方法注律者逾多。《晋书·刑法志》称："叔孙宣、郭令卿、马融、郑玄诸儒章句十有余家，家数十万言。凡断罪所当由用者，合二万六千二百七十二条，七百七十三万二千二百余言，言数益繁，览者益难"。考诸 2 世纪之东汉，律章句学者当有许慎、马融、钟皓、吴雄、郑玄、何休、服虔、文颖、应劭等人，本著姑谓之"律九家"。加上发展期的杜林、郭躬、陈宠之"律三家"，以及萌芽期之杜延年、于定国、陈咸三氏，合十五家，与晋志"十有余家"的说法大致相符。后九家中，马融、郑玄二家，史有明征；其余七

---

① 《后汉书》卷七九上《儒林列传》，中华书局，1982，第 2547 页。许慎又著《五经异义》，臧否五经传说之不同，惜书已佚。清人陈寿祺辑有《五经异义疏证》，辑注较备。另参考赵吉惠、郭厚安主编《中国儒学辞典》，辽宁人民出版社，1988，第 26 页。

家，为笔者悉心考辨所悟。学术须"大胆设想，小心求证"，斯之谓也。（详细考证见第二章《律家考》）

4. 律章句学式微期之律家（汉末以迄曹魏·公元 200～265 年）

3 世纪初之东汉，著述律章句的学者与作品，已难见于史了。汉献帝建安二十一年（公元 216 年），初置律博士。《宋书·百官志》说："廷尉，律博士一人。"律博士一出，律令的注解、传授与教习，悉由其统一负责，私家注律受限，律章句学走向衰落。及至曹魏时期，律博士之设，更进一步制度化。《三国志》卷二一《卫觊传》记载：

> （魏）明帝即位，（觊）进封闾乡侯，三百户。觊奏曰："九章之律，自古所传，断定刑罪，其意微妙。百里长吏，皆宜知律。刑法者，国家之所贵重，而私议之所轻贱；狱吏者，百姓之所县命，而选用者之所卑下。王政之弊，未必不由此也。请置律博士，转相教授。"事遂施行。

曹魏将律令的"教授"之权收归律博士掌管、实施，私家注律之举势必受到抑制。即使是精于律令的学者，因魏明帝（公元 227～239 年）已发布了"但用郑氏章句"的诏令，哪怕著出律章句，也难得到国家认可，更难用于实践，自然不会有东汉律家那样的热情了。于是，著律章句的学者日渐减少，律章句学也日渐冷落。公元 263 年，司马昭为晋王，令贾充等人改定新律，不再承用郑氏章句，律章句学遂告结束。古代法学研究的学术形态遂向"律学"转化。

（二）关于律章句

1. 章句

要谈律章句，先要说明什么是"章句"。冯友兰先生说："章句是从汉朝以来的一种注解名称。"[①] 吕思勉先生说："考诸古书，则古人所谓章句，似后世之传注。"[②] 可见章句是一种注疏体裁，其核心就是作注。如何注解？注解什么？便成了其中最重要的内涵。

在注解方法上，清儒焦循说得很清楚。"既分其章，又依句敷衍而发明之，所谓'章句'也。……叠训诂于语句之中，绘本义于错综之内。"[③] 详析其言可知，章句之注疏方法有二。一是训诂之法，即"叠训诂于语句之中"。《辞源》谓章句是"训诂之学"，[④] 说明其正是运用训诂的方法来作注，对古籍字词之音形义进行解释，"所谓章句，就是分析章节句读，逐字逐句逐章解说经义。"[⑤] 二是义理之法，即"绘本义于错综之内"。史称"世俗学问者……急欲成一家章句，义理略具。"[⑥] "儒生之业，五经也。南面为师，旦夕讲授章句，滑习义理，究备于五经也。"[⑦] 可见章句离不开义理之法。今世学者甚至直指"'章句'就是义理体系和解释体系"，[⑧] 说明章句还要使用义理之法。

---

① 冯友兰著：《中国哲学史史料学初稿》，上海人民出版社，1962，140 页。

② 吕思勉著：《章句论》，转引自林庆彰主编《中国经学史论文选集》（上册），（台）文史哲出版社，1992，第 277 页。

③ 《孟子正义》卷一。

④ 《辞源》"训诂"条，商务印书馆，1981。

⑤ 赵吉惠、郭厚安主编：《中国儒学辞典》，辽宁人民出版社，1988，第 808～809 页。

⑥ （东汉）王充撰：《论衡》卷二〇《程材篇》。

⑦ （东汉）王充撰：《论衡》卷三六《谢短篇》。

⑧ 张荣明著：《中国的国教——从上古到东汉》，中国社会科学出版社，2001，第 236 页。

在注解对象上，王充《论衡·正说篇》说："夫经之有篇也，犹有章句；有章句，犹有文字也。文字有意以立句，句有数以连章，章有体以成篇，篇则章句之大者也"，进一步说明章句是用训诂、义理之法对原典中的字、句、章、篇进行注解。

将注解方法与注解对象结合起来看，章句作为一种注疏体裁，其具体要素包括：①解词。古代的"词"，即今天所说的"字"，一个词就是一个字。因而词是古汉语中最小的表义单位，对它的解释，成为章句中最基础的工作。具体方法为"以形说义"、"因声求义"、"据文证义"，实即对字的形、音、义作出注解。②解句。对文句的含义作出解释。詹锳先生说："'章句'的'句'，也不是现代汉语中所说的句，而是说话时一个停顿的单位。"[①]　③析章分篇。古语中的"章"相当于现代文章中的"段"，但又不完全等同于段。今天的"段"与"段"之间可以是独立的，也可以是不独立的；而古代的"章"与"章"之间，每一章是独立的，并无关联。"析章"就是对一段文字的主要内容作注解，称为"章旨"。"篇"大于"章"，"分篇"就是对一篇分多少章作说明。譬如《论语》，《学而》是第一篇，下面又分十六章。④对典章制度、名物习俗的沿革流变、时代背景进行说明。如此分疏之后，便可理解唐章怀太子李贤说的话了，"章句谓离章辨句，委曲枝派也。"[②]

"章句"是汉代经学中最重要的学术方法。经学家运用此方法为《周易》、《尚书》、《诗》、《礼记》、《春秋》、《论语》、《孟子》等儒家经传，皆著有章句。[③]

---

① 詹锳著：《文心雕龙义证》，上海古籍出版社，1999，第1247页。
② 《后汉书》卷二八上《桓谭传》注文，中华书局，1982，第955页。
③ 任远著：《汉代章句之学与语法研究》，载《语言研究》1995年第1期，第101页。

2. 律章句

汉代经学昌盛,此风及于律令之学,遂有律家借鉴其方法,为已颁行的律、令、科、比等著述章句。《晋书·刑法志》云:

> 后人生意,各为章句。叔孙宣、郭令卿、马融、郑玄诸儒章句十有余家,家数十万言。凡断罪所当由用者,合二万六千二百七十二条,七百七十三万二千二百余言,言数益繁,览者益难。天子(指魏明帝)于是下诏,但用郑氏章句,不得杂用余家。

在此,"章句"一辞三见。虽然房玄龄等人未明言其为"律章句",然藉"凡断罪所当由用者"一句,可知这些章句是用来定罪量刑的,自然是律章句了。

紧接着考察治章句的十余家人物,更能得到确凿的证明,如郑玄(字康成),乃东汉著名经学大师,其所著章句,便被后人直呼为"律章句"。南齐崔祖思谓:"郑康成一代大儒,而为律章句。"① 另,汉末律家应劭曾在建安元年(公元196年)奏上一系列律令学著作,共250篇,其中包括一部《律本章句》,得到了汉献帝的称善。② 旁证于《隋书·经籍志》的记载,称应劭著《律略论》5卷。此《律略论》很可能与《律本章句》同书异名,若然,则知其律章句有5卷。这是证明汉代有律章句最直接的证据。沈家本在《设律博士议》中也谈到了律章句这一提法。"马、郑经学大儒,犹为律章句,其余诸家章句,各自为

---

① 《南齐书》卷二八《崔祖思传》,中华书局,1983,第519页。
② 《后汉书》卷四八《应劭传》,中华书局,1982,第1613页。

书，转相传授，学者遂多矣。"①

3. 律章句之学术方法

章句作为一种注疏体裁，经学家用以为儒家经传进行注解，汉代律家亦借以作为研究、注释律令的学术方法，所注对象为国家制定的律、令、科、比等法律本文体系，所用办法为训诂与义理二法。

其一是用训诂方法注释法律，其成果在整个律学中占有绝大部分比例。如东汉中期学者许慎，他在《说文解字》中对汉律的注释共有 101 处（数据可参第三、四章《律章句考辨》上、下所列的十个表），都是对律令以及与律令相关字词的音、形、义进行注释；东汉末年经学家服虔对汉律的注释，亦多是对律令中用字进行音注。王念孙在《说文解字注》序中说："训诂声音明而小学明，小学明而经学明"，② 可知音训乃小学之术，亦为经学之法。故尔此类律注，属于训诂方法注律所产生的成果。

其二是用义理之法注律，主要表现为引用儒家经传诠释法律，以阐明律令之大义所在，史称"引经注律"。由于传统学术重经学而轻律学，故此类律注保留下来的不多，只能偶或得见。典型者如应劭注汉律中"病免"一词，先征引儒经，再注本词："《易》称：'守位以仁。'《尚书》：'无旷庶官。'《诗》云：'彼君子不素餐兮。'《论语》：'陈力就列，不能者止。'汉典，吏病百日，应免。所以恤俗逋慝也。"③ 从其他史料可以看到，"病免"就是汉律中的规定。孟康曰："汉律，二千石有予告、

---

① （清）沈家本撰：《设律博士议》，载《历代刑法考》卷四《寄簃文存》，中华书局，1985。下引只注卷次。

② 徐中舒辑：《说文解字段注》叙，成都古籍书店影印，1981。下引只注页码。

③ 《风俗通义》卷四《过誉》。

赐告。予告者，在官有功，最法所当得也。赐告者，病满三月当免，天子优赐复其告，使得带印绶、将官属，归家治病也。"①《前书音义》曰："吏病满百日当免也。"② 又如，汉律令中的"附益"罪，"律郑氏说，封诸侯过限曰附益。或曰阿媚王侯，有重法也。"律郑氏说，即郑玄注律所形成的成果，其注罪名，乃以儒家经义为指导。所以唐朝颜师古就说："盖取孔子云：'求也为之聚敛而附益之'之义也，皆背正法而厚于私家也。"③

在《史记》、《汉书》、《三礼》、《毛诗》、《春秋公羊传》的注笺中，能够轻而易举地看到郑玄、何休等人用汉律来解释儒经的例子，史称"引律注经"；却很难看到他们用儒家经义来注释汉律的例子，即引经注律。但换一个角度来考虑，他们引律注经的条文，倒过来理解，恰恰是引经注律的成果，譬如解释某条经文引用了某条汉律，反过来，其解释该条汉律时也理当引用该条经文或与该条经文相似的其他经文。比方，郑玄用汉《贼律》的规定解释《周礼》中的蛊，《周礼》中说："庶人掌除毒蛊，以攻说禬之，嘉草攻之。"郑玄注曰："毒蛊，蛊物而病害人者。《贼律》曰：敢蛊人及教令者，弃市。"④ 反过来，当他要解释汉《贼律》中的"巫蛊"罪时，理应会引用《周礼》中的该条文义。如此一掉换，引用经文、经义注释汉律的内容就容易考出了。

4. 律章句之成果概览

汉代注律的学者很多，又"各守师说"，⑤ "从其家章句"，⑥

---

① 《史记》卷八《高祖本纪》集解，中华书局，1983，第349页。
② 《后汉书》卷六〇《蔡邕列传》，中华书局，1982，第2001页。
③ 《汉书》卷一四《诸侯王表第二》注引张晏曰，中华书局，1983，第395页。
④ 《周礼注疏》卷三七《秋官司寇下第五》。
⑤ 《资治通鉴》卷四八《汉纪四〇》和帝永元十一年条胡三省注文。
⑥ 《资治通鉴》卷四八《汉纪四〇》和帝永元十四年条。

遂有家派之分，至十有余家，叔孙宣、郭令卿、马融、郑玄等为其代表。按《晋志》之记载，这些知名的律章句家，每位所著的律章句，均有数十万字，总括起来有 26272 条，7732200 余字，可谓成果丰硕。在此，还需辨明两点。

第一，律章句并非只是对律文进行注释所形成的成果，还包括对令、科、比、品、式等法律形式作注所形成的成果。

汉代法律体系以律为中心，还包括令、科、品、式、决事比等法律形式。因而"律"是对整个汉律体系的统称。正如汉人自己所说："律，法也。"① 故尔"律章句"之名，是律家对各种形式的汉代法律所作注解的统称，又可称为"律注"。正因其不只是对律作注，还包揽其他法律形式，所以有时又称"律令注"。"文帝（司马昭）为晋王，患前代律令本注烦杂，陈群、刘邵虽经改革，而科网本密，又叔孙、郭、马、杜诸儒章句，但取郑氏，又为偏党，未可承用。于是令贾充定法律"。② 说明在晋以前的汉魏，司法实践中既要以律令本文为依据，又要以律令注文为依据，以致有了"烦杂"之患，这里便有了"律令注"的提法。还可证之于《晋书·刑法志》的另一段话：

> 汉承秦制，萧何定律，除参夷连坐之罪，增部主见知之条，益事律《兴》、《厩》、《户》三篇，合为九篇。叔孙通益律所不及，傍章十八篇。张汤《越宫律》二十七篇，赵禹《朝律》六篇，合六十篇。又汉时决事，集为《令甲》以下三百篇，及司徒鲍公撰《嫁娶辞讼比》，为《法比都目》，凡九百六卷。世有增损，率皆集类为篇，结事为章。

① 《礼记正义》卷一一《王制第五》郑玄注文。
② 《晋书》卷三〇《刑法志》，中华书局，1983，第 927 页。

一章之中或事过数十，事类虽同，轻重乖异。而通条连句，上下相蒙，虽大体异篇，实相采入。《盗律》有贼伤之例，《贼律》有盗章之文，《兴律》有上狱之法，《厩律》有逮捕之事。若此之比，错糅无常。后人生意，各为章句。

上言说明，后人生意所作章句，既有针对"律"的，又有针对"令"、"比"的。要之，"律章句"、"律注"、"律令注"，虽名异而实同，文中在使用这些概念时常有互换，望读者审之。

在笔者的研究中，本欲按律、令、科、品、式、决事比这几个栏目，去归纳汉代律家所著律章句，过程中才发现，除了能将部分材料纳入律或令的栏目外，其他大量材料根本无法弄清它是律令中的规定，还是科、比、品中的内容。但为了研究的深入，又不得不将其分门别类，通过反复试分，最后将"律章句"分为十个门类。①律说，②具律，③罪名，④刑名，⑤事律，⑥职官，⑦军法，⑧狱讼，⑨监狱，⑩礼制。

第二，律章句与律说的关系。

"说"是经师对儒家经传所作的义理发挥，也是一种注疏体裁。在汉代经学中，章句常与"说"等同。《汉书·儒林传》说："（丁宽）作《易说》三万言，训诂举大谊而已，今《小章句》是也。"也就是说，丁宽所作关于《易》的"说"，又叫"小章句"；《后汉书·儒林传》说："（司徒伏）湛弟黯，字稚文，以明齐诗，改定章句，作解说九篇。"亦即是说，伏黯所作关于《诗》的章句，又可叫做"说"。由此可见，"章句"与"说"的关系，正如今人王铁先生所认为："章句相当于说"，

"说与章句两名可以互称"。①

在律章句学中，"律章句"与"律说"的关系，同于经学中"章句"与"说"的关系。至少，律章句应当包含律说。在敦煌汉简中，便保留了汉人引用的律说佚文；②魏晋学者如张晏、如淳、臣瓒等人在注释史汉时，往往征引"律说"为证。沈家本说："按（《汉书》）诸家注中颇引律说而不著其名，无以知其为何人之语，然必汉时说律诸家，此汉律原文也。"③程树德在《九朝律考》中辑史汉遗存律说8条。笔者爬梳史料发现律说11条（详见第三章《律章句考》上，表一）。综览而后知沈氏之偏，盖律说并非"汉律原文"，乃律家对汉律原文所作的解说。其岂惟仅存于《汉书》注文，亦见于《史记集解》与《昭明文选》之中，且有知其为"何人之语"者。若"律郑氏说"，是三国时魏国学者张晏在注《汉书》时称引的，即指郑玄所作律章句。④其他家派，是否可以依此类推，史无明载，想来应当是可以的。

5. 律章句之运用

律章句的实际应用，主要体现在两个方面。

首先是在教学之业中的运用。西汉武帝时设"四科之辟"以择官，其中第三科便是"明晓法令"。⑤东汉献帝建安十八年策曰："以君经纬礼、律，为民轨仪。"⑥反映出汉代之国策，以

---

① 王铁著：《汉代学术史》，华东师范大学出版社，1995，第236页。

② 林梅村、李均明编：《疏勒河流域出土汉简》339。《律说》佚文为："行言者若许，多受赇以枉法，皆坐赃为盗，没入（官）□□。行言者，本行职□也。"文物出版社，1984，下引，只注简册号。

③ （清）沈家本撰：《历代刑法考》，《汉律摭遗》卷二〇《律说》。

④ 《汉书》卷一四《诸侯王表第二》注引张晏曰，中华书局，1983，第395页。

⑤ 《汉旧仪》卷上，见（清）孙星衍等辑、周天游点校《汉官六种》，中华书局，1990，第5页。

⑥ 《后汉纪》卷三〇《献帝纪》，周天游校注本，天津古籍出版社，1987，第851页。

明习律令为入仕的必备条件。在两汉书中，因明习律令而入仕者，比比皆是。律令教习之业，因之而盛。如东汉郭躬，传习小杜律（杜延年之律令学），"讲授徒众，常数百人。"① 钟皓，"博学诗律，教授门生，千有余人。"② 既然要开门授徒，就得有相应的教本，而律章句，正是帮助学生理解国家律令最直接的教材。西汉的杜延年、陈咸，东汉的吴雄等人，史称其有律书。南齐沈约说："汉代律书，出乎小杜吴雄。"③《后汉书》卷四六《陈宠传》说：宠之曾祖父陈咸，"于是乃收敛其家律令书文，皆壁藏之。"这些"律书"、"律令书文"，当是律家的律章句之作，在律令教习中发挥着重要作用。而学生通过诵习律章句，亦为其进入官场铺平了道路。诚如《后汉书·顺帝纪》中所说："初令郡国举孝廉，限年四十以上，诸生通章句，文吏能笺奏，乃得应选。"

其次是在司法实践中的运用。陈宠在公元 94 年说："汉兴以来，三百二年，宪令稍增，科条无限。又律有三家，其说各异。"可知在 1 世纪的东汉，已有三大律家的章句得到了应用，加上本来就有的"宪令"、"科条"，不胜其烦，致使人难以选择，故陈宠建议按"应经合义"的原则对其进行删减。④ 后来，发展为《晋志》所称的十有余家，数以百万言计的律章句，都是"凡断罪所当由用者"，即是审案定刑的依据。这种状况，一直持续到曹魏。曹魏初年，"是时承用秦汉旧律"，也沿用汉代诸家律章句，从公元 220～227 年皆然。到魏明帝时下诏，"但用

---

① 《后汉书》卷四六《郭躬传》，中华书局，1982，第 1543 页。
② 《三国志》卷一三《魏志·钟繇传》注引先贤行状，中华书局，1983，第 391 页。
③ 《玉海》卷六五《诏令·汉法名家》。
④ 《后汉书》卷四六《陈宠传》，中华书局，1982，第 1554 页。

郑氏章句，不得杂用余家。"① 只允许引用郑玄的律章句判案的情形，延续到公元 263 年司马昭称晋王时，认为只用郑氏章句，有失偏颇，不再承用，命贾充等人重新制定新律，是为《泰始律》。该律于晋武帝泰始三年（公元 268 年）完成，公元 269 年颁行天下。由上述过程可见，终曹魏之世，汉律章句始终得以适用，可证其影响之大。

在此，对律章句的司法运用进行重点介绍。

（1）律章句的法律效力问题。

从笔者搜罗的 543 条律章句来看（详见第三、四章），律章句学的注释方法，一在于对律语和律令用字的音、形、义做出训诂式的注解；二在于用儒家经义来阐释某一条法律的义理所在。这两种注释文字，都是律章句的内容，对法律在实践中的准确适用无疑是有帮助的。关键在于司法人员在实践中是否运用；而司法人员是否运用律章句，关键又在于律章句是否有法律约束力。如其没有法律效力，所谓律章句学对司法的指导作用也就成了无稽之谈；如其具有法律效力，则司法人员就不得不遵守。进而，律章句是否具有法律效力的问题，是论证律章句学对司法实践有无指导作用的关键。

根据相关资料来作分析，律章句的法律效力问题，完全可以得到证实。

①汉代人的论述。根据陈宠在公元 94 年给和帝的上疏来看，至少在公元 1 世纪，律章句已取得了法律效力。他说，当时的律令条款有 4989 条，比《甫刑》之数超过 1989 条，堪谓法网烦密；再加上有三大律家之"律说"，各自的说法又不相同，所谓

---

① 《晋书》卷三〇《刑法志》，中华书局，1983，第 923 页。

"律有三家，说各驳异"，造成了"刑法繁多"的局面。已知"律说"是"律章句"的一种表现形式。在陈宠的奏折中，直接将"律说"做为"刑法"的渊源之一，说明律章句是具有法律效力的。同时，也正是由于律章句有法律效力，陈宠担心这些各执己见的律章句会给司法实践带来不便，影响国家法律的统一适用，所以才建议按"应经合义"的原则进行删简；反之，如果律章句没有法律效力，陈宠在论及"刑法繁多"的时候，就无需将其作为一个问题提出。

到公元 2 世纪，郑玄注《周礼》的一句话，直接涉及到律章句的法律效力问题。《周礼·司刑》云，司刑之职掌，"若司寇断狱弊讼，则以五刑之法诏刑罚，而以辨罪之轻重。"郑玄注之说："诏刑罚者，处其所应不，如今律家所署法矣。"这段话的意思是：对疑难案件中的罪犯，应处墨、劓、腓、宫、大辟这五刑，还是应降格为五种财产罚进行处理，"司刑"应加以说明，并且要解释其中的理由，这和现在的律家对法律所作的解释是一样的。换言之，对汉代疑案中罪犯的处理，是处实刑，还是处财产罚，律家也要像"司刑"那样作出注解，其解释的基本原则就是"刑疑则入罚"，① 案件确有疑点且不能得到证据证明的，就不能处实刑，而应降格为财产罚进行处理，此即"今律家所署法"，执法者在办案过程中应遵照执行。由此可以推见律章句之效力。

②后人的追述。后人对律章句的效力，作了非常肯定的叙述。《晋书·刑法志》中两见其义。

---

① 《周礼注疏》卷三六《秋官司寇第五》贾公彦疏。

后人生意，各为章句。叔孙宣、郭令卿、马融、郑玄诸儒章句十有余家，家数十万言。凡断罪所当由用者，合二万六千二百七十二条，七百七十三万二千二百余言，言数益繁，览者益难。天子（指魏明帝）于是下诏，但用郑氏章句，不得杂用余家。

文帝（司马昭）为晋王，患前代律令本注烦杂，陈群、刘邵虽经改革，而科网本密，又叔孙、郭、马、杜诸儒章句，但取郑氏，又为偏党，未可承用。于是令贾充定法律。

这两则资料，本著已反复引用，因其所说明的问题不同，也就不觉其烦了。《晋书》虽为唐朝房玄龄等人编著，然这两则资料，所引文字必出自曹魏、西晋的诏令，其可信度是勿庸置疑的。通过分析，可以从中捕捉到如下重要信息：

其一，汉律章句是有法律效力的。

此前行文已曾辨清，汉之"律章句"，即对律令所作之注，又可称"律注"、"律令注文"等，虽名异而实同。上引资料之前则，证明了"律章句"的法律效力。其称汉律章句共有26272条，7732200字，乃"断罪所当由用者"，也就是说，这数以百万言计的章句，都是有法律效力的。后则资料则证明了"律令注文"的法律效力。其言司马昭"患前代律令本注烦杂"，亦即是说，此前汉魏之司法实践，既遵循"律令本文"，又奉守"律令注文"来办案，两两相对，以致于"烦杂"，其潜藏的意思则表明，这些"律令注文"也是有法律效力的。

其二，律章句的法律效力是一以贯之的，自汉迄魏未曾中断。

律章句具体从什么时候开始获得法律效力，这个微观问题，现在已很难考证确凿。在西汉律章句学的萌芽期（宣帝——新莽），笔者没有看到有章句适用于司法实践的述评，也没看到相应的案例。但以当时杜延年、于定国等人的律令学造诣，以及他们在司法界的影响，所著章句或有可能在实践中起着一定的参照作用，亦未可知。

然而到 1 世纪，律章句的效力问题，就得到了明证。由此以往，直到汉末皆未改变，且有越来越多的势头。1 世纪时，有三家之律章句得到了国家的认可，并适用于司法实践；到 2 世纪，则发展到十余家，《晋志》提及的叔孙宣、郭令卿、马融、郑玄等，恐怕只是其中出身经学而兼治律章句者；至于出身律令学而治著律章句的学者，则没有点名提到。

律章句不但在汉朝得到了应用，还传到了曹魏。曹魏初期，史称"是时承用秦汉旧律"，这里的"汉旧律"，不仅包括汉代之律令本文，也包括汉代的律令注文，正是由于这些律章句数量太多，造成了"言数益繁，览者益难"的混乱局面，所以魏明帝（公元 227～239 年）才下诏只用郑氏章句，废止其他诸家章句。郑玄的律章句一直在魏国的司法实践中起着指导作用，这种一花独放的局面，到公元 263 年司马昭晋封晋王时才告结束。

（2）律章句进入司法的具体途径。

律章句作为一种法律解释作品，最先它只是私家著述，要获取法律效力，还得通过皇帝制可的程序。当然，我们已经无法找到某家章句是某时由某皇帝下诏适用的证据了，但依照逻辑推理，可以肯定这道手续是免不了的。因为无论古人还是今人，都无法想象，一部私撰的学术著作能直接进入司法并成为判案准据。

设想一部部律章句业已得到皇帝允准，并赐令各级司法机关遵照执行。紧接着便有一个难题不期而遇，那就是，1世纪已有三家律说，2世纪发展到十余家律章句，他们对律令的解释各有不同，所谓"说各驳异"是也。既如此，司法官在同一案件遇到互相矛盾的律章句时，又该适用哪一家的章句呢？只有解答了这一难题，才能观察到律章句具体是怎样进入司法领域的。

由于史料阙如，对这一问题，笔者不敢武断作答，只能在有限资料的基础上做一些学理性推测。

首先，愚以为，汉律章句虽有"说各驳异"处，但这应当只占少数；绝大多数律章句，其对律令之注解，理应是相同的。否则，在以律章句为法律准据的东汉，其法制状况岂不成了一片混乱？

比如"耐"刑，许慎、应劭皆作有律注。许氏曰"罪不至髡也。从彡而，而亦声。""耐。或从寸，诸法度字从寸。"侧重分析该刑的字形结构，指明它是轻于"髡"（即剃去罪犯头发）的一种刑罚；应氏云："轻罪不至于髡，完其耏鬓，故曰耏。古'耏'字从'彡'，发肤之意。杜林以为法度之字皆从'寸'。后改如是。耐音若能。"（详见表3-4）意在表明该刑是一种剃去鬓须但要保留头发的轻刑，同时介绍其字形结构演化之由来。二人解释的文字虽不相同，用词也有多少之差，但两种解释并无本质矛盾，绝不会是一个解释为剃发，一个解释为剃须吧！故可将两人之注看成是从不同角度对耐刑所作的注释，互为参详，不但不会产生含义上的冲突，反倒有相得益彰的效果。

又如"致仕"的职官法律制度，三人有注：

郑玄六注：①"宅田，致仕者之家所受田也。"②"致其所掌之事于君而告老。"③"仕焉而已者，谓老若有废疾而致仕者也。"④"乡先生，乡大夫也，致仕者也。"⑤"古者七十而致仕，老于乡里，大夫名曰父师，士名曰少师，而教学焉。"⑥ "宅者，谓致仕者也。致仕者，去官而居宅或在国中或在野。《周礼》载师之职以宅田任近郊之地。"

何休三注：① "致仕，还禄位于君。" ② "礼：大夫七十而致事，若不得谢则必赐之几杖，行役以妇人从，适四方乘安车，自称老夫。" ③ "礼，七十悬车致仕，不言氏者，起父在也，如之者起子辟一人。"

应劭一注："古者七十悬车致仕。洎，及也。天子以悬车之义及于我也。"（详见表4-2）

这里，各家律注纷然，看起来琳琅满目，仔细分析，相互间并无矛盾，所表达的是官吏退休的共同之义，仍然只是各自侧重的方面不同罢了。若在使用时交叉引征，将产生相互发明之功效。

各家律章句间"大同小异"的格局，是其能在司法实践中得以适用的基础。没有这个基础，律章句既无法得到皇家认可，也无法进入司法领域。当同一律条的各家律章句"大同"时，司法人员完全可以对各家之说广泛进行参详，以便穷尽律意、加深理解，更为合理地适用法律。

其次，笔者不得不承认，律章句中也存在少量的本质差异。

例如，汉律中"苛人受钱"的条款，有的人将其理解为"止之而钩取其钱"，相当于用恐吓的方法攫取他人钱财，属于盗贼犯罪的范畴。许慎认为，"苛人受钱"是指官吏为人治理债务纠纷，趁机收取钱财，属于官吏赃罪的范畴。之所以有这种认识上的差异，恐怕是不同人所习受的律章句有不同解释。将"苛人受钱"的"苛"字，当作"从止句"来读的章句家法，其门生弟子自然会将此律条做前一种解释，出现"廷尉说律，至以字断法，苟人受钱，苟之字，止句也。若此者甚众，皆不合孔氏古文，谬于史籀。"① 事实上，"苟从艸可声，假为诃字，并非从止句也。"故像许慎这种熟悉"孔氏古文"之史籀文体的章句学者，则会将其解释为官吏赃罪，与"受赇"相类。② 两相出现对立。

法律注释因注家不同而产生对立冲突，从后世律学中也可得到印证。王植奏称："臣寻晋律文简辞约，旨通大纲，事之所质，取断难释。张斐、杜预同注一章，而生杀永殊。自晋泰始以来唯斟酌参用，是则吏挟威福之势，民怀怒对之怨。"③ 张斐、杜预乃律学名家，其所注《泰始律》又被称作《张杜律》，律本文与律注文，同具法律效力，并得到国家明确认可，其中仍然存在有一个认为须判死刑、一个认为不需要判死刑的巨大差异。以此推汉，亦当如之。

当遇到同一律条的各家律章句"小异"时，也就是有了本质差异时，司法人员又该如何适用呢？笔者推想，很可能会是这样的情形：上自律章句的撰著者，下至其门生徒众，都会自觉不自觉地引用本家派的章句为据，而拒绝适用其他律家之章句。

如东汉律家郭躬，在处理"孙章矫诏"一案中，竟然不听汉明帝的旨意，坚持认为孙章是误传诏令，并非故意。"法令有故、误，章传命之谬，于事为误，误者其文则轻。"将孙章之刑由"腰斩"改为"罚金"，最终得到皇帝的采信。④ 可见律章句学者总是会固执地把自己对法律的认识运用于司法实践，而这种

---

① 《说文解字段注》叙，第 808、832 页。
② 《说文解字段注》叙，第 808 页。
③ 《南齐书》卷四八《孔稚珪传》，中华书局，1983，第 835 页。
④ 《后汉书》卷四六《郭躬传》，中华书局，1982，第 1544 页。

律理的认识，往往来源于他们自己所著的律章句。

至于律章句学的门生徒众们，绝大多数都是司法官吏，他们运用律章句时，肯定会依照师说家法，引用本门章句。这一论断，虽无直接的史料加以支撑，但可以从整个章句学的风气得到旁证。如公元99年，中大夫鲁丕上疏，要求说经者"傅先师之言，非从己出，不得相让"。公元102年，大司农徐防上疏，建议博士及甲乙策试，"宜从其家章句……若不依先师，义有相伐，皆正以为非。"① 这些意见，为和帝所采纳，成为经生策试入仕的前提条件。按时间推断，此时的律章句学，已经兴盛。经学中的做法和社会大气候，必亦延及到律章句学，律章句学中的门生，也应当严守师说，"从其家章句"。在具体办案过程中，引用本门师承之律章句，既是理所当然，也是不得不然。

---

① 《资治通鉴》卷四八《汉纪四〇》和帝永元十一年、十二年条。

二 律家考

"律家"是汉代著述"律章句"的从业者,是"律章句学"中的主体,为其寻踪辨迹,可以厘清汉代法学学术史之线索。

《晋书·刑法志》说汉代著律章句的"十有余家",指名的有叔孙宣、郭令卿、马融、郑玄四人;道姓的有"杜"一姓("又叔孙、郭、马、杜诸儒章句,但取郑氏"),共五人,远不足十余家之数。除了这五家之外,还有哪些律家呢?五家中之"杜"又是谁呢?这些律章句学抑或说两汉法学史中的基本问题,自唐撰《晋书》以来,无人钩考。

近人张鹏一作《两汉律学考》,罗列两汉"治律诸人"95人,[①] 程树德著《律家考》,"兹篇所撰,凡得七十五人",[②] 两书均未明确谁是晋志所提到的著有章句的十余家。当代学术研究成果中,涉及到两汉律家的论著,国内学界得见论文4篇:为钱剑夫之《中国封建社会只有律家律学律治而无法家法学法治说》,武树臣之《中国古代的法学、律学、吏学与谳学》,怀效

---

① 见何勤华主编《律学考》,商务印书馆,2004,第60~75页。
② 程树德著:《九朝律考》卷八《汉律考八·律家考》,第175~185页。

锋之《中国传统律学述要》，何勤华之《秦汉律学考》；① 得见专
著 1 部，为高恒《秦汉法制论考》。② 台湾学界得见论文 1 篇，
为邢义田之《秦汉的律令学——兼论曹魏律博士的出现》。③ 日
本学界得见论文 1 篇，为中田薰之《论支那律令体系的发
达——兼论汉唐间的律学》；④ 得见专著 2 部：为堀毅之《秦汉
法制史论考》，⑤ 大庭脩之《秦汉法制史研究》。⑥ 在这些今人的
论述中，亦未对汉代律家有哪些人物进行考证。

　　在这种研究现状的比照下，如能将汉代著有章句的十余位律
家一一考出，或能考出大多数，实有填补空白的学术价值。研究
汉代律章句学，或者说研究汉代律学，不搞清其有哪些著名的代
表性人物，整个研究将无法深入。因为只有知道有哪些人，才能
对这些人的学术成果进行搜集、整理、分析，才能看到汉代法学
研究的真实成绩。因而，律家考是汉代法学史研究中的基础性课
题。除笔者所做的尝试性考据工作外，还望有更多的同仁能来参
与这样的研究，以冀取得更大的成效。

（一）萌芽期之律家考

1. 杜延年

杜周第三子，以明习律令，昭帝时补军司空。始元四年

---

① 此四文次序载于《学术月刊》1979 年第 2 期，《中央政法管理干部学院学报》1996 年第
　　5 期，《华东政法学院学报》1998 年创刊号，《法学研究》1999 年第 5 期。
② 高恒著：《秦汉法制论考》，厦门大学出版社，1994。
③ 原载《中央研究院历史语言研究所集刊》第 54 本第 4 分册，1983；增修稿收入《秦汉
　　史论稿》，台湾东大图书公司，1987。
④ 原载中田薰著《法制史论集》第四卷，〔日〕岩波书店，1964。收于何勤华编《律学
　　考》，商务印书馆，2004，第 76~83 页。
⑤ 〔日〕堀毅著：《秦汉法制史论考》，法律出版社，1988。
⑥ 〔日〕大庭脩著：《秦汉法制史研究》，上海人民出版社，1991。

（公元前83年），因平定益州蛮之反有功，迁为谏大夫，后封建平侯。宣帝即位后，以其有"定策安宗庙"之功，益户2300，与始封所食邑凡4300户，任太仆，"功比朱虚侯刘章"。"延年为人安和，备于诸事……居九卿之位十余年"。后又拜北地太守，西河太守之等职。五凤（公元前57～前54年）中任御史大夫，视事三年而薨。[①]

杜延年事迹，《汉书·杜周传》、《汉书·丙吉传》、《后汉书·郭躬传》有载。其所治律令学成果，后世传者甚众，史称"小杜律"。程树德先生说："其可考者，《文苑英华》引沈约授蔡法度廷尉制，谓汉之律书，出于小杜，故当时有所谓小杜律"。杜延年著有成文的律令著作，其所处之世，章句学已盛，以此推断其所著律书恐为律章句，有了律章句，才能标明宗派，才便于开门授徒，才能被称为"小杜律"，以别于其父之律令学风格。史称东汉颖川郭氏律家，传习小杜律。[②] 这种师承方法与学派称谓，正是经学中章句学的翻版。

2. 于定国（？～公元前40年）

字曼倩，东海郯县（今山东郯城西）人。少学法于父，历任狱史、郡决曹、廷尉史、侍御史、御史中丞等职。宣帝时拜光禄大夫、水衡都尉，后任廷尉十八年，再迁御史大夫。甘露（公元前53～前50年）中，代黄霸为丞相。执法律事期间，"其决疑平法，务在哀鳏寡，罪疑从轻，加审慎之心。"元帝永光（公元前43～前39年）中去世，享年70余岁。[③]

---

① 《汉书》卷六〇《杜周传》，中华书局，1983，第2665页。

② 《九朝律考》卷八《汉律考·律家考》，第175～176页。程树德先生以此认为："而治律之师承，则语焉不详。东汉中叶，郭吴陈三家，代以律学鸣，而郭氏出于小杜，可考者止此。"

③ 《汉书》卷七一《于定国传》，中华书局，1983，第3043页。

于氏一生治律甚勤，任廷尉时，"集诸法律，凡九百六十卷。"① 又编定死罪决事比，共3472条。在其律令著述中，很可能解释过汉律，作过律章句。故孔稚珪说："古之名流，少有法学，释之定国，声光汉台。"② 以此臆断，于定国盖为律章句学的草创者之一。

3. 陈咸

陈咸是东汉著名律家陈宠的曾祖父，成哀间即以通晓律令闻名，拜官尚书之位。平帝时，王莽辅政，篡改汉制，诛杀异己，陈咸乞骸骨去职。及至王莽篡政，召其为掌寇大夫，陈咸称病不仕，"于是乃收敛其家律令书文，皆壁藏之。"陈咸为人宽厚，常告诫子孙说："为人议法，当依于轻，虽有百金之利，慎无与人重比。"③ 他的这种司法理念，对其后代陈宠、陈忠等，都产生了很大影响。

史称陈咸将"其家律令书文"收藏于壁中，此"律令书文"，应该不是单纯的法律汇编。理由有二。其一，若是普通的律令汇纂，王莽在其他人手上也可找到，没有"壁藏之"的必要；其二，指明为"其家律令书文"，这一"家"字，表明该"书文"具有私家性质，盖为陈咸自撰的律令研究或律令注释作品，以致于将其视为不可外传的家珍，这和经学中不同家派有不同章句的情况十分相似，疑其就是律章句作品。以此之故，遂将陈咸作为萌芽期律章句学的代表人物之一。

---

① 《魏书》卷一一一《刑罚志》，中华书局，1983，第2872页。
② 《玉海》卷六五《诏令·汉法名家》。
③ 《后汉书》卷四六《陈宠传》，中华书局，1982，第1548页。

（二）发展期之"律三家"考

公元 94 年，汉和帝的司法大臣——廷尉陈宠说："汉兴以来，三百二年，宪令稍增，科条无限。又律有三家，其说各异。"① 此言透露出，在他所见所闻的那个时代，也就是 1 世纪的东汉，已有三大律家。姑称之为发展期"律三家"。自汉亡迄今，无人厘清其所为何人？有何律章句成果？遂使千九百年前的法学大家，渐而为历史烟云所淹没，令人徒叹岁月无情。

1. 相关论点评析

当然，对"律三家"的问题，境内学者曾有人问津，境外学者亦有所关注。

（1）梁启超之说。梁氏谓："后汉永元六年，廷尉陈宠上疏，谓律有三家，说各驳异。所谓三家者，即萧张赵三氏所定之律也。"②

陈宠所言"律有三家，其说各异"。当指此"三家"为"说"律，即为律令作注说，犹如当时"说文"一般，而非"定"律。换言之，"律三家"是律说家，或律章句家，亦即律家。瞿同祖先生认为："陈宠说：'律有三家，其说各异。'可见有专门从事法学研究的人。"③ 日本著名学者大庭脩先生写道："在《陈宠传》中有'律有三家'的话，即对律的解释有三个学

---

① 《后汉书》卷四六《陈宠传》，中华书局，1982，第 1554 页。
② 梁启超：《论中国成文法编制之沿革得失》，载《饮冰室合集二·文集之十六》，中华书局，1989，第 11 页。
③ 瞿同祖：《法律在中国社会中的作用——历史的考察》，载《瞿同祖法学论著集》，中国政法大学出版社，1998，第 412 页。

派（学说）存在。"① 瞿氏、大庭脩氏之同，在于指出三家为说律者。

梁氏所谓"萧张赵三氏所定之律"，指萧何所定《九章律》、张汤所定《越宫律》、赵禹所定《朝律》。其所言为"定"律而非律章句、律说，显然不属陈宠所指"律三家"。此说理解有误。

（2）台湾学者邢义田认为，"三家之律唯大小杜可考"，故《晋志》中的"杜疑指大杜或小杜章句。"② 此论不全，亦不确。

邢氏此论，仅言大杜、小杜二家，不足三家之数，斯为不全。其所谓"三家之律"，即陈宠所说"律有三家"，并用《晋志》中"叔孙、郭、马、杜"之"杜"来作印证。③ 认为此"杜"可能就是指大杜或小杜的律章句，是为不确。

依史析之，《晋书》撰者为唐贞观时房玄龄等人，在他们之前和之后的学者，均知汉代研究律令的学者有大杜、小杜之分，名号不同，风格亦殊，大杜深严，小杜宽厚。关于大杜律，东汉习之者有冯绲、苑镇。冯绲为汉顺帝至桓帝时人，"习父业，治《春秋》严、韩，《诗》仓氏，兼律大杜"。④ 苑镇系荆州从事，"韬律大杜"。⑤ 关于小杜律，《后汉书·郭躬传》中说郭宏"习小杜律"，其作者范晔为南朝宋人。唐高宗时章怀太子注此条时说"对父故言小"。《后汉书补注》记"知郭氏世传小杜律"，作者惠栋为清人。依房玄龄等人之学识，必当明悉汉代治律令的

① 〔日〕大庭脩著：《秦汉法制史研究》，上海人民出版社，1991，第6页。
② 邢义田：《秦汉的律令学——兼论曹魏律博士的出现》，载黄清连主编《制度与国家》，中国大百科全书出版社，2005，第118页。
③ 《晋书》卷三〇《刑法志》："又叔孙、郭、马、杜诸儒章句，但取郑氏，又为偏党，未可承用。"中华书局，1983，第927页。
④ （宋）洪适撰：《隶释》卷七《车骑将军冯绲碑》。中华书局，1985。
⑤ （宋）洪适撰：《隶释》卷一二《荆州从事苑镇碑》。中华书局，1985。

学者中有大、小杜之分，为何言及汉代律家时，不明言大杜、抑或小杜？而是笼统说了一个"杜"字，委实不合情理，亦不符学理。据此笔者推测，晋志所言"杜"，必非大杜或小杜，而是另有所指。

（3）日本学者大庭脩注意到了陈宠所说"律有三家"，认为是指"对律的解释有三个学派（学说）存在"。至于这三个学派有哪些？各派代表性人物有谁，则无深入考究。①

日本另一学者中田薰认为，"陈宠所谓律有三家指的或许就是这三大家族"，即东汉中叶有名的明法学家郭氏、吴氏、陈氏。②此论则明显有误。

中田氏之言，盖依循程树德先生之故论。程氏云："东汉中叶，郭吴陈三家，代以律学鸣，而郭氏出于小杜，可考者止此。"③在此，程先生并未明确将"郭吴陈"说成是陈宠所言"律三家"，只是用以说明东汉中叶律学的代表人物：这里的"郭"指以郭躬为代表的郭氏律家，"吴"指以吴雄为代表的吴氏律家，"陈"指以陈宠为代表的陈氏律家。郭躬与陈宠基本上同时代，生活于公元 1 世纪，且略早于陈宠，将郭、陈作为"律三家"之二是可能的，而将吴雄视为"律三家"之一，则在时间上不能自圆其说。因为吴雄乃顺帝（公元 126～144 年）时人，远在陈宠之后，更在陈宠说"律有三家"的时间（公元 94 年）之后，无论如何也挤不进"律三家"之列，自当剔除在外。

中田先生很可能未对吴雄的生活时代与陈宠说"律有三家"

---

① 〔日〕大庭脩著、林剑鸣等译：《秦汉法制史研究》，上海人民出版社，1991，第 6 页。
② 〔日〕中田薰著、何勤华译：《论支那律令法系的发达》。载何勤华主编《律学考》，商务印书馆，2004，第 79 页。
③ 程树德著：《九朝律考》卷八《汉律考·律家考》，第 175～176 页。

的时间详加比较，故尔错将吴雄列入"律三家"，当辨正之。

2. 揭开"律三家"的真面目

详加考辨便可得知，生活于公元 1 世纪且影响特大的律章句学者，当推杜林、郭躬、陈宠。笔者认为，此三人即东汉"律三家"。现分考如下。

（1）杜林（？ ～公元 47 年）。

杜林，字伯山，东汉经学家、文字学家。扶风茂陵（今陕西兴平东北）人。少好学，"博洽多闻，时称通儒。"公元 30 年，与经学家郑兴等人投归光武帝。历任侍御史、光禄勋、大司空之职。公元 38 年，梁统等人主张恢复肉刑，杜林极力反对，认为"宜如旧制，不合翻移"，其议得到皇帝的认可。一生研治《古文尚书》，曾得漆书《古文尚书》一卷，引起学术界的争论。长于文字学，曾撰《苍颉训纂》、《苍颉故》各一篇。①

①认定杜林为"律三家"之一的线索。当代学者徐世虹认为"杜氏或为杜林"。② 此说颇有见地。征诸史籍，亦多见端倪。

陈宠说"律有三家"，《晋书·刑法志》称汉世治律章句者十余家，前者范围小而后者范围大，两者的关系当为："律三家"为十余家的一部分；十余家包含了"律三家"。既如此，或许能从《晋志》十余家的提名中寻找到"律三家"的线索。

《晋志》谓叔孙宣、郭令卿、马融、郑玄、杜等人，为律家之代表。叔孙宣、郭令卿，查史无考，暂阙勿论。马融（公元

---

① 《后汉书》卷二七《杜林传》，中华书局，1982，第 934 页。作者按：杜林书已佚，清马国翰《玉函山房辑佚书》辑有《苍颉训诂》一卷。

② 徐世虹写道："又据《晋书·刑法志》所记'叔孙、郭、马、杜诸儒章句'之语，可知律章句学家还包括杜氏。杜氏或为杜林。"载张晋藩总主编、徐世虹主编《中国法制通史（第二卷：战国秦汉）》，法律出版社，1999，第 231 页。引文载该卷第十章，系徐世虹撰。

79～166 年），世称"通儒"，又确曾著过律章句，虽为律家无疑，但却不是"律三家"中人，按时间推算，陈宠说律有三家时，马融仅 15 岁，尚未成名。郑玄（公元 127～299 年）更在陈宠之后，毋庸多虑。通过排除法，现仅剩下一"杜"。前已表达，此杜非指大杜、小杜。遍查东汉初年学术史，杜姓学人知名者，有杜林、杜子春（约公元前 30～约 58 年），综合两人的生平事迹及言论著述进行分析，窃认为此"杜"当指杜林。

②杜林为律家之理由。

第一，杜林乃经学中小学之宗，东汉以经学之小学方法注律，当以杜林为率。

杜林在经学中占有重要地位，为古文经学的发展做出重要贡献。"扶风杜林传《古文尚书》，林同郡贾逵为之作训，马融作传，郑玄注解，由是古文尚书遂显于世"。① 《汉书·杜邺传》说："（杜）邺子（杜）林，清静好古，亦有雅材，建武中历位列卿，至大司空。其正文字过于（杜）邺、（张）竦，故世言小学由杜公。"杜林的小学成果，对许慎作《说文》产生过重大影响，如"狌"字，许氏即采杜说，以为"杜林说，狌从心。"直至清代段玉裁作注，其字不改："今字皆用伯山说也。"②

杜林的小学渊源来自其外曾祖父张敞。"《苍颉》多古字，俗师失其读，宣帝时征齐人能正读者，张敞从受之，传至外孙之子杜林，为作训故，并列焉。"杜林为之作《苍颉训纂》一篇，《苍颉故》一篇，在班固（公元 32～92 年）所见的小学十家中占据一家、小学著作 45 篇中占两篇。③ 而汉时的《苍颉》，恰恰

---

① 《后汉书》卷七九《儒林传》，中华书局，1982，第 2566 页。
② 《说文解字段注》，第 503 页。
③ 《汉书》卷三〇《艺文志》，中华书局，1983，第 1721 页。

中间有大量汉律的内容，在安徽阜阳发现的汉初《苍颉》残简中，就有"杀捕狱问谅"的残文。① 《后汉书》注文中引《苍颉篇》曰："钻，持也。"钻即钻，"谓钻去其膑骨也"。② 此即其对刑罚——膑刑的解释。杜林既为《苍颉》作训故，就不得不为汉律作注。以此可推，杜林乃东汉以小学训诂方法注释汉律之第一人。

第二，杜林注律之章句已佚，然有精华可得而考之。

如其认为"法度之字皆从寸"的注解，便得到了广泛的认同和长久的沿袭。比其稍晚的文字学家许慎（约公元58～约147年）说："耐。或从寸，诸法度字从寸。"③ 这一说法，便是杜林律注的延续。再晚一点的应劭（东汉末学者，公元196年任泰山太守）说得更明确："轻罪不至于髡，完其耏鬓，故曰耏。古'耏'字从'彡'，发肤之意。杜林以为法度之字皆从'寸'。后改如是（按：即'耐'）。耐音若能。"

该则律令字注，还得到了《资治通鉴》注者胡三省的进一步引证。④ 再往后的清人段玉裁，在为《说文》作注时说："江遂曰：'《汉令》谓完而不髡曰耐。'……至杜林以后，乃改从寸作耐。"⑤ 这说明杜林的律注，不仅对后世律学产生了深远影响，而且对汉代立法也曾产生过重大影响，律令中的刑罚"耏"（剔去胡须鬓毛，保留头发），以前写作"耏"，但自杜林的律注成果出现后，则改写为"耐"。见微而知著，由此，笔者宁信杜林

阜阳汉简整理组：《阜阳汉简苍颉篇》（简C041），载《文物》1983年第2期，第27页。
② 《后汉书》卷四六《郭陈列传》，中华书局，1982，第1549页。
③ 《说文解字段注》，第454页。
④ 《史记》卷一一八《淮南衡山列传》集解引应劭注文，中华书局，1983，第3090页。《资治通鉴》卷三〇《汉纪二三》成帝建始二年条注引。
⑤ 《说文解字段注》，第481页。

乃律三家之一。

第三，杜林之律章句学统，很可能源自西汉小杜律。

杜周第三子杜延年，"亦明法律"，时人称"小杜"，《汉书》有传。昭宣之世，延年位居九卿十余年，五凤（公元前57～前54年）中任御史大夫，视事三年而薨。其治律之学亦传于后世，称"小杜律"。如何传承，史载不明，正如程树德先生所说："而治律之师承，则语焉不详。"① 惟藉南齐沈约之言，可以看出一些端倪。他说："汉代律书，出乎小杜吴雄"。② 这句话，在茫茫史海中，点出了汉代律家传承的脉络。

既然西汉律书出自小杜，杜林乃东汉初年人，其律令知识就有可能受自小杜。笔者据此推测其传承路径，盖为杜延年传其中子杜钦，杜钦与茂陵杜邺交好，"俱以材能称京师"，③ 杜邺之子杜林，"少好学沈深"，时称"通儒"，又谙律令，其律章句学很可能源自父执辈杜钦。

另，光武帝建武十四年，太中大夫梁统主重刑，"自高祖至于孝宣，海内称治，至初元、建平而盗贼浸多，皆刑罚不衷（不轻不重之谓），愚人易犯之所致也。由此观之则轻刑之作，反生大患"。④ 时杜林任光禄勋，极力反对，认为"古之明王，深识远虑，动居其厚，不务多辟"，提倡轻刑，其思想倾向显然受自小杜律的"宽厚"之风。

第四，杜林既传小杜律，为何不以"小杜"名家？

这一矛盾，似可用邢义田先生的说法来作圆通。"然大、小

---

① 程树德著：《九朝律考》卷八《汉律考·律家考》，第175页。
② 《玉海》卷六五《诏令·汉法名家》。
③ 《汉书》卷六〇《杜周传》，中华书局，1983，第2667页。
④ 《资治通鉴》卷四三《汉纪三五》光武帝建武十四年条。

章句非必成于杜周、杜延年本人。传其学者，守师说而定章句也有可能。"① 也就是说，杜林虽传小杜律，但不一定非要以"小杜律"名家，亦可以自己为名。就如传习小杜律的郭躬一样，也不是以"小杜律"名家的，而被后世称为颍川郭氏律家。

（2）郭躬（公元1~94年）。

郭躬，字仲孙，颍川阳翟人。其父郭宏习小杜律，"躬少习父业，讲授徒众常数百人。"后为公府辟为郡吏，几经升迁，于汉章帝元和三年（公元78年）任廷尉。汉和帝永元六年（公元94年）卒于官。在位期间，评案议法，"务在宽平"；条奏法令，亦得施行，是一位成功的法律实践家。

①认定郭躬为"律三家"之一的线索。南齐崔祖思说："汉来治律有家，子孙并世其业，聚徒讲授，至数百人。故张于二氏絮言文宣之世，陈郭两族流称武明之朝"。② 这就告诉我们，在东汉前期的光武、明帝之时，有郭氏、陈氏两大律章句学家族。在郭氏家族，以郭躬最为著名；在陈氏家族，以陈宠为典范。宋代学者徐天麟在编撰《东汉会要》时，直接将郭躬、陈宠置于"律学"栏目。③ 王应麟撰《玉海》，亦将二人纳入"汉法名家"栏目。④ 这些史料，都是引导我们将郭躬、陈宠视为"律三家"人物的重要线索。

②郭躬为律家之理由。首先，治律有名，思想倾向源自小杜律。

郭躬于律章句学深有研究。《文苑英华》卷三七九载沈约撰

---

① 邢义田：《秦汉的律令学——兼论曹魏律博士的出现》，载黄清连主编《制度与国家》，中国大百科全书出版社，2005，第118页。

② 《玉海》卷六五《诏令·汉法名家》。

③ 《东汉会要》卷三六《律学》第386页。

④ 《玉海》卷六五《诏令·汉法名家》。

《授蔡法度廷尉制》一文云："郭躬以律学通明"。永平（公元58~75年）中，奉车都尉窦固出击匈奴，骑都尉秦彭为副。秦彭在别屯而辄以法斩人，窦固奏秦彭专擅，请诛之。显宗（即汉明帝）乃引公卿朝臣平其罪科。郭躬以明法律，召入议。议者皆赞成窦固之弹奏，独郭躬不然其议，认为："一统于督者，谓在部曲也。今（秦）彭专军别将，有异于此。兵事呼吸，不容先关督帅。且汉制启戟即为斧钺，于法不合罪。"明帝采纳了郭躬的意见。

郭躬一生行事，皆有宽仁恕道之风，"奏谳法科，多所生全"。得到了《后汉书》"论曰"的高度赞扬："郭躬起自小吏，小大之狱必察焉。原其平刑审断，庶于勿喜乎？若乃推己以议物，舍状以贪情，法家之能延庆于世，盖由此也。"

其次，对汉律犯罪理论中的"故"、"误"概念作过精辟解释。

东汉显宗时，有兄弟共杀人者，而罪未有所归。帝以兄不训弟，故报（论罪之义）兄重而减弟死。中常侍孙章宣诏，误言两报重，尚书奏孙章矫制，罪当腰斩。帝复诏躬问之，躬对"（孙）章应罚金"。帝曰："章矫诏杀人，何谓罚金？"躬曰："法令有故、误，章传命之谬，于事为误，误者其文则轻。"帝曰："章与囚同县，疑其故也。"躬曰："'周道如砥，其直如矢。'（《诗·小雅》文）'君子不逆诈。'（《论语》孔子之言）君王法天，刑不可委曲生意。"帝悦："善。"

在此，郭躬的建议不但得以采纳，其引《诗经》、《论语》之儒学经义作为理论依据，对法令中之"故"、"误"概念做出了区分和解释，此乃东汉引经注律的典型成果，对完善律章句学理论做出了不可忽视的贡献。查后人之注，晋代律家张斐在《律注要略》中说："其知而犯之谓之故。"① 可知"故"有两要素，一是"知"，相当于今天所说认识因素；一是"犯"，相当于今日所说意志因素。《刑法》第 14 条规定"明知自己的行为会发生危害社会的结果，并且希望或者放任这种结果发生"是故意。以古代"故"的律理来诠释该条法意，简明而贴切。"误"在汉代又释为"过"，或为当今意义上的过失。由此可见，郭躬的律章句学见解，对现代刑法解释理论的拓展与完善，也有一定的借鉴价值。

再次，其律注成果转化为立法成果。章帝时，郭躬"决狱断刑，多依矜恕，乃条诸重文可从轻者四十一事奏之，事皆施行，著于令。"②

最后，开门授徒，形成世代相传的律章句学世家。

郭躬之父郭宏习"小杜律"，③ 建武（公元 25～56 年）时任决曹掾，断狱至三十年，用法平，为其所决断者，退无怨情，郡内比之东海于公。郭躬少传父业，讲授徒众常数百人，后为郡吏，辟公府。元和三年（公元 86 年），拜廷尉。"郭氏自宏后数世，皆传法律。子孙至公者一人，廷尉七人，侯者三人，刺史二千石侍中、中郎将者二十余人，侍御史正监平者甚众"。④ 其传承线路如下图：

---

① 《晋书》卷三〇《刑法志》，中华书局，1983，第 928 页。
② 《后汉书》卷四六《郭躬传》，中华书局，1982，第 1544 页。
③ 《后汉书》卷四六《郭躬传》注文云："前书，杜周武帝时为廷尉、御史大夫，断狱深刻。子延年亦明法律，宣帝时又为御史大夫。对父故言小。"中华书局，1982，第 1543 页。
④ 《东汉会要》卷三六《律学》，第 386 页。

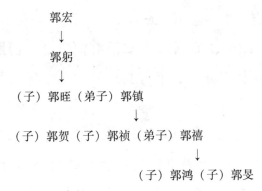

图 1　郭氏传承图

郭旺为郭躬中子，"亦明法律，至南阳太守，政有明迹。"

郭镇为郭躬兄弟之子，字桓钟，"少传家业，拜河南尹，转廷尉。"

郭贺为郭镇长子，官至廷尉。

郭祯为郭镇次子，"亦以能法律至廷尉。"

郭禧为郭镇兄弟之子，"少明习家业，兼好儒学，有名誉，延熹（公元 158～166 年）中亦为廷尉。"

郭鸿为郭禧之子，官至司隶校尉。（以上均出自《后汉书·郭躬传》）

郭旻为郭禧之子，字巨公，《丹阳太守郭旻碑》称其"治律小杜"。"太尉禧之子，知郭氏世传小杜律。"（惠栋：《后汉书补注》）

在这里顺便提出一个设想。《晋书·刑法志》中明确指出，汉代治律章句者有郭令卿，此人查史无考，或许与颖川郭氏有关。此论沈家本先生亦曾提及："郭令卿或为颖川之裔，令卿其字也。"①

---

① （清）沈家本撰：《历代刑法考》，《汉律摭遗》卷二○《杂录》。

（3）陈宠（？～公元 106 年）。

陈宠，字昭公，沛国（今安徽淮河以北、西肥河以东，河南夏邑、永城及江苏沛、丰等县地）洨人。家传律章句学，宠"明习家业"，为司徒鲍昱辟幕僚，"掌天下狱讼"。又为鲍昱撰《辞讼比》七卷，将"决事科条"依类分编，后被官府"奉以为法"。章帝初年，迁为尚书，上疏建言"荡涤烦苛之法"，帝遂令有司"绝钻𬬻诸惨酷之科，解妖恶之禁，除文致之请谳五十余事，定著于令"。和帝永元六年（公元 94 年），接替郭躬为廷尉，建议"钩校律令条法"，删繁就简，于是才说了本文开篇所引的那段话。永元十六年（公元 104 年）为司空，在位三年而薨。和郭躬相似的是，陈宠也是一位极有成就的法律实践家。

①认定陈宠为"律三家"之一的线索。已论于郭躬目下，此从略。

②陈宠为律家的理由。以陈宠为代表的沛国陈氏律家，史有明征。然为凸显其律三家之一的特征，亦不妨作如下分疏。

第一，有明确的家学传承：源于西汉而流于东汉。

陈氏律家与郭氏律家基本同时，且显为不同派系，所以陈宠自己才说："律有三家，其说各异"。考郭氏之律，源自小杜，根据矛盾律进行逻辑推理，则陈氏之律，必不出于小杜。再考陈氏祖上，陈宠的曾祖父陈咸，"成哀间以律令为尚书"，后王莽篡政，召其为掌寇大夫，陈咸称病不仕，"于是乃收敛其家律令书文，皆壁藏之。"① 陈咸在成（公元前 32～前 7 年）、哀（公元前 6～前 1 年）间便以律令闻名，又有律令书文；其习律令，当在成哀之前。此前的宣、元时期，律章句学者以于定国、杜

---

① 《后汉书》卷四六《陈宠传》，中华书局，1982，第 1548 页。

延年占据魁首，小杜既传杜林、郭氏，则陈氏律家很可能受自于氏。

陈咸断狱风格以"仁恕"著称，常常告子孙："为人议法，当依于轻，虽有百金之利，慎无与人重比。"有三子：陈参、陈丰、陈钦，皆为官。陈钦子陈躬，建武初为廷尉左监。陈躬子即陈宠，宠子陈忠，字伯始，安帝永初（公元107～113年）时，因"明习法律"而居三公曹，延光三年（公元125年）任司隶校尉，第二年，因病去世。陈忠之后，不见史传。

陈氏律家，先后延续约150年。

第二，提出了明确的注律原则："应经合义"。

陈宠经、律兼通，"宠虽传法律，而兼通经书"，不但以经义议疑狱，"每附经典，务从宽恕"；还以经义论制度。章帝元和中，贾宗建议将冬初十月"断狱报重"即秋冬行刑的制度，改为"三冬之月"。陈宠指出："《月令》曰：'孟冬之月，趣狱刑，无留罪。'明大刑毕在立冬也"，引经据典后认为不宜改动，帝纳之，遂不复改。

不但以经义论制度，还以经义论立法，直至论及律家律说。永元中，曾"钩校律令条法"，删除超过《甫刑》的条文，为此上疏曰："臣闻礼经三百，威仪三千，故《甫刑》大辟二百，五刑之属三千。礼之所去，刑之所取，失礼即入刑，相为表里也。今律令死刑六百，耐罪千六百九十八，赎罪以下二千六百八十一，溢于《甫刑》者千九百八十九，其四百一十大辟，千五百耐罪，七十九赎罪。《春秋保乾图》曰：'王者三百年一蠲法。'汉兴以来，三百二年，宪令稍增，科条无限。又律有三家，其说各异。宜令三公、廷尉平定律令，应经合义者，可使大辟二百，而耐罪、赎罪二千八百，并为三千，悉删除其余令，与礼相应。"自西汉董仲舒《春秋》决狱以来，在司法领域引用经义断案的做法，日益普遍。在立法领域，利用注释律令之际，将儒家经义引入律中，正是引经注律的重要特征，杜林主要用经学之小学方法注律，郭氏注律成果又保留不多，因而笔者见到的最早明确提出注律原则的，当数陈宠了。他这段话的含义，一方面要求国家制定的律令条法，要以是否"应经合义"来作删简；另一方面自然也包括律家的注律成果，所谓"律有三家，其说各异"，他们的律说，亦需据此原则定废留，换句话说，只有合乎儒家经义的律注，国家才予认可，否则，则应予废除。

第三，律注成果对立法的影响巨大。

早在陈宠为鲍昱作辞曹时，"为昱撰《辞讼比》七卷，决事科条，皆以事类相从。昱奏上之，其后公府奉以为法。"此则说明，《辞讼比》一开始只是陈宠的律学著作，应当包含了他注释律令科比的见解，后因鲍昱奏上，得以奉为官法。

又，上述陈宠依"应经合义"原则，将汉律罪刑条款减至三千条、统筹律三家之异说的建议，在永元时虽没能得以转化为立法成果，但在安帝永初年间，大部分得以变成现实。陈宠之子陈忠"略依宠意，奏上二十三条，为《决事比》，以省请谳之敝。又上除蚕室刑；解臧吏三世禁锢；狂易杀人，得减重论；母子兄弟相代死，听，赦所代者。事皆施行。"后世对这一次法制更易，有客观评价，《后汉书》论曰："然其听狂易杀人，开父子兄弟得相代死，斯大缪矣。是则不善人多幸，而善人常代其祸，进退无所措也。"[①]

---

① 《后汉书》卷四六《陈宠传》，中华书局，1982，第1567页。

或有人诘问：陈宠谓"律有三家，其说各异"，显系对"律三家"持批评态度，却把自家亦置入其中，似不合古人叙说论事之逻辑。

从陈宠疏奏的原意可知，他主张用"应经合义"的原则取舍三家律说，并理所当然地将陈氏律注自诩为符合经义。在"律三家"中，陈氏律家的"应经合义"特色不可小觑。它说明陈氏律家是比较正统的儒学世家，这大不同于"小杜律"和传"小杜律"的郭氏律家。从当时盛行的司马谈的诸子"六家"之说或班固的"九流十家"之说来作分野，"小杜律"尽管改变了"大杜律"的峻刻，吸收了儒家的宽平仁恕精神，但仍属于法家之传承。前引《后汉书》本传"论曰"赞郭躬"法家之能延庆于世，盖由此也"之语，也明确把郭氏划入"法家"。所以陈宠置自家于三家之中，正反映出他欲以自家律注来统合另二家之"异"的意愿。质言之，是用正统的儒家律章句、律说来代替法家的律章句、律说。

3. 小结

行文至此，可以得出这样的结论：东汉初之"律三家"，即指杜林、郭躬、陈宠及其各自所代表的律章句学家派。其中，杜林的治律方法，直接启发了东汉中期之许慎、末期之服虔、应劭①等以小学训诂方法注释律令，推动了律章句学的纵深发展；郭躬、陈宠对律理的阐发、对"应经合义"之注律原则的倡扬，则激发了东汉中后期马融、郑玄等人的引经注律活动。

---

① 著名史学家严耕望先生（1916～1996年）说得很肯定："综观（应）劭著述宏富，虽多不传，要见其为汉代制度学、法律学一大家。"参见《中华百科全书·传记·应字部》，台湾中国文化大学"中华百科"网，网址如下：http://living. pccu. edu. tw/chinese/data. asp? id = 4358&htm = 09 - 228 - 5292 應劭. htm&lpage = 4&cpage = 1

（三）繁荣期之"律九家"考

东汉后九朝（殇、安、顺、冲、质、桓、灵、少、献帝），约在公元2世纪，是为律章句学的繁荣期。前已言之，这一阶段经学兴盛，兼习经、律者日众，引经注律者愈多，为律令著章句且可考者，凡有九人，曰许慎、马融、郑玄、何休、吴雄、钟皓、服虔、文颖、应劭，本著称"律九家"。兹分考如下。

1. 许慎

字叔重，东汉古文经学家、文字学家。约生活于公元58～147年之间，汝南召陵（今河南漯河）人，师从著名经学家贾逵，博通经籍，深得马融推敬，时人誉之"五经无双许叔重"。初举孝廉，后任太尉南阁祭酒、洨长（即洨县之长。在今安徽灵壁县南）等职。著《说文解字》14卷并叙目为15卷，集古文经学训诂之大成，为后代研究文字及编辑字书最重要的根据。①

笔者认定许慎为汉代律家之一，主要是因为其所著《说文解字》中，对汉代律令中的文字做了大量的训诂注释。又，将许氏置于鼎盛期，因其享年近90高寿，成名之作或当在40岁以后所作，即公元1世纪。

《说文》是研究汉代律令和律注的一手材料，因许氏一生，纵跨1、2世纪之交的东汉历史，其所见闻，自然是最为直接的了。然利用《说文》研究汉代法律者，并不多见。"许氏说文并以汉律解字，今其佚文散句，犹可考见，而唐宋以来诸家，卒无从事考订者。宋王应麟所辑《玉海》及《汉制考》，略有征引，

---

① 《后汉书》卷七九下《儒林传下》，中华书局，1982，第2588页。

他不概见。"① 自宋以来，王应麟征引见于《说文》以及《周礼》郑玄注中之汉律令凡 20 余条，是为后人藉《说文》研治汉律之始。清同治、光绪年间山阴汪瑜氏著《松烟小录》，亦杂引《说文》中之汉律令。光绪年间江苏吴县王仁俊著有《说文解字引汉律令考》二卷，《附录》一卷。② 程树德先生 1918 年著《九朝律考·汉律考》，按笔者统计，其引《说文》中之汉律令凡 28 处。

更令人遗憾的是，系统挖掘《说文》以研究汉代律章句学的，迄今尚无一见。《说文》以律解字，这是从文字学的角度得出的结论；若换成法律解释学的角度考察，以律解字亦等于对律令用字作出学理解释，是东汉引用经学方法注律的又一代表，绍承杜林训诂注律之余绪。当然，认为许慎为东汉律家的观点并非笔者率先提出，何勤华在《中国法学史》已有论及，"当辞书作者对这些字、词作出解释时，事实上也就是在解释汉律。这部分释律的内容，也应是汉代律学的重要内容。这方面突出的事例，就是许慎所著的《说文解字》。"③ 然何氏所引原文仅三条，并未作深入稽考。

笔者细查《说文段注》，④ 分类统筹后发现，许氏所注汉律

① 程树德著：《九朝律考》卷一《汉律考序》，第 1 页。
② 《清史稿》卷一四五《艺文志一》，中华书局，1983，第 4259 页。王仁俊（1866～1913），近代史学家、史志目录学家、金石学家。字杆郑，一字感薷，号籍许。江苏吴县人。俞樾弟子，光绪进士，授翰林院庶吉士，入张之洞幕府，官至湖北知府。曾任存古学堂教务长、学部行走、礼学官纂修、京师大学堂教授、学部编译图书局副局长等职。著有《敦煌石室真迹录》、《汉书艺文志考证校补》、《说文解字考异订》、《白虎通义集校》、《碑板丛录》等。
③ 何氏认为："据史籍记载，东汉时以儒家经义注释法典、阐述律意的著名人物，就有郑兴、郑众、许慎、马融、郑玄、何休、应劭、服虔、文颖等。"何勤华：《中国法学史》（第一卷），法律出版社，2000，第 170～173 页。
④ 关于许慎注律的统计，以徐中舒辑《说文解字段注》为据。成都古籍书店，1981。

用字，按本著第三、四章《律章句考辨》（上、下）的十种分类法（详后）来进行统计，共有 101 处。其中：

①律说 0（见表 3 - 1）

②具律类律章句 13（见表 3 - 2）

③罪名类律章句 10（见表 3 - 3）

④刑名类律章句 19（见表 3 - 4）

⑤事律类律章句 18（见表 4 - 1）

⑥职官类律章句 7（见表 4 - 2）

⑦军法类律章句 8（见表 4 - 3）

⑧狱讼类律章句 14（见表 4 - 4）

⑨监狱类律章句 6（见表 4 - 5）

⑩礼制类律章句 6（见表 4 - 6）

许氏注律的特点为音注、形注、义注并行。一般是这样，对律文中某字先作义注，再作形注、音注；注文在前，所引律文在后。如对律名"缦"字的注释："缦无文也。从系，曼声。《汉律》曰：赐衣者缦表白裹。"[1] 也有只有某字的音形义注而不见律文者，但可藉其他材料确定其为汉律用字。如对《朝律》中"请"字，注云："请，谒也。从言，青声。"此即虽未注明而实为律文者。《史记集解》引孟康曰："律，春曰朝，秋曰请，如古诸侯朝聘也。"[2] 故段玉裁注《说文》时说："《周礼》春朝秋觐，汉改为春朝秋请。"[3] 还有在音形义注后，引用儒家经传作扩大解释的，所指字词，亦为律语，但这种情况不多见。如对汉律中常见罪名"巫蛊"罪之"蛊"字，注云："腹中虫也。《春

---

[1]《说文解字段注》，第 687 页。

[2]《史记》卷一〇六《吴王濞列传》，中华书局，1983，第 2823 页。

[3]《说文解字段注》，第 94 页。

秋传》曰：皿虫为蛊，晦淫之所生也。枭磔死之鬼，亦为蛊。从虫从皿。皿物之用也。"另在解释律名"籯"[①] 时，也曾引《春秋传》。

许氏之律注，是东汉以经学训诂方法注律的一块丰碑。具体内容，详见第三、四章《律章句考》（上、下）。

2. 马融（公元 79～166 年）

字季长，扶风茂陵（今陕西兴平东北）人。东汉经学家、文学家。安帝永初（公元 107～113 年）时任校书郎中，于东观典校秘书。自此入仕，至桓帝时遭大将军梁冀诬为贪浊，流放朔方。遇赦还，复为议郎，再入东观著述。后因病离职，延熹九年卒于家，享年 88 岁。融博通经籍、才高学富，时称"通儒"，设帐收徒，门生千余人，东汉名儒卢植、郑玄皆出其门下。一生著述颇丰，遍注《孝经》、《论语》、《诗》、《易》、《三礼》、《尚书》、《列女传》、《老子》、《淮南子》、《离骚》等，使古文经达到成熟的境地；另著赋、颂、碑、诔、书、记、表、奏、七言、琴歌、对策、遗令凡 21 篇，惜其已佚。

马融以经学家身份兼注汉律，史言旦旦。《晋书·刑法志》中两见：① "后人生意，各为章句。叔孙宣、郭令卿、马融、郑玄诸儒章句十有余家，家数十万言"；② "文帝（司马昭）为晋王，患前代律令本注烦杂，陈群、刘邵虽经改革，而科网本密，又叔孙、郭、马、杜诸儒章句，但取郑氏，又为偏党，未可承用。于是令贾充定法律"。《唐六典》中一见："至后汉马融、郑玄诸儒十有余家，律令章句，数十万言，定断罪所用者合二万

---

① 《汉书》卷八《宣帝纪》注引苏林曰："折竹以绳，绵连禁御，使人不得往来，律名为籯"，中华书局，1983，第 249 页。

六千条。"①

马氏律章句虽佚，然假此寥寥数则史料，仍可查知其要：其一，马氏确曾注释过汉律，且数量不少；其二，其注律成果或称"律章句"，或称"律令章句"；其三，其律令章句即注文，与律令本文同具法律效力，合称"律令本注"，曾在司法实践中得以运用，所以晋王司马昭才会嫌其"烦杂"，致令贾充重定法律。

3. 钟皓

字季明，颖川长社人也，享年69岁，具体生卒年不详。据本传记载，兄子钟瑾"与（李）膺同年，俱有声名"。则知钟皓应略早于李膺（公元110～169年）。又云："同郡陈寔，年不及皓，皓引以为友"。说明钟皓亦早于陈寔（公元104～187年），当生活于约公元100～170年之时间段，历汉和帝末、殇、安、顺、冲、质、桓、灵帝前期诸朝。官府多次召辟，皆不入仕。"前后九辟公府，征为廷尉正、博士、林虑长，皆不就。"德才为士大夫所归慕，李膺曰："钟君至德可师。"皓孙钟繇，建安中为司隶校尉，曹魏时历任廷尉、太尉、太傅等职。

钟氏为颖川大姓，"世善刑律"，不知与世传律学的颖川郭氏有否关系？钟皓少以笃行称，公府连辟，因二兄未仕，避隐密山，"以《诗》、律教授，门徒千余人。"②说明钟皓对经学、律学俱有深厚造诣，有以经注律的可能，却无法肯定其是否注过律。但观其开门授徒之事，既教诗律，理当有相应的著述为教材，或有注律之作。

南朝宋时裴松之注《魏志》引《先贤行状》时提到钟皓，

---

① 《唐六典》卷六，注文。
② 《后汉书》卷六二《钟皓传》，中华书局，1982，第2064页。

称他"博学诗律，教授门生，千有余人"。① 表明六朝时人已将
钟皓视为后汉律家。及至宋朝徐天麟撰《东汉会要》，直接将钟
皓置于《律学》门中，② 其律家身份，再得重申，当无疑虑！

4. 吴雄

字季高，河南人，生卒年不详。考诸史籍，可以推知其主要
活动于顺帝（公元 126～144 年）至桓帝（公元 147～167 年）
期间。《后汉书·郭躬传》称其在顺帝时为廷尉。《艺文类聚》
卷四十九引华峤《后汉书》，《书钞》卷五十三，《太平御览》
卷二百三十一引华峤书等，均记吴雄在桓帝时"自廷尉致位司
徒"。是 2 世纪东汉偏前一点的律家。

吴氏世传律学，"子䜣、孙恭，三世廷尉，为法名家。"③
《文苑英华》中，对此意亦有表达，"吴雄以三世法家，继为理
职。"④ 南宋徐天麟撰《东汉会要》，将吴雄置于《律学》门
中。⑤ 有此三则史载，其律家身份，不证自明。降至 20 世纪初
叶，程树德氏著《律家考》，亦指吴雄为律学之家。"东汉中叶，
郭吴陈三家，代以律学鸣。"⑥

非惟如此，吴雄还有律学著作传世，今虽不见，然古必有
之。沈约曰："汉代律书，出乎小杜、吴雄二世法家"，⑦ 便是明
证。至于吴氏律书内容为何，则不得其详。想必包括汉律令汇
纂，以及其对律令所作之注释章句。如此推测，《晋书·刑法
志》所称汉律章句十余家之迷，则又得一解。

---

① 《三国志》卷一三《魏志·钟繇传》注引《先贤行状》，中华书局，1983，第 391 页。
② 《东汉会要》卷三六《律学》，第 386 页。
③ 《后汉书》卷四六《郭躬传》，中华书局，1982，第 1546 页。
④ 《文苑英华》卷三九七：（梁）沈约撰：《授蔡法度廷尉制》，中华书局，1995，第 2015 页。
⑤ 《东汉会要》卷三六《律学》，第 386 页。
⑥ 程树德著：《九朝律考》卷八《汉律考八·律家考》，第 175～176 页。
⑦ 《玉海》卷六五《诏令·汉法名家》。

5. 郑玄（公元 127～200 年）

字康成，北海高密（今山东高密西南）人，东汉著名经学家。世称"后郑"，以别于被称为"先郑"的郑兴、郑众父子。少好学，不喜为吏，后师从马融，乃博通群经。其学以古文经为主，然亦兼采今文经学，遍注群经，成为汉代经学之集大成者，世称"郑学"。范晔评价说："经有数家，家有数说，章句多者或乃百余万言，学徒劳而少功，后生疑而莫正，郑玄括囊大典，网罗众家，删裁繁诬，刊改漏失，自是学者略知所归。"① 建安五年（公元 200 年），袁绍与曹操战于官渡，郑玄被逼随军，病死途中，终年 74 岁。平生著述百余万言，所注群经，以《毛诗笺》、②《三礼注》影响最大。

（1）郑玄律注遗存。

印证马融注律的三则材料，同样可以用于郑玄。另有南齐崔祖思谓："郑康成一代大儒，而为律章句。"③ 更为幸运的是，郑玄的注律章句虽遗失殆尽，然其注经章句却被完好地保留下来，主要有《三礼注》（即《仪礼》、《周礼》、《礼记》之注）、《毛诗笺》，其中有大量用汉律注释经文的内容，如能将这些"引律注经"的材料，转化为"引经注律"实例，将成为研究郑玄注律乃至整个汉代律章句学重要的一手资料。

在《周礼》郑注中寻觅汉律者，仍当首推宋朝王应麟，其所著《汉制考》中即有征引。后薛允升著《汉律辑存》，又于

---

① 《后汉书》卷三五《郑玄传》，中华书局，1982，第 1213 页。
② 按：《钦定四库全书总目》著录，《毛诗正义》共四〇卷，（汉）毛亨传，郑玄笺，唐孔颖达疏。
③ 《南齐书》卷二八《崔祖思传》，中华书局，1983，第 519 页。

《周礼》郑注中检出汉律41例、于《礼记》郑注中检出1例。①
再后程树德著《汉律考》，亦于《三礼注》中撷遗。前辈的研
究，给了笔者以方法论上的启迪，遂遍查郑玄笺注，所获甚多，
与前人相较，却有两点不同：首先，着眼点不同，前辈们主要着
重寻找汉律，而笔者意在寻找郑玄如何注释汉律以及如何阐发律
意；其次，范围不同，前辈们集中于查阅《周礼注》、《礼记
注》，似乎忽略了《仪礼注》与《毛诗笺》，笔者则将《三礼
注》与《毛诗笺》均作为普查范围。

在郑玄诗礼笺注之外，还收罗了散见于史汉、通鉴中的郑
注，所得其直接注律、经律互注、阐发律意汉制等条文，共有
193条。是笔者收集诸律家中保留律注条文最多的。

①律说1（见表3-1）

②具律类律章句41（见表3-2）

③罪名类律章句22（见表3-3）

④刑名类律章句14（见表3-4）

⑤事律类律章句37（见表4-1）

⑥职官类律章句31（见表4-2）

⑦军法类律章句18（见表4-3）

⑧狱讼类律章句15（见表4-4）

⑨监狱类律章句10（见表4-5）

⑩礼制类律章句4（见表4-6）

（2）郑玄注律之特征。

综合分析这193条注文，可以看到郑玄注律有两种大的
情形：

---

① （清）薛允升：《汉律辑存》，第64~84页。转引自邢义田《秦汉的律令学——兼论曹魏
　　律博士的出现》，载黄清连《制度与国家》，中国大百科全书出版社，2005，第122页。

①直接注律。这类注文主要保留在史汉、通鉴当中。最典型的是《汉书·诸侯王表》注文中张晏所引用的《律郑氏说》1条:"封诸侯过限曰附益。或曰阿媚王侯,有重法也。"张晏乃三国时魏国人,著《西汉书音释》四十卷,对汉代史料很熟,且离郑玄生活的时代不远,完全可能亲眼见过郑氏律章句进而引用之。加之曹魏立国之初,仍在适用郑玄的律章句,"是时承用秦汉旧律……。天子(指魏文帝曹丕)于是下诏,但用郑氏章句,不得杂用余家。"① 故此则律说十分可靠,是郑玄众多律章句中的一个代表,也是后人借以打开其律章句学宝库的一把钥匙。因为它为我们提供了郑氏律说的"样品",其要素为:有律文,即"附益"这一罪名;有义解,至少包括一种或一种以上的解说,即"封诸侯过限"、"阿媚王侯";有法律后果,即"有重法也。"

依照这个样品,再去钩沉拾遗,就容易把握了,发现某注文具备样品的两个或两个以上要素者,便可推定其为郑氏律章句。譬如,《汉书·窦婴传》注引郑氏曰:"矫诏有害不害也。"即是郑玄对"矫诏"所作律章句。按汉律罪名中有矫诏,此处虽注释不明,但证以其他,则可知其详。如淳曰:"律,矫诏大害,要斩。有矫诏害,矫诏不害。"② 说明矫诏罪分矫诏害与矫诏不害两种,其中矫诏大害须处腰斩之刑。又譬如,《史记集解》郑玄曰:"谓鸣铙而退,明以整归也。"③ 证以《说文·金部》:"铙。小钲也。从金,尧声。《军法》:卒长执铙。"④ 可知"鸣

---

① 《晋书》卷三〇《刑法志》,中华书局,1983,第923页。
② 《汉书》卷一七《景武昭宣元成功臣表》注文,中华书局,1983,第660页。
③ 《史记》卷二四《乐书第二》,中华书局,1983,第1215页。
④ 《说文解字段注》,第750页。

铙"是汉军法中的规定，用以警示部队退军，由卒长执持指挥。又如，武帝征和三年六月，丞相刘屈氂，其妻犯巫蛊罪枭首，刘连坐，"下狱要斩"。郑氏曰："妻作巫蛊，夫从坐，但要斩也。"[1] 表明汉律中巫蛊罪的首犯当处枭首刑，丈夫连坐则处腰斩刑。

②间接注律，即引律注经。这类注文，见于诗礼笺注中。仅从字面上看，引律注经和引经注律，完全是两回事，然细斟深酌后，便可明达，绝大部分引律注经的材料，就是引经注律的例文。无外乎两种情况。

其一，所注经文名称与汉律名称相同，在注经的同时，等于已将律文解析明畅。如《礼记》中有"阿党"一语，"孟冬之月……是察阿党，则罪无有掩蔽。"汉罪名亦有"阿党"之词。郑注云："阿党，谓治狱吏以私恩曲桡相为也。"[2] 又注云："朋党相阿，使政不平者，故书朋为俪。"[3] 这里，与其说郑玄是在以律解经，倒不如说是先在解律。再结合曹魏时"诸侯有罪，傅相不举奏，为阿党"[4] 的说法，汉律"阿党"之义自见。郑氏笺注中，它如"三族"、"九族"、"六亲"、"三从"、"妇"、"户版"、"致仕"、"参互"、"踔"、"赇"、"废疾"、"伤人"、"过失"、"祝诅"、"奚"、"不齿"、"弃市"、"司隶"、"丘封"等概念，皆是其例，不胜枚举。

其二，所注经文名称与汉律名称不同，然汉律多承古制，经、律之间，名不同而意相通，故经与律可以互注互训。正如沈

① 《汉书》卷六《武帝纪》，中华书局，1983，第 155 页。
② 《礼记正义》卷一七《月令第六》。
③ 《周礼注疏》卷三五《秋官司寇第五·士师》。
④ 《汉书》卷三八《高五王传》注引张晏曰，中华书局，1983，第 2002 页。

家本所言："今试以《周官》考之：先请原于八议；决事本于八成；受狱即士师之受中；案比即司徒之大比；读鞫者，小司寇之读书也；乞鞫者，朝士之听治也；过失不坐，三宥之法也，其他之合于周法者，难缕指数。先郑后郑注《周官》，并举汉法以为比况，可见汉律正多古意。"① 又分两种情况：

其一，在引用汉律时对其做必要的阐发，本意在使经义更为明了，伴随而至的效果是律意也得到了解释。如《礼记》中有"八十、九十曰耄，七年曰悼。悼与耄，虽有罪，不加刑焉"的经文。贾公彦疏引郑注云："若今时律令，未满八岁，八十以上，非手杀人，他皆不坐，故司刺有三赦，皆放免不坐。"于斯，郑氏本欲对经之"悼"、"耄"作注，征引律文为证，结果是对律文先做了解释，并阐其律意为"爱幼而尊老。"②

又如，"大国三卿，皆命于天子。……次国三卿，二卿命于天子，一卿命于其君。……小国二卿，皆命于其君。"郑注云："命于天子者，天子选用之，如今诏书除吏矣。"在此，本欲注明"命于天子"之经文，实则诠释了"诏书除吏"的汉律制度，即由天子直接任命的选官之法，又叫"征召"。③

再如，本欲解释"假于鬼神、时日、卜筮以疑众，杀"的经文，郑注云："今时持丧葬筑盖嫁取卜数文书，使民倍礼违制。"实则对汉律"倍礼违制"的罪名作了说明。④

类此注文繁多，他若：卫士——胥徒，决事比——邦成，刺探尚书事——邦汋，券书——傅别、质剂，引籍——几其出入，

---

① （清）沈家本撰：《历代刑法考》，《汉律摭遗自序》。
② 《礼记正义》卷一《曲礼上第一》。
③ 《礼记正义》卷一一《王制第五》。
④ 《礼记正义》卷一三《王制第五》。

御史奏——贰令，八月案——大比，复除——舍，上计律之陈属车于庭——典路职掌，娶会——嫁殇，斗检封——玺节，印章——玺节，诏符——符节，使节——旌节，邮程有行——反节，上变事击鼓——路鼓，执金吾——小司寇，疑狱奏谳——讶士之治，遗失物处理之法——朝士职掌，乞鞫——朝士治狱，坐脏——犯令，贼律——盗贼军乡邑及家人，如此等等，皆是引律注经之例，且对前者即律文之义，解注明晰。

其二，在引用汉律时未对其做必要的阐发，然藉经文之义，又可反推律意。

如对《礼记》"执左道以乱众，杀无赦"之文，郑注云："左道，若巫蛊也。"[1] 在这里，郑玄便只是孤零零地引用了汉律"巫蛊"来说明"左道"。何为巫蛊？如何量刑？则无言说。但观经义"左道"含义，便可反推巫蛊之危害在于"乱众"，其法律后果为死刑。如斯，则律意稍明，再假以郑氏于他处所作之注，"毒蛊，蛊物而病害人者。《贼律》曰：敢蛊人及教令者，弃市。"[2] 巫蛊之罪名，遂得详察。

又如《周礼》有"书其能者，举其良者，而以告于上。"郑注："良犹善也。上谓小宰大宰也。郑司农云若今时举孝廉、贤良方正、茂才异等。"亦对汉律内容未作细解，然藉经义可知，则知惟才能、贤良之辈方得举荐。[3]

他若狱成圜——圜土，移过所文书——节传，铜虎符——使节，符玺郎——典瑞，太常——宗官，尚书作诏文——御史掌赞

---

① 《后汉书》卷一〇下《皇后纪下》，中华书局，1982，第448页。
② 《周礼注疏》卷三七《秋官司寇下第五》。
③ 《周礼注疏》卷三《天官冢宰第一》。《周礼注疏》卷一二《地官司徒第二》又载："三年则大比，考其德行道艺，而兴贤者、能者。"郑玄注："贤者，有德行者。能者，有道艺者……郑司农云：'兴贤者，谓若今举孝廉；兴能者，谓若今举茂才。'"

书，读鞫——读书，先请——议亲、议贤、议贵，簿籍——宫禁，无故擅入——官禁，离载下帏——田禁，田律——野禁，嚣欢夜行之禁——军禁，士师受中——二千石受狱，督邮—乡士，皆是以汉律解经而未对律文作注者，然借经文与他注，仍可辨明其义。

总之，郑玄是汉代引经注律最典型的代表，其律章句对当时和后来的法制实践皆有重大影响，是我们研究汉代律章句学最重要的代表人物。

6. 何休（公元 129~182 年）

字邵公，任城樊（今山东济宁县）人，东汉今文经学家。为人质朴，不善言谈，精研六经，世儒莫及，历 17 年而撰成《春秋公羊解诂》，世称何氏学，成为今文经学家议政的主要依据。又注《论语》、《孝经》等，著《公羊墨守》、《左氏膏肓》、《谷梁废疾》，惜其著述已佚，清人王谟《汉魏遗书钞》有辑本。

（1）关于何休注律的推测与史证。

经学家兼注律令，乃后汉风习。何休以今文经学家身份注律且为章句之事，虽史无明载，然有两点可资印证。

第一，何休对政制法律之事极为关注，其研经之鹄，在于治用。何休曾应太傅陈蕃征召而参与政事，后因陈蕃谋诛宦官失败而受牵连，遭党锢之祸，自此闭门著述，虽身在闺帏，而意在经世，其据《春秋》驳议汉事六百余条，妙得公羊本意。[1] 循此可察，其政治态度激进，大有注律之可能性。且其所驳汉事 600 条，或有律令之事，亦未可知。

第二，何休所著《春秋公羊解诂》，多引汉律令为证，虽为引律注经之例，亦可证其引经注律之举。笔者于《春秋公羊解

---

[1] 《后汉书》卷七九下《儒林列传下》，中华书局，1982，第 2583 页。

诂》、《仪礼注疏》中，收罗何氏注律之文，得30条，包括：

①律说0（见表3-1）

②具律类律章句5（见表3-2）

③罪名类律章句10（见表3-3）

④刑名类律章句4（见表3-4）

⑤事律类律章句6（见表4-1）

⑥职官类律章句3（见表4-2）

⑦军法类律章句1（见表4-3）

⑧狱讼类律章句1（见表4-4）

⑨监狱类律章句0（见表4-5）

⑩礼制类律章句0（见表4-6）

总体而言，何氏以律解经，实即注律，其成果很可能成一家之言，即形成何氏律说或何氏律章句。试以一例析之。经文云：宣公元年，"六月，齐人取济西田。外取邑不书，此何以书？所以赂齐也。曷为赂齐？为弑子赤之赂也。"何氏解诂："子赤，齐外孙，宣公篡，弑之。恐为齐所诛，为是赂之，故讳使若齐自取之者，亦因恶齐取篡者赂，当坐取邑。未之齐坐者，由律行言许受赂也。"在此，何休用"行言许受赂"之文，解释经文中的"坐取邑"。该注既可能直接取自汉律律文，又可能采自汉律律说，或互有参考。20世纪初出土的敦煌汉简中，有遗存之《律说》佚文："行言者若许，多受赇以枉法，皆坐赃为盗，没入（官）□□。行言者，本行职□也。"[①]已知敦煌汉简主要是记载西汉中后期的史料，说明在何氏之前已有"行言许受赂"条的律说。由此可以推理，何氏引律注经，理当熟悉汉律和律说，并

① 林梅村、李均明编：《疏勒河流域出土汉简》，第339页。

有所采撷，其经律互注之词，亦当有形成律说之可能。

（2）何休注律之特征。

再来分析何氏引律注经的类型，则与郑玄注经大同小异。

①所引律文与经文名称相同，在解经的同时亦将律文注释明当。

例如，传曰："父不受诛，子复仇可也。"何休解诂云："不受诛，罪不当诛也。"东汉章帝时有《轻侮法》，允许子弟为父兄报仇，故"不受诛"既是汉律之文，又是经传中语，藉此可知复仇的前提是：父亲无故为人所害，儿子方可为其复仇。[①]

另，婚礼与汉律均有"归"、"恶疾"等词，《春秋传》曰："大归曰来归。"何解云："大归者，废弃来归也。妇人有七弃五不娶三不去。……有所受无所归不去，不穷穷也。"可知汉律中"归"字之义，即妇女被休后回娘家。

又，礼有"恶疾"休妻之文，何解以汉律云："恶疾弃，不可奉宗庙也。"[②]何谓"恶疾"，又解曰："恶疾，谓痦聋盲疠秃跛偏，不逮人伦之属也。"[③]

再，"保辜"之法，古已有之，亦引汉律解之。"古者保辜，诸侯卒名，故于如会名之，明如会时，为大夫所伤，以伤辜死也。君亲无将。见辜者，辜内当以弑君论之，辜外当以伤君论之。"徐彦疏曰："《汉律》有其事。然则知古者保辜者，亦依汉律，律文多依古事，故知然也。"[④]

他如赘婿、同姓不婚、致仕、诉等字词，皆是何休所注经律

① 《春秋公羊注疏》卷二五，定公四年。
② 《春秋公羊注疏》卷第八，庄公二十七年。
③ 《春秋公羊注疏》卷第二三，昭公二十年。
④ 《春秋公羊注疏》卷一九，襄公七年。在卷第二一，襄公二十五年条中，何休又解："辜者，辜内当以弑君论之，辜外当以伤君论之。"

同名之例。

②所引律文与经文名不相同之类，亦分两种。

其一，引律之时对律文已作注解。

如，《春秋》经云："桓公六年，蔡人杀陈佗。陈佗者何？陈君也。……外淫也。恶乎淫？淫于蔡。蔡人杀之。"何休解诂云："蔡称人者，与使得讨之，故从讨贼辞也。贼而去其爵者，起见其卑贱。犹律文立子奸母，见乃得杀之也。"① 汉律之"立子奸母"，犹言对子奸母，在此，何所引律文在于解析经中之事件，两不相同，然其对该律条的法律后果——"见乃得杀之"——做了说明，无疑是先行解律矣。

又，"田谓一井之田，赋者，敛取其财物也。言用田赋者，若今汉家敛民钱，以田为率矣。……税民公田不过什一，军赋十井不过一乘。"② 何休于此，本欲引汉律"敛民钱"说明古之"用田赋"，结果对"敛民钱"的方法、标准却言说细备，让人望而知其为汉时赋役之法。

再，宣公十八年，"秋，七月，邾娄人戕鄫子于鄫。戕鄫子于鄫者何？残贼而杀之也。"何氏解云："支解节断之，故变杀言戕，戕则残贼，恶无道也。"③ 即以汉"无道"之罪名解经中"戕"字，无道罪之行为特征自明。

此外，弃市——贬于重者，亲亲得相首匿——议亲之辟，亦是其以律解经而先行解律之例。

其二，引律之时未对律文作注，然借经义能反推其注律之意。

如传中"膳宰"一词，何引汉制证之："（膳宰）主宰割肴

① 《春秋公羊注疏》卷四，桓公六年。
② 《春秋公羊注疏》卷二八，哀公十二年。
③ 《春秋公羊注疏》卷一六，宣公十八年。

膳者，若今大官宰人。"① 虽未对大官宰人作注，但假膳宰之经义，可推知其职掌亦为"主宰割肴膳"。

再有，以汉"要（腰）斩"之刑解古"斧钺"之罪；以"不孝"之罪解经中"不能事母"之文；引"一人有数罪，以重论之"之律条释"书其重者"之语，如此等等，不一而足，然汉律之意，皆可从经文中推测而出。若何氏专为此类律文作注，必注当引相同经文为注。由引律注经转而考察引经注律，其道理、方法，便在于此。得此神韵者，遂能贯通其余。

7. 服虔

字子慎，河南荥阳（今河南荥阳东北）人，东汉末古文经学家。少入太学受业，后举孝廉，中平（公元 184～188 年）末拜九江太守。善著文论，作《春秋左氏传解》，又以《左传》驳难今文经学家何休所驳汉事 60 条。时郑玄欲注《春秋》，闻其注《左传》之意多与己通，尽以己注与之，遂为《服氏注》。东晋元帝时，服氏《左传》之学曾立博士。南北朝时，北方盛行《服氏注》。唐孔颖达撰《五经正义》，《左传》专用杜预注，服氏注遂亡。清人马国翰《玉函山房辑佚书》辑存四卷，李贻德缉有《左氏贾服注辑述》一书。

（1）关于服虔注律的推测与史证。

《后汉书·儒林传下》未提及服虔有注律之事，之后的史籍亦不见明载。何以指其为律家之一？理由有二。

首先，2 世纪之东汉，学人兼习经律，蔚然成风，服虔以古文经学家之身份，谙习律令之学，亦在情理之中。且服氏曾驳何休所驳汉事 60 条，若对两汉政事法制不熟，就很难对这位已经

---

① 《春秋公羊注疏》卷一五，宣公六年。

成名的今文经学家进行反驳。

其次，既谙律令，就有解律注律的可能性，查其遗存，竟得服氏律注数十条，推以及远，其未能保留下来者，更在多多。综合史汉及通鉴中所辑录的服氏注文，删去繁复之处，得其注律之文 39 条，包括：

①律说 0（见表 3 - 1）

②具律类律章句 7（见表 3 - 2）

③罪名类律章句 7（见表 3 - 3）

④刑名类律章句 2（见表 3 - 4）

⑤事律类律章句 7（见表 4 - 1）

⑥职官类律章句 8（见表 4 - 2）

⑦军法类律章句 4（见表 4 - 3）

⑧狱讼类律章句 0（见表 4 - 4）

⑨监狱类律章句 3（见表 4 - 5）

⑩礼制类律章句 1（见表 4 - 6）

（2）服虔注律之特征。

服虔注律主要有如下特点：

一是音注较多。即为律令中疑难字注音，以便于释读。

在笔者收集的 39 条律注中，有 6 条是音注，所占比例约为 15% 。如汉律中有官吏"告归"[①] 的休假制度，依服氏注，"告归"之告，读作"嗥呼之嗥"。他若"傅之畴官"之傅音附；醭音蒲；槽音卫；轺音摇；逗桡之逗音企等，皆是为律令用字注的

[①]《汉书》卷一上《高帝纪上》注引孟康曰："古者名吏休假曰告。告又音嚳。'汉律，吏二千石有予告、有赐告。予告者，在官有功最，法所当得也。赐告者，病满三月当免，天子优赐其告，使得带印绶将官属归家治病。'至成帝时，郡国二千石赐告不得归家，至和帝时，予赐皆绝。"中华书局，1983，第 5 页。

音。"傅之畴官"① 是汉赋役法中的规定；"轺"亦是赋役法中
"轺车"之轺，依《告缗令》，商贾购置轺车要缴"二算"的缗
钱，即二百四十钱财产税；"酺"是汉文帝令文中的生僻字，其
意思是天下人"合聚饮食"，② 以庆贺其初即帝位；"槥"和
"逗桡"都是汉军法中字，槥是军士战死后用来装尸体的小棺
材，将其运回原籍后再由当地县府换大棺下葬；"逗桡"指部队
在军事行动中畏缩不前。③

　　在东汉众多的律家注中，服氏的律令音注是较为权威的，得
到了唐朝颜师古的充分肯定。如对"酺"的音注，师古曰："服
音是也。字或作脯，音义同。"④ 又如"傅"字，师古曰："傅，
著也。言著名籍，给公家徭役也。服音是。"⑤ 另在他处，颜师
古也表达了他对服氏音注的认同。声音训诂，正是以小学之法注
释汉律的常用方法。故服氏之注律法，当是承杜林、许慎之绪而
又有所发展，以致对唐时的律令音训大有影响。

　　二是以案例释律。服虔对两汉律令制度之注，往往见诸案
例。对此，又有不同解读，因为这也可说他只是在注《汉书》，
而不是在注律令。

　　然笔者既视其为律家之一，亦可将此种例证作为其引案注律
之征。例如，汉律之"私解脱罪"，服虔既引用汉律，又引用具
体个案。他说："律：诸囚徒私解脱桎梏钳赭，加罪一等；为人

① 《汉书》卷一上《高帝纪上》注引如淳曰："律，年二十三傅之畴官，各从其父畴学之，高不满六尺二寸以下为罢癃。《汉仪注》云民年二十三为正，一岁为卫士，一岁为材官骑士，习射御骑驰战阵。又曰五十六衰老，乃得免为庶民，就田里。今老弱未尝傅者皆发之。未二十三为弱，过五十六为老。"中华书局，1983，第37页。
② 《汉书》卷四《文帝纪》注引颜师古曰，中华书局，1983，第110页。
③ 《史记》卷一〇八《韩长孺列传》集解引《汉书音义》曰："逗，曲行避敌也；桡，顾望。军法语也。"中华书局，1983，第2863页。
④ 《汉书》卷四《文帝纪》，中华书局，1983，第110页。
⑤ 《汉书》卷一上《高帝纪上》，中华书局，1983，第37页。

解脱与同罪。纵鞠相赂饷者二百人以为解脱死罪，尽杀之。"由此可见，服对汉律十分熟悉，又可征引案例来加以说明。元狩四年（公元前119年）义纵为定襄太守，将定襄狱中重罪、轻系二百余人以及宾客、昆弟私入视者二百余人全部抓捕，鞠曰："为死罪解脱"，当天"皆报杀四百余人，其后郡中不寒而栗。"①

又如，汉律之"私奸服舍"罪，服虔仍从个案中来加以说明。汉景帝三年冬，楚王来朝，晁错因言楚王刘戊往年为薄太后服丧，私奸服舍，请诛之。诏赦，削东海郡。服虔对此案的解释为"服在丧次，而私奸宫中也"，②故构成该罪。刘戊私奸，与何人私奸呢？在《史记·楚元王世家》《集解》中服虔又说"私奸中人"。藉服氏之注，此罪名遂不赘言而明矣。

再如，"不敬"的罪名，服亦以案释之。杜业为函谷关都尉，定陵侯淳于长有罪过关就国，其长舅红阳侯立书信杜业，请与关照。后淳于长旧罪复发，搜得红阳侯书，"奏业听请，不敬，坐免就国。"服虔注云："受立属请为不敬。"③由此可见，汉时受人请托而为不法之事将被定为"不敬"罪。

三是普通的义注。此类注文比比得见。

如沈命法，注云："沉匿不发觉之法。"④斯虽名之曰"法"，实则汉武帝时之单行律。汉代有一个特殊兵种——"材官"，注云："能引强弓弩官也。"⑤何以知其为律中语？证以曹魏学者如淳注，即知"材官之多力，能脚踏强弩张之，故曰蹶张。律有

---

① 《资治通鉴》卷一七《汉纪九》武帝元狩四年条注引。
② 《汉书》卷三五《荆燕吴传》，中华书局，1983，第1960页。
③ 《汉书》卷六〇《杜周传》，中华书局，1983，第2679页。此注又见《资治通鉴》卷三二《汉纪二四》成帝绥和元年条。
④ 《史记》卷一二二《酷吏列传》集解，中华书局，1983，第3151页。
⑤ 《汉书》卷四〇《张陈王周传》，中华书局，1983，第2051页。

蹶张士。"① 均官，注云："均官，主山陵上槀输入之官也。"② 余按：均官、都水同属太常属官，都水依律掌"治渠堤水门"，则均官之职掌亦当为律中所定。《酎金律》，注曰："因八月献酎祭宗庙时，使诸侯各献金来助祭也。"③《左官律》，服注："仕于诸侯为左官，绝不得使仕于王侯也。"④ "逾冬减死"的刑罚原则，服注："逾冬，至春行宽大得减死罪。"⑤ 类此注文，不可概览，从略。

8. 文颖

文颖，字叔良，《后汉书》无传，生平难详。佐以《搜神记》、《文选》、《汉书叙例》等史料，方知其大概。颜师古《汉书叙例》："文颖字叔良，后汉末荆州从事。魏建安中为甘陵府丞。"⑥《文选》中有王粲《赠文叔良》诗。⑦《搜神记》："汉南阳文颖，字叔长，建安中为甘陵府丞"。⑧ 建安年号为公元196～219 年，前后历时 23 年，从颜氏行文来看，文颖当在此之前已作了荆州从事；又，王粲乃汉末诗人，生卒年为公元 177～217 年，其赠文颖以诗，说明二人交好，且为同时代人；再，干宝等人在《搜神记》中说文颖字"文长"，当是误笔。以前述推

---

① 《汉书》卷四二《申屠嘉传》注引，中华书局，1983，第 2100 页。

② 《汉书》卷一九上《百官公卿表上》注引如淳曰："律，都水治渠堤水门。《三辅黄图》云三辅皆有都水也。"中华书局，1983，第 726 页。

③ 《汉书》卷六《武帝纪》注引如淳曰："《汉仪注》诸侯王岁以户口酎黄金于汉庙，皇帝临受献金，金少不如斤两，色恶，王削县，侯免国。"中华书局，1983，第 187 页。证以《资治通鉴》卷一七《汉纪九》武帝建元六年（公元前 135 年）条胡三省注："汉制：于正月旦作酒，八月成，曰酎。酎之言纯也。八月尝酎于太庙，诸侯王各出金助祭，所谓酎金也。"

④ 《汉书》卷一四《诸侯王表》注引，中华书局，1983，第 395 页。此注又见《资治通鉴》卷三六《汉纪二八》王莽始建国二年条。

⑤ 《汉书》卷三六《楚元王传》，中华书局，1983，第 1929 页。

⑥ 《汉书》卷一〇〇《汉书叙例》，中华书局，1983，第 8224 页。

⑦ 《文选》卷二〇、卷二三。

⑧ 《搜神记》卷一六。

断，文颖为汉末学者，当无疑问。然具体生年卒年，难以备细。

（1）关于文颖注律的推测和史证。

文颖先作荆州从事，后作甘陵府丞，其工作皆与文书律令有关。汉时"府"即地方政府——郡，唐李贤太子注《后汉书》云："郡守所居曰府，府者尊高之称。"① 所谓"府丞"即承助郡守处理政务之官，典文书及仓狱之事，非习律者莫为。而汉代"从事"之职，亦需有律令学功底，如另一荆州从事苑镇，"韬律大杜，综皋陶甫侯之遗风"，② 可见苑镇曾专修大杜律。以此旁证文颖谙熟律令之学，似可成立。

辑史汉注而罗之，文颖注汉律令之文共 22 条。其中：

① 律说 0（见表 3 - 1）

② 具律类律章句 1（见表 3 - 2）

③ 罪名类律章句 5（见表 3 - 3）

④ 刑名类律章句 1（见表 3 - 4）

⑤ 事律类律章句 2（见表 4 - 1）

⑥ 职官类律章句 11（见表 4 - 2）

⑦ 军法类律章句 1（见表 4 - 3）

⑧ 狱讼类律章句 0（见表 4 - 4）

⑨ 监狱类律章句 0（见表 4 - 5）

⑩ 礼制类律章句 1（见表 4 - 6）

在这 22 条中，有一条是重复的，即④罪名类律章名之"禁道中祠"，为分类之合理与辨析之方便，在⑩礼法类律章中也予排列，删去繁复，实际只有 21 条。此统计材料说明，文颖不但

---

① 《后汉书》卷二七《张湛传》，中华书局，1982，第 929 页。

② （宋）洪适撰：《隶释》卷一二《荆州从事苑镇碑》，中华书局，1985。

熟研律令，且有律注传世。当然，唐颜师古将文氏注认为是注
《汉书》的23家之一。依笔者看来，其既可以对见于《汉书》
之律令作注，亦有能力专为律注，惜其未得流传而已。而汉代注
律十有余家，又有哪家不是这样呢？故尔，将文颖列于律家行
列，以补《晋志》之漏。

（2）文颖注律之特征。

文颖注律，喜辨其沿革流变。汉家政权，自高祖开国以迄献
帝建安时，已有四百年左右的历史，其法制令式，多有变化，若
不明其沿革存废，司法实践中就难以适用。文颖作为地方司法官
吏，自然深明此道，故其注律，往往从此处下手。

例①，"令甲"。文颖注曰："萧何承秦法所作为律令，律经
是也。天子诏所增损，不在律上者为令。令甲者，前帝第一令
也。"① 说明汉律源自秦律，律令之次第为律在前，乃经也，所
谓"万世不变之常法"；令在后，乃补律过于稳定之不足以灵活
其法；令甲则为令中之首，依时间先后而定其顺序。

例②，"巫祠道中"。天汉二年秋，武帝著令禁止，文颖对
此令之注，旨在阐明其来由："始汉家于道中祠，排祸咎移之于
行人百姓。以其不经，今止之也。"② 表明早先可以在道路上进
行"巫祠"，但自天汉二年（公元前99年）始，因新令出台，
这种行为便转化为——"犯令"——的犯罪行为。

例③，"马口钱"。文颖曰："往时有马口出敛钱，今省。"
斯之谓"往时"，指元凤二年（公元前79年）六月以前，朝廷
有关于"马口钱"的律令，规定饲养六畜需向国家缴税，如淳

---

① 《汉书》卷八《宣帝纪》，中华书局，1983，第252页。
② 《汉书》卷六《武帝纪》，中华书局，1983，第203页。

曰："所谓租及六畜也。"① 然自此后，马口钱之律令不再生效。

例④，"餐钱"（用以赏发诸侯，高后吕雉时著于令）。文颖将之与汉末时的"食奉"比照，"湌，邑中更名算钱，如今长吏食奉，自复胜钱，即租奉也。"②

例⑤，刺史。文颖曰："秦时御史监郡，若今刺史。"③

例⑥，群饮。文帝诏："朕初即位，其赦天下，赐民爵一级，女子百户牛酒，酺五日。"文颖曰："汉律三人已上无故群饮，罚金四两。今诏横赐得令会聚饮食五日。"④

上见 6 例沿革注，在文氏遗存的 21 条律注中，所占比例约为 28%，堪称其注律之特色。其他注文，则为普通的义注。

若"群饮罪"，文注："汉律三人已上无故群饮，罚金四两。"⑤ "与盗罪"，注云："与盗，谓盗者当治，而知情反佐与之，是则共盗无异也。"⑥ "冗食"制度，文颖曰："冗，散也。散廪食使生活，不占著户给役使也。"⑦ 郎中"洗沐谒亲"，文注："郎五日一下。"⑧ 郎中为中央警卫官，每五天一休假。它若令中"兼并"之词，罪名"株送徒"，职官中之"主吏"、"国大夫"、"计相"、"大行"、"尉史"、"舍人"、"征事"、"廱太"

---

① 《汉书》卷七《昭帝纪》诏曰："其令郡国毋敛今年马口钱。"中华书局，1983，第 228 页。
② 《汉书》卷三《高后纪》，中华书局，1983，第 96 页。
③ 《史记》卷八《高祖本记》集解，中华书局，1983，第 351 页。
④ 《史记》卷一〇《孝文本纪》集解，中华书局，1983，第 418 页。
⑤ 《汉书》卷四《文帝纪》，中华书局，1983，第 110 页。
⑥ 《汉书》卷五《景帝纪》注引师古曰："与盗盗者，共盗为盗耳。"中华书局，1983，第 151 页。此注又见《资治通鉴》卷一六《汉纪八》景帝后二年条注引。
⑦ 《汉书》卷一〇《成帝纪》注引，中华书局，1983，第 311 页。对此，如淳也曾作注："散著人间给食之，官偿其直也。"但颜师古认为文颖之注正确，曰："文说是也。"
⑧ 《史记》卷一〇三《万石张叔列传》《集解》，中华书局，1983，第 2765 页。此注又见《汉书》卷四六《万石卫直周张传》，中华书局，1983，第 2195 页。

宰，以及军法中之"烽燧"等，不可遍列。（详见《律章句考》表3-2、3-3、3-4、4-1、4-2、4-3、4-6）

9. 应劭①

字仲远（一字仲瑗、或字仲援），汝南南顿（今河南项城西南）人，生自书香门第，高祖父应顺，"明达政事"；曾祖应叠，"皆有才学"；祖父应郴，为武陵太守；父应奉，著《汉书后叙》，《汉事》、《感骚》等。应劭生卒年不详，本传记载，中平二年（公元185年），与议募鲜卑兵事。中平六年（公元189年）拜太山太守。后"删定律令为《汉仪》"，于献帝建安元年（公元196年）奏上，其中包括：《律本章句》、《尚书旧事》、《廷尉板令》、《决事比例》、《司徒都目》、《五曹诏书》、《春秋断狱》，共250篇，深得献帝赏识。作《驳议》30篇，所驳法律适用之例82事。还著《汉官礼仪故事》、《中汉辑序》、《状人纪》、《风俗通》等。可见其主要活动于汉灵帝至献帝时期，一生著述颇丰。

（1）应劭为汉末律家之证据。

应氏所著，多为律令之作。《晋书·刑法志》称汉有十余家律令章句，其他诸家，虽有律注遗传后世，却不知其律章句之名，郑玄所作虽被称为"律郑氏说"，但显得笼统而不确切，恐非其章句本名，而系后人强名之。惟应劭之《律本章句》一书，得见其本名。《隋书·经籍志》称其著《律略论》五卷，不知与《律本章句》是否同书异名？关于应氏律家身份之论，史学界中

---

① 或称其生于汉桓帝元嘉年间（公元151~153年），卒于汉献帝建安九年（公元204年），未知其所引何据，故不从。见胡继明《〈汉书〉应劭注训诂研究》，载《四川师范学院学报》（哲社版）2003年第3期。

早有所识。当代著名历史学家严耕望先生（1916～1996 年）在
《中华百科全书·传记·应字部》说得很肯定："（应）劭以朝廷
纲纪荡然，社会秩序紊乱，故留心典章制度，尤重律令。……综
观劭著述宏富，虽多不传，要见其为汉代制度学、法律学一大
家。"并认为《律本章句》、《廷尉板令》、《春秋决狱》、《决事
比例》，"此四者皆法律之学"。①

其实，应劭之著，何止此四部为法律之学，其《驳议》三
十卷亦如之。钱剑夫先生曾指出："另一大儒应劭，既曾'删定
律令'（见本传）；并有《律略论》五卷，《汉朝仪驳》三十卷，
见《隋书·经籍志二》，也当是两种有关律学的名著。"② 这里的
《汉朝仪驳》三十卷，很可能就是《后汉书》所称《驳议》三
十卷，钱氏直指其为律学名著。

应劭自己在奏文中说，其《驳议》"以类相从，凡八十二
事。其见《汉书》二十五，《汉记》四，皆删叙润色，以全本
体。其二十六，博采古今瑰玮之士，文章焕炳，德义可观。其二
十七，臣所创造。"其中全是对具体案例的分析。若安帝时，河
间人尹次、颖川人史玉，皆坐杀人当死，次兄尹初及玉母军，俱
诣官府请求代命受死，"因缢而物故。尚书陈忠以罪疑从轻，议
活次、玉。"应劭对此进行驳议，认为陈忠的做法欠妥。遂先引
《尚书》、孙卿之言为据（是为汉代经义断狱之惯例），再议曰：
"是故春一草枯则为灾，秋一木华亦为异。今杀无罪之初、军，

---

① 参见《中华百科全书·传记·应字部》，台湾中国文化大学"中华百科"网，网址如下：
http://living.pccu.edu.tw/chinese/data.asp?id=4358&htm=09-228-5292 应劭.
htm&lpage=4&cpage=1

② 钱剑夫：《中国封建社会只有律家律学律治而无法家法学法治说》，载《学术月刊》1979
年第 2 期。

而活当死之初、玉，其为枯华，不亦然乎？陈忠不详制刑之本，而信一时之仁，遂广引八议求生之端。夫亲故贤能功贵勤宾，岂有次、玉之科哉？若乃小大以情，原心定罪，此为永生，非谓代死可以生也。败法乱政，悔其可追。"《后汉书》作者说："劭凡为驳议三十卷，皆此类也。"意即此书皆是对案例中的法律适用问题所作的剖析，自属律书之类别。它若《汉官礼仪故事》，"凡朝廷制度，百官典式"，[①] 皆在其中，乃职官之法律制度，亦当属律书之列。

　　应氏律书已佚，然其《风俗通》和史汉之注文，尚传于今。笔者综罗《史记》、《汉书》、《资治通鉴》、《风俗通》诸书，得其注律之文 144 条，其中：

　　①律说 1（见表 3 - 1）

　　②具律类律章句 7（见表 3 - 2）

　　③罪名类律章句 10（见表 3 - 3）

　　④刑名类律章句 9（见表 3 - 4）

　　⑤事律类律章句 29（见表 4 - 1）

　　⑥职官类律章句 49（见表 4 - 2）

　　⑦军法类律章句 15（见表 4 - 3）

　　⑧狱讼类律章句 7（见表 4 - 4）

　　⑨监狱类律章句 4（见表 4 - 5）

　　⑩礼制类律章句 13（见表 4 - 6）

　　上列条文，虽是应劭集解《汉书》且漏见于《史记》、《资治通鉴》之文，然所注对象仍为汉律。其在此处为《汉

书》中所涉汉律作注，与其在专门的律书中为汉律作注，观点和方法必然相同。亦即是说，其在律书中对上 144 条律令之文的注释，应当与其在《汉书》中的注释一样，否则就自相矛盾了。故尔将这些条文视为应氏律章句之内容，是完全能说得通的。至如《风俗通》中之条文，则可直接视为注律之文。在笔者收集的诸家律注中，应劭律章句之数量，仅次于郑玄，排名第二。

应劭作为东汉最后一位律家，虽著作等身、成就非凡，然自魏晋以来，则为浩浩史海所淹没，殊为憾事。当代史学界虽指其为法律大家，惜无深入挖掘与细密论证；法律史界，更无人问津。故此，笔者必欲为其辑遗、正名而后快！观其注律风格，确有大家之风。

（2）应劭注律之特征。

首先，引用经义注律，俱得经、律要旨。

应劭议法，动以经义礼仪。武帝建元二年（公元前 139 年）冬十月，御史大夫赵绾"坐请毋奏事太皇太后"，与郎中令王臧皆被打入牢狱，自杀。应劭评曰："礼，妇人不豫政事，时（武）帝已自躬省万机。王臧儒者，欲立明堂辟雍。太后素好黄老术，非薄《五经》。因欲绝奏太后，太后怒，故杀之。"① 表明其议案说法，皆礼经为准据。应劭的这种作风，自然也带进了注律之中。最典型的例子，是他对"病免"一词之注。他说："《易》称：'守位以仁。'《尚书》：'无旷庶官。'《诗》云：

---

① 《汉书》卷六《武帝纪》，中华书局，1983，第 157 页。另见《史记》卷一二《孝武本纪》，中华书局，1983，第 452 页。

'彼君子不素餐兮。'《论语》：'陈力就列，不能者止。'汉典，吏病百日，应免。所以恤民急病、惩俗遁愿也。"① 此则律注中，劭引《易》、《尚书》、《诗》、《论语》四经，来对汉律中的"病免"制度进行解释。依经义，在其位而谋其政，无能守官则当引退以明耻；依汉律，官吏病满百日仍不能正常工作，当免职，"《前书音义》曰：'吏病满百日当免也'"，② 用现代法律术语诠释，类似今日行政法律制度中的相关内容。通过这种注解，经、律遂得相通，其共同目的旨在："恤民急病、惩俗遁愿"，即既要照顾病痛灾恙，又要惩处长期缺职的人。从经学角度看，经义得以指导律令解释而致用；从律章句学的角度看，律令因合于经义而得到理论支撑，变得天经地义。引经注律之用，即在于此。

其次，对职官制度注释既多且详。

据统计数字得知，其注职官共 49 条，约占其律注总数的 34%。对这些条文的注释，也细致入微，除常见的致仕制度，以及太常、太仆、廷尉、典客、校尉等官名外，对很多鲜为后人所知的内容也作了注释。

如汉代王侯死后，需为其做谥、诔、策。何为谥、诔、策？何人作之？这些术语，后人很难知悉。应劭注云："皇帝延诸侯王、宾王诸侯，皆属大鸿胪。故其薨，奏其行迹，赐与谥及哀策诔文也。"③ 由此注可知，此三者由大鸿胪制作并上奏皇帝批准，

---

① 《风俗通义》卷四《过誉》。
② 《后汉书》卷六〇下《蔡邕列传》注引，中华书局，1982，第 2001 页。但也有特殊例外，若得皇帝允准，可带职归家治病。《史记》卷八《高祖本纪》集解："孟康曰：'汉律，二千石有予告、赐告。予告者，在官有功，最法所当得也。赐告者，病满三月当免，天子优赐复其告，使得带印绶、将官属，归家治病也。'"此则与《汉书·高帝纪上》注引孟康曰："在官有功最，法所当得"的标点有差，故引以比对。
③ 《汉书》卷五《景帝纪》，中华书局，1983，第 145 页。

"谥"即对死者生平行迹加以总结，并赐与谥号；① "策"即哀策，恐怕相当于今天的悼词；"诔"即诔文，"诔者，述累德行之文。"②

又如"秘祝"，我们很难知其为官名，应注云："秘祝之官，移过于下，国家讳之，故曰秘也。"③ 再如大谁卒，即令能从字面上看出其为官名，但究为何职？则难得其详。应劭曰："在司马店门掌欢呵者也。"④ 应氏注两汉职官，其广度与深度，皆令人叹服，其著《汉官仪》十卷，皆述汉职官之事。

第三，应氏律注涉及面极广，除上专述之职官外，对钱币之制、户婚之法、财税贡赋、军法、礼法等，遍有猎涉。

更为惊奇的是，其注释中甚至还包含了汉代法医学的内容。汉律将"伤人"罪中的伤情分为"痕"和"痏"两种。应劭注云："以杖手击殴人，剥其皮肤，肿起青黑而无创瘢者，律谓痕痏。"⑤ 结合《说文·疒部》载："痕痏，殴伤也。从疒，只声"，可知"痕痏"就是将人打伤。至于伤到什么程度为"痕"？伤到什么程度为"痏"？仅从应注还弄不太明白。故段玉裁在注《说文》时认为此则注文恐有脱字。他说："按此应注伪脱。《急就篇》颜注云：'殴人皮肤肿起曰痕，殴伤曰痏。'盖应注律谓痕下，夺去六字：当作其有创瘢者谓痏。《文选》嵇康诗：'阻

---

① 应劭对谥法的注释有7条。《汉书》卷三《高后纪》注引："礼，妇人从夫谥，故称高也。"《资治通鉴》注引有："礼·谥法：柔质慈民曰惠。"卷一二《汉纪四·惠帝》"布义行刚曰景。"卷一五《汉纪七，景帝上》"威强睿德曰武。"卷一七《汉纪九·武帝》"圣闻周达曰昭。"卷二三《汉纪一五·昭帝》"谥法：行义悦民曰元。"卷二八《汉纪二〇·元帝》"《谥法》：布纲治纪曰平。"卷三五《汉纪二七·平帝》详见《律章句考》（表十）。
② 《汉书》卷五《景帝纪》注引师古曰，中华书局，1983，第145页。
③ 《汉书》卷四《文帝纪》，中华书局，1983，第125页。
④ 《汉书》卷二七下《五行志下》，中华书局，1983，第1475页。
⑤ 《汉书》卷八三《薛宣传》注引，中华书局，1983，第3395页。

若创痏'，李善引《说文》：'痏，瘢也。'正与应语合，皆本汉律也。痕轻痏重。……创瘢，谓皮破血流。"① 拾遗以补缺后，该条律注全文当为："以杖手击殴人，剥其皮肤，肿起青黑而无创瘢者，律谓痕；其有创瘢者谓痏。"

综观应氏注律特色，有高屋建瓴之宏论，亦有细微不显之诠解，方方面面、大大小小，无有不及、无有不备，其为东汉大律家之说，信然！

本章所考，乃两汉注律之家。《晋书·刑法志》所言十有余家，萌芽期有杜延年、于定国、陈咸三氏；发展期"律三家"有杜林、郭躬、陈宠；繁荣期"律九家"，曰许慎、马融、钟皓、吴雄、郑玄、何休、服虔、文颖、应劭，共十五家，概与《晋志》所提之数相符。自唐以降，于律家之人之数，史家莫不人云亦云，"十有余家"之说；"叔孙、郭、马、郑、杜"之谓，悉以房氏之书照本宣科，而无有深究、无有细查，令人扼腕。正如程树德先生所叹："而唐宋以来诸家，卒无从事考订者"。② 笔者不揣深浅，罗史籍与出土文物而钩考之，或留珠玑于后人，或遗笑柄于大方，无所畏惧，但求领此风气之先。

---

① 《说文解字段注》，第 372 页。
② 程树德著：《九朝律考》卷一《汉律考序》，第 1 页。

三 律章句考（上）

《魏书·刑罚志》云："后汉二百年间，律章无大增减"。东汉于制定法律方面，无太多建树，然律章句学极盛，律家们在律令解释方面却做出了重要贡献。由于这些解释在司法实践中与律令同具法律效力，相当于今日所谓立法解释，故而成为汉代法律的重要组成部分。以此可证，汉律体系应当包括两个方面：①国家制定的律、令、科、品、比的规范体系；②通过律章句学形成的法律解释体系，即"律章句"。

由上可知，考证律章句，不但是汉代法学史研究的重要课题，同时也是考察汉律体系的重要途径。然迄今为止，对汉律的研究，国内在清末民初有杜贵墀、张鹏一、薛允升、沈家本、程树德等名家，当代有刘海年、高恒、徐世虹等学者；日本有池田温、大庭脩、堀毅、中田薰等人；台湾学者有黄源盛、邢义田等，成果堪谓丰硕，但研究方向，大都指向律、令、科、品、比等国家制定法体系，于律令解释体系——即"律章句"，却无人作系统的挖掘整理。欲全面了解汉律，必得考究汉律章句。换言之，研究律章句，是从整体上窥探汉代法律的一个关键，当然也是一道难关。故律章句的钩考工作，同律家考的工作一样，都具有学术补白的价值。

《晋志》谓汉代有章句 26272 条，7732200 字，[①] 这洋洋数百万言的律章句，均是"断罪所当由用者"，理当作为汉律体系的重要组成部分，然自两晋以降，钩考、整理者无几。正如近代法学大家沈家本说："盖自晋改汉律之后，张（斐）、杜（预）之书风行于世，习律学者但研究见行之法，不复追求汉、魏名家章句，束诸高阁，其渐即于亡，势固然也。"[②] 于是，律章句学的成果逐渐为历史的尘埃所掩蔽，不得复见于后人，殊为憾事。

20 世纪初，程树德先生作《汉律考》，考出 8 条"律说"，此律说正是律章句的一种表现形式，即钱剑夫先生所说："大抵这些章句，就是所谓《律说》。"[③] 这 8 条，在整个 26272 条章句中，只能占很小的比例，堪谓微不足道。然程先生的草创之功大焉，他曾感叹说："草创者难，因袭者易"。笔者愿做他的因袭者，过程中却发现，因袭其考证律章句之未竟之业，亦非易事！假己之余勇，亦仅仅多得 2 条律说而已。此外，沈家本作《汉律摭遗》、张鹏一著《两汉律学考》，虽于律章句有所涉猎，但不系统，且不全面。

笔者遍查经史子集之相关记载，征以出土文献，辑出杜林、许慎、郭躬、陈宠、郑玄、何休、服虔、文颖、应劭诸家之章句以及不见名传之律说，凡得 543 条。

细究所得律章句，横观竖睹，总有杂乱无章之感，以此示

① 《晋书》卷三〇《刑法志》，中华书局，1983，第 923 页。
② （清）沈家本撰：《历代刑法考》，《汉律摭遗》卷一。
③ 钱剑夫：《中国封建社会只有律家律学律治而无法家法学法治说》，载《学术月刊》1979 年第 2 期。

人，阅者不便。故此强行为之分门别类，既要照顾古人之原始风貌，又要考虑今人的阅读习惯。古今文殊而意通，几经反复，最后确定为十个门类，以揽其条款，次第为：

①律说：11 条；

②具类律章句：77 条；

③罪名类律章句：64 条；

④刑名类律章句：49 条；

⑤事律类律章句：101 条；

⑥职官类律章句：109 条；

⑦军法类律章句：47 条；

⑧狱讼类律章句：37 条；

⑨监狱类律章句：23 条；

⑩礼制类律章句：25 条。

此 543 条，与律章句总数相校，约占 2‰的比例，堪谓百不得一，然亦可藉此览其概貌、探其细末。于治法史者，必有所鉴焉！

依照上面 10 类，各分 10 小节以钩考、辨析之。由于篇幅问题，谨将第 1 节至第 4 节的内容置于第 3 章；第 5 节至第 10 节置于第 4 章，特此说明。

（一）律说钩沉

1. 律说辑遗

汉代律说，传世无多。钩沉于经史子集与出土文献，凡得 11 条。列表 3－1 示之。

表 3 - 1　律说

序号	律　说	律家	出　处
1	律郑氏说，封诸侯过限曰附益。或曰阿媚王侯，有重法也	郑玄	《汉书·诸侯王表第二》注引张晏曰，又见《资治通鉴》卷三十六，王莽始建国二年条注引
2	《律说》，出罪为故纵，入罪为故不直		《汉书·景武昭宣元成功臣表》注引晋灼曰
3	鬼薪作三岁	疑为应劭	《史记·秦始皇本纪》集解如淳引律说
4	论决为髡钳，输边作长城，书曰伺寇虏，夜暮筑长城。城旦，四岁刑	疑为应劭	《史记·秦始皇本纪》集解如淳引律说
5	《律说》，戍边一岁当罢；若有急，当留守六月。今以卒治河之故，复留六月		《汉书·沟洫志》注引如淳曰，又见《资治通鉴》卷三十，成帝河平三年条注引
6	《律说》，平贾一月，得钱二千		《汉书·沟洫志》注引如淳曰，又见《资治通鉴》卷三十，成帝河平三年条注引
7	《律说》，卒更、践更者，居县中五月乃更也。后从《尉律》，卒践更一月，休十一月也		《史记·游侠列传》集解如淳曰，又见《汉书·昭帝纪》
8	《律说》，都吏今督邮是也。闲惠晓事，即为无文害都吏		《汉书·文帝纪》注引如淳曰
9	行言者若许，多受赇以枉法，皆坐脏为盗，没入（官）□□。行言者，本行职□也		《敦煌汉简》律说佚文。见林梅村、李均明编：《疏勒河流域出土汉简》339，转引自《中国法制通史·战国秦汉卷》，法律出版社 1999 年版，第 233 页
10	《令甲》，女子犯罪，作如徒六月，雇山遣归。说以为当于山伐木，听使入钱雇功直，故谓之雇山	疑为应劭	《汉书·平帝纪》注引如淳曰，又见《资治通鉴》卷三十五，平帝元始元年条胡三省注引
11	《汉书音义》：臣瓒曰：律说云：勒兵而守曰屯		《文选》卷一《东都赋》注引

2. 遗存律说辨析

律说即律章句，持论者众。早自 20 世纪初，程树德先生间接指认律说为律章句之形式。70 年代末，钱剑夫先生言之凿凿，"大抵这些章句，就是所谓《律说》。如淳注《汉书》常引《律说》（《史记集解》引如淳说并同）"。① 之后，从者更甚。徐世虹先生说："律章句则是汉儒采用训诂学的方法分析汉律，阐发法制，'律说'或为其成果形式之一。"② 何勤华先生也认为："律章句是郑玄等人注释汉律的作品，而后人阐述汉律时常引用的'律说'可能就是律章句的成果形式之一。"③

余按：

汉律章句未得完整保留，律说既为其成果形式，借此可推想其原貌，谨此说明几点：

（1）遗存律说之数量。

程氏于史汉中辑出 8 条，即表中序号 1～8。林梅村、李均明在整理出土文物时，于《敦煌汉简》中辑出 1 条，即表中序号 9。笔者细阅史部、集部，又新得 2 条，即序号 10、11。

其中序号 10，见于《汉书·平帝纪》注文，又见于《资治通鉴》平帝元始元年注文。文中有"说以为……"④ 的字样，而无"律"字，但定为律说，并无疑问。理由在于：其一，此"说"乃是对《令甲》本文"女子犯罪，作如徒六月，雇山遣归"所作的注释，自是关于律令之说，而非他说；其二，如淳作为曹魏律家，对汉代律说稔如家珍（表 3－1 中 11 条律说内，

---

① 钱剑夫：《中国封建社会只有律家律学律治而无法家法学法治说》，载《学术月刊》1979 年第 2 期。

② 徐世虹主编：《中国法制通史》卷二《战国秦汉卷》，法律出版社，1999，第 232 页。

③ 何勤华：《秦汉律学考》，载《法学研究》1999 年第 5 期。

④ 按：在第三、四章每节《辨析》部分，引用列表中资料，不再注明出处，下同。

如淳所引凡 7 条），此“说”为如氏所引，其在引律说时省略一个“律”字，也是可能的，犹如史家提及《史记》、《汉书》，常常简称史汉一般。

其中序号 11，见于《文选》卷一《东都赋》注引《汉书音义》：“臣瓒曰：律说云：勒兵而守曰屯。”另有，《史记集解》曰：“案：律谓勒兵而守曰屯。”① 已知，《史记集解》为南朝宋裴骃所著，其说“勒兵而守曰屯”是律文。究为律说？抑或律文？试辨之：臣瓒晋时曾任宰相，早，其去汉时也近；裴骃为刘宋人，晚，其去汉时也远。故宁信臣瓒之说。再从该条款的行文结构来看，显然是“屯”为律本文；“勒兵而守”为律说。至为关键的是，律说作为一种注解律令的体裁，常采用“某曰某”的形式；律文为国家法律规定，行文时应直抒其义，没有必要也不能采用“某曰某”的注解形式，臣瓒所引该段文字恰恰用的是“某曰某”的表述体裁，定为律说无疑。

（2）遗存律说之律家。

汉代遗存律说，皆为魏晋学者所称述，其原作者姓甚名谁，则被忽略。惟“附益”之律说，张晏在注引时点明为“律郑氏说”，可推知其为郑玄所著。钱剑夫先生对郑玄所作律说评价尤高，“《汉书·诸侯王表》张晏注所引者，并明谓‘律郑氏说’，可证郑玄的《汉律章句》或《律说》是很完整的一部汉代律学巨著，和他所注的各种经传一样，在当时就已居于极为重要的地位。”②

另据笔者推测，“雇山”、“鬼薪”、“髡钳城旦”之律说，

① 《史记》卷九八《傅宽传》集解，中华书局，1983，第 2708 页。
② 钱剑夫：《中国封建社会只有律家律学律治而无法家法学法治说》，载《学术月刊》1979 年第 2 期。

很可能是应劭所作。应劭曾对"雇山"作过注解，曰："旧刑鬼薪，取薪于山，以给宗庙。今使女徒出钱雇薪，故曰雇山也。"①这些解释文字，与如淳所引律说"当于山伐木，听使入钱雇功直，故谓之雇山"的文字，极其相似。另，应劭对"城旦春"、"鬼薪"都作过细微的解释。②（详后《遗存律说之内容》）

其他7条，则难辨其源自何家手笔。

（3）遗存律说之内容。

表中所列11条律说，涉及五方面的内容。

第一，关于罪名者三。

①附益。汉武帝时所定。"武有衡山、淮南之谋，作左官之律，设附益之法，诸侯惟得衣食税租，不与政事。"该罪之行为特征为封诸侯过限，或与诸侯王勾结，危害中央集权统治，将受重法处置。唐颜师古析之曰："附益者，盖取孔子云：'求也为之聚敛而附益之'之义也，皆背正法而厚于私家也。"③

②故纵与不直。律说将"故纵"解为出人之罪，与三国学者张晏的解释同义："吏见知不举劾为故纵"。④ 律说将"不直"解为入人于罪，与汉律"贼伤人不直"⑤ 的罪名有异，以此观之，盖不直罪可分多种情形，故意入人于罪是一种不直罪，由特殊主体构成，适用于司法官吏；无故伤害他人又是另一种不直罪，由普通主体构成，适用于一般人。

③受赇枉法。该罪名的律说之义为"如果听从托言，收受贿赂，结果多是受赇枉法，以坐赃为盗论罪。"何休在引律注经

① 《汉书》卷一二《平帝纪》注引应劭曰，中华书局，1983，第351页。
② 《汉书》卷二《惠帝纪》注文，中华书局，1983，第85页。
③ 《汉书》卷一四《诸侯王表第二》，中华书局，1983，第395页。
④ 《史记》卷三〇《平准书第八》集解，中华书局，1983，第1424页。
⑤ 《汉书》卷八三《薛宣传》，中华书局，1983，第3396页。

时，对类似情形曾引汉律证之曰："由律行言许受赂也。"① 可见该律说的律本文应当是"行言许受赂"。或有论者以为，② 其律本文为："律，诸为人请求于吏以枉法，而事已行，为听行者，皆为司寇。"③ 笔者以为此说不确，故质疑之。理由为：律说中有"受赇"而此律文无之；律说中以盗论必处重刑，而律文仅处司寇轻刑，两两相差，实难对应。

第二，关于刑名者三。

①鬼薪。律说以之为三岁刑，可证之于应劭注："取薪给宗庙为鬼薪，坐择米使正白为白粲，皆三岁刑也。"④

②髡钳城旦。律说以之为四岁刑，即《汉书·刑法志》所说："当髡者完为城旦舂"，仍可以应劭注证成之："城旦者，旦起行治城；舂者，妇人不豫外繇，但舂作米：皆四岁刑也。"

③雇山。已见上述。

第三，关于徭役者三。

①戍边。汉律规定人人皆得戍边三日，又称"繇戍"，又名"过更"。"天下人皆直戍边三日，亦名为更，律所谓繇戍也。虽丞相子亦在戍边之调。不可人人自行三日戍，又行者当自戍三日，不可往便还，因便住一岁一更。诸不行者，出钱三百入官，官以给戍者，是谓过更也。"⑤ 再证之于《汉书·卜式传》注引苏林曰："外繇谓戍边也。一人出三百钱，谓之过更也。"《史记正义》谓为"戍边三月"，⑥ 恐为笔误，因为如果是三个月的话，

---

① 《春秋公羊注疏》卷一五，宣公元年，何休解诂。
② 参见徐世虹主编《中国法制通史》卷二《战国秦汉卷》，法律出版社，1999，第233页。
③ 《汉书》卷一八《外戚恩泽侯表》如淳注，中华书局，1983，第694页。
④ 《汉书》卷二《惠帝纪》注引，中华书局，1983，第85页。
⑤ 《汉书》卷七《昭帝纪》如淳注，中华书局，1983，第229页。
⑥ 《史记》卷一〇六《吴王濞列传》，中华书局，1983，第2823页。

就不存在"往便还"的不便了。汉初承秦法，过更（即戍边）与卒更、践更并行，徭役太重，"三十倍于古"，[①] "后改为谪，乃戍边一岁"，[②] 发有罪之人为之，常人或可得免？

②卒更、践更。汉律定人人皆得依次为"正卒"，自行为卒者叫"卒更"；出钱雇人为卒者，每月给钱二千，叫"践更"。汉初承袭秦制，每五月一更换，后改为每一月一更换，休息11个月。"古者正卒无常人，皆当迭为之，是为卒更。贫者欲雇更钱者，次直者出钱雇之，月二千，是为践更。"[③]

③平贾。自己不服兵役而雇人代之，所出"月二千"，即"平贾"。"为卒者雇其庸，随时月与平贾也。"[④]

第四，关于职官者。

汉律中有"无害都吏"，[⑤] 恐为汉早期之规定，后有"律说"释为"都吏今督邮是也。闲惠晓事，即为文无害都吏。"查督邮，亦为汉官，乃地方政府——郡之属吏，代表太守督察县乡，宣达教令，兼司狱讼捕亡等事。每郡或分两部、四部、五部不等，每部各有一督邮。

第五，关于军法者。

"屯"，为领兵屯种开荒，汉初已有其制。傅宽为代相国和代丞相，"将屯"，《史记索隐》案："孔文祥云：'边郡有屯兵，宽为代相国兼领兵，后因置将屯将军也'。"[⑥] 汉武帝时，亦于边

---

① 《汉书》卷二四《食货志》，中华书局，1983，第1137页。
② 《史记》卷一〇六《吴王濞列传》正义，中华书局，1983，第2823页。
③ 《史记》卷一〇六《吴王濞列传》正义，中华书局，1983，第2823页。
④ 《汉书》卷三五《荆燕吴传》注引服虔曰，中华书局，1983，第1905页。
⑤ 《史记》卷五三《萧相国世家》集解引《汉书音义》曰："文无害，有文无所害也。律有无害都吏，如今言公平吏。"中华书局，1983，第2013页。《资治通鉴》卷一七《汉纪九》武帝元鼎四年（公元前113年）条，胡三省注引章怀太子贤曰："按律有无害都吏，如今言公平吏。"
⑥ 《史记》卷九八《傅宽传》，中华书局，1983，第2708页。

郡屯田，应劭曰："武帝时始开三边，徙民屯田，皆与犁牛。"①
又如在武、昭、宣时为大将的赵充国，曾领兵于西北屯田，同时
负责与羌族作战，其衙门称"莫府司马中"。② 可见"屯"即是
亦兵亦农之法律制度，可以印证律说之义。

　　遗存律说的内容，本可纳入笔者所分③罪名；④刑名；⑤事
律；⑥职官；⑦军法之门类中，以避免重复。所以辟专节述之，
旨在凸显其特殊地位。它是我们资以探究汉律章句最直接的
窗口！

（二）具律类律章句

1. 具律类律章句拾遗

　　李悝造《法经》，作《具律》篇，作为法典之总则，秦汉承
之，其名不改。汉代十余家律注，或存或亡。兹将已收罗到的律
章句中阐释律语法理、注疏法律原则与制度、诠解犯罪理论等条
款，归入"具律"篇，以统其类。凡得 77 条，列表 3 - 2 如下：

表 3 - 2　具律类

序号	律	章　　　句	律家	出　　处
（一）释名				
1	灋	刑也，平之如水。从水。廌所以触不直者去之。从廌去	许慎	《说文·廌部》，段注，第497 页
2	律	律，法也	郑玄	《礼记正义》卷十一，王制第五

---

① 《汉书》卷七《昭帝纪》，中华书局，1983，第 229 页。
② 《汉书》卷六九《赵充国传》，中华书局，1983，第 2994 页。

序号	律	章　句	律家	出　处
3	律	"律，均布也。从彳，聿声。"段注：《尔雅·坎》律，铨也。律者，所以范天下之不一而归于一，故曰均布也	许慎	《说文·彳部》，段注，第81页
4	宪	宪，法也	郑玄	《礼记正义》卷二十八，内则第十二
5	宪	宪，表也。主表刑禁者	郑玄	《周礼注疏》卷三十五，秋官第五
6	典	典，法也	郑玄	《礼记正义》卷四，曲礼下第二
7	典	典，常也，法也	郑玄	《仪礼注疏》卷六，士昏礼第二
8	典	典，常也，经也，法也。王谓之礼、经、常，所秉以治天下也。邦国官府谓之礼法，常所守以为法式也	郑玄	《周礼注疏》卷二，天官第一
9	中典	中典者，常行之法	郑玄	《周礼注疏》卷三十四，秋官第五
10	法	法，曲直长短之数	郑玄	《周礼注疏》卷三十二，夏官第二
11	辟	辟，法也。从节辛，节制其辜也；从口，用法者也	许慎	《说文·辟部》，段注，第458页
12	令	令发号也段注：人部曰：使者，令也。义相转注，引伸为律令、为时令	许慎	《说文·卩部》，段注，第456页
13	令	令犹命也。《王霸记》曰：犯令者，违命也	郑玄	《周礼注疏》卷二十九，夏官第二
14	令	德，谓善政也。令，谓时禁也	郑玄	《礼记正义》卷十四，月令第六

序号	律	章　句	律家	出　处
15	律、令、令甲	萧何承秦法所作为律令，律经是也。天子诏所增损，不在律上者为令。令甲者，前帝第一令也	文颖	《汉书·宣帝纪》
16	式	式，法也，从工弋声	许慎	《说文·工部》，段注，第211页
17	式	式，法也	郑玄	《礼记正义》卷五十五，缁衣第三十三
18	式	式，谓用财之节度	郑玄	《周礼注疏》卷二，天官第一
19	式法	式法，故事之多少也	郑玄	《周礼注疏》卷十六，地官下第二
20	式法	式法，作酒之法式	郑玄	《周礼注疏》卷五，天官下第一
21	法式	式法，作物所用多少故事	郑玄	《周礼注疏》卷七，天官下第二
22	品式	官成，谓官府之成事品式也	郑玄	《周礼注疏》卷二，天官第一
23	科	科，程也。从禾斗。程，程品也。故诸程品皆从禾	许慎	《说文·禾部》，段注，第346~347页
24	比	已行故事曰比	郑玄	《礼记正义》卷十三，王制第五
25	决事比	邦成，八成也，以官成待万民之治，故书"弊"为"憋"。郑司农云：憋当为弊，邦成，谓若今时决事比也	郑玄	《周礼注疏》卷三十四，秋官第五
26	决事比	郑司农云：八成者，行事有八篇，若今事决事比	郑玄	《周礼注疏》卷三十五，秋官第五
27	诰	元狩六年，夏四月，"初作诰。"注云：诰救王，如《尚书》诸诰也	服虔	《汉书·武帝纪》

序号	律	章 句	律家	出 处
28	法度之字皆从寸	轻罪不至于髡，完其耏鬓，故曰耏。古"耏"字从"彡"，发肤之意。杜林以为法度之字皆从"寸"。后改如是。耏音若能	杜林	《史记·淮南衡山列传》集解注引应劭曰
29	寸	寸，法度也，亦手也	许慎	《说文·矢部》，段注，第238页
30	令中鬲字	䰛，汉令鬲，从瓦，麻声。段注：谓载于令甲令乙之鬲字也。《乐浪挈令》织作紅	许慎	《说文·鬲部》，段注，第117页
31	令中紅字	乐浪挈令织。从系，从式。段注：挈，刻也。乐浪郡挈于木板之令也，其织字如此。录之者，明字合于六书之法，则无不可用也。如录《汉令》之鬲作紅	许慎	《说文·系部》，段注，第682页

（二）原则与制度

序号	律	章 句	律家	出 处
32	应经合义	宜令三公、廷尉平定律令，应经合义者，可使大辟二百，而耐罪、赎罪二千八百，并为三千，悉删除其余令，与礼相应	陈宠	《后汉书·陈宠传》
33	律家署法：刑疑则入罚	郑注：诏刑罚者，处其所应不，如今律家所署法矣。贾疏：诏刑罚，刑罚并言者，刑疑则入罚故也	郑玄	《周礼注疏》卷三十六，秋官第五

序号	律	章　句	律家	出　处
34	以律解经	郑注：郑司农云：屋诛谓夷三族，无亲属收葬者，故为葬之也。三夫为屋，一家田为一夫，以此知三家也。玄谓屋读如其刑剭之剭，剭诛谓所杀不于市而以适甸师氏者也。贾疏：后郑不从……既乱世之法，何得以解太平制礼之事乎	郑玄	《周礼注疏》卷三十六，秋官司寇第五
35	立法原则·新有法令	"正岁，帅治官之属而观治象之法。徇以木铎，曰：不用法者，国有常刑。乃退以宫刑，宪禁于宫。"郑注："宪谓表悬之，若今新有法令云。"	郑玄	《周礼注疏》卷三，天官冢宰第一
36	约法三章	"约法三章"服虔注："随轻重制法也。"	服虔	《汉书·高帝纪》
37	立法随君	汉成帝时，刘向上疏曰：今之刑，非皋陶之法也，而有司请定法，削则削，笔则笔。"服注：言随君意也	服虔	《汉书·礼乐志》，又《资治通鉴》卷三十二，成帝绥和元年条
38	约法三章	沛公曰：与父老约，法三章耳，杀人者死，伤人及盗抵罪。《集解》曰：抵，至也，又当也。除秦酷政，但至于罪也	应劭	《史记·高祖本纪》集解
39	老幼无刑	壹曰赦幼弱，再赦曰老耄，三赦曰蠢愚。郑注：蠢愚，生而痴騃童昏者。郑司农云：幼弱老耄，若今律令未满八岁、八十以上，非手杀人，他皆不坐	郑玄	《周礼注疏》卷三十六，秋官司寇第五；《礼记正义》卷一，曲礼上第一

续表 3 – 2

序号	律	章　　句	律家	出　　处
40	先请	高祖八年，"春，令郎中有罪耐以上，请之。"应劭曰：言耐罪以上，皆当先请也。耐音若能	应劭	《汉书·高帝纪下》
41	亲亲得相首匿	解诂：论季子当从议亲之辟。犹律亲亲得相首匿。当与叔孙得臣有差	何休	《春秋公羊注疏》卷九，闵公元年
42	秋冬行刑	郑玄注云：杀气已至，有罪者即决也	郑玄	《礼记正义》卷十七，月令第六
43	逾冬减死	逾冬，至春行宽大得减死罪	服虔	《汉书·楚元王传》
44	复仇	父者，子之天，杀己之天与共戴天，非孝子也，求杀之乃止；恒执杀之备；仇不吾辞则杀之，交游或为朋友	郑玄	《礼记正义》卷三，曲礼上第一
45	复仇	不受诛，罪不当诛也；子复仇非当，复讨其子一往一来曰推刃；取仇身而已，不得兼仇子，复将恐害己而杀之	何休	《春秋公羊注疏》卷二十五，定公四年
46	司法原则·中	（小司寇）以三刺断庶民狱讼之中。郑注：中，谓罪正所定	郑玄	《周礼注疏》卷三十五，秋官司寇第五
47	八议·能	罢，遣有辠也，从网能。网，辠网也。言有贤能而入网，即贳遣之。《周礼》曰：议能之辟是也	许慎	《说文·网部》，段注，第378页
48	八议·贵	议贵之辟。郑注：郑司农云：若今时吏墨绶有罪先请是也。贾疏：汉法丞相中二千石，金印紫绶；御史大夫二千石，银印黄绶；县令六百石，铜印墨绶是也	郑玄	《周礼注疏》卷三十五，秋官司寇第五

序号	律	章　　句	律家	出　　处
49	八议·亲	议亲之辟。郑注：郑司农云：若今时宗室有罪先请也	郑玄	《周礼注疏》卷三十五，秋官司寇第五
50	八议·贤	议贤之辟。郑注：郑司农云：若今时廉吏有罪，先请是也。郑玄谓贤，有德行者	郑玄	《周礼注疏》卷第三十五，秋官司寇第五
51	八议之科	陈忠不详制刑之本，而信一时之仁，遂广引八议求生之端。夫亲故贤能功贵勤宾，岂有次、玉之科哉	应劭	《后汉书·应劭传》
52	惠帝功亲减刑令	上造，爵满十六者也。内外公孙谓王侯内外孙也。耳孙者，玄孙之子也。言其曾高益远，但耳闻之也。今以上造有功劳，内外孙有骨血属娓，施德布惠，故事从其轻也	应劭	《汉书·惠帝纪》
53	保辜	婷。保任也。从女，辛声。段注：师古曰：保辜者，各随其轻重，令殴者以日数保之，限内致死，则坐重辜	许慎	《说文·女部》，段注，第657页
54	保辜	古者保辜……以伤辜死也。君亲无将。见辜者，辜内当以弑君论之，辜外当以伤君论之。徐疏：《汉律》有其事	何休	《春秋公羊注疏》卷十九，襄公七年
55	保辜	辜者，辜内当以弑君论之，辜外当以伤君论之	何休	《春秋公羊注疏》卷二十一，襄公二十五年
56	从坐	妻作巫蛊，夫从坐，但要斩也	郑玄	《汉书·武帝纪》
57	从坐	不为奴。凡有爵者，与七十者，与未龀者，皆不为奴。郑注：有爵谓命士以上也。龀，毁齿也，男八岁女七岁而毁齿	郑玄	《周礼注疏》卷三十六，秋官司寇第五

续表 3-2

序号	律	章 句	律家	出 处
58	连坐	皇帝为丞相石庆作上报曰：孤儿幼年未满十岁，无罪而坐率，朕失望焉。服注：率，坐刑法也	服虔	《汉书·石奋传》
59	收帑相坐律	请奉诏书，除收帑诸相坐律令。应注：帑，子也。秦法一人有罪，并坐其家室。今除此律	应劭	《史记·孝文本纪》集解，又见《汉书·文帝纪》，《资治通鉴》卷十三，文帝前元年
60	连坐	时无故见杀，而无为之论坐伏辜者也	服虔	《汉书·魏豹田儋韩（王）信传》
61	相保·官贵不连坐	初元五年，除光禄大夫以下至郎中保父母同产之令。应注：旧时相保，一人有过，皆当坐之	应劭	《汉书·元帝纪》
62	大赦·皇帝即位	建元元年，赦吴楚七国帑输在官者。应注：吴楚七国反时，其首事者妻子没入为官奴婢，武帝哀焉，皆赦遣之也	应劭	《汉书·武帝纪》

（三）犯罪理论

序号	律	章 句	律家	出 处
63	辜	辜，罪也	郑玄	《毛诗正义·小雅·正月》卷十二之一，《毛诗正义·大雅·云汉》，卷十八之二
64	辠	犯法也。从辛自。言辠人戚鼻苦辛之。秦以辠似皇字，改为罪	许慎	《说文·辛部》，段注，第785页
65	罪籍	尹翁治东海，吏民小解，辄披籍。服注：披有罪者籍也	服虔	《汉书·赵尹韩张两王传》
66	罪过	咎，犹罪过也	郑玄	《毛诗正义·小雅·小风》卷十三之一

序号	律	章　句	律家	出　处
67	本心	凡听五刑之讼，必原父子之亲，立君臣之义以权之。意论轻重之序，慎测浅深之量以别之。郑注：意，思念也。浅深，谓俱有罪，本心有善恶	郑玄	《礼记正义》卷十一，王制第五
68	故误	法令有故、误，（孙）章传命之谬，于事为误，误者其文则轻	郭躬	《后汉书·郭躬传》
69	过	过犹误也	郑玄	《史记·乐书第一》集解
70	过	凡过而杀伤人者，以民成之。郑注：过，无本意也。贾疏：此谓非故心是过，误攻杀或伤于人者。成，平也。既非故心，故共乡里之民共和解之。注……此过失，即司刺云：再宥曰过失是也	郑玄	《周礼注疏》卷十四，地官司徒下第二
71	过	射者有过则挞之。郑注：过，谓矢扬中人，凡射时矢中人，当刑之。今乡会众贤以礼乐劝民，而射者中人，本意在侯，去伤害之心远，是以轻之，以扑挞于中庭而已。书曰：扑作教刑	郑玄	《仪礼注疏》卷十三，乡射礼第五
72	过失	司救掌万民之衺恶、过失而诛让之，以礼防禁而救之。郑注：衺恶，谓侮慢长老，语言无忌而未丽于罪者。过失，亦由衺恶酗誊好讼，若抽拔兵器误以行伤害人丽于罪者。古者重刑且责怒之未即罪也	郑玄	《周礼注疏》卷十四，地官司徒下第二

序号	律	章　　句	律家	出　　处
73	过失	其有过失者，三让而罚，三罚而归于圜土。郑注：圜土，狱城也。过失近罪，昼日任之以事而收之，夜藏于狱，亦如明刑以耻之，不使坐嘉石，其罪已著未忍刑之	郑玄	《周礼注疏》卷十四，地官司徒下第二
74	过失·不审·遗忘	壹宥曰不识，再宥曰过失，三宥曰遗忘。郑注：郑司农云，不识，谓愚民无所识则宥之。过失，若今律过失杀人，不坐死。玄谓，识，审也。不审，若今仇雠相报，甲见乙，诚以为甲而杀之者。过失，若举刃欲斫伐而误中人者。遗忘，若间帏薄忘有在焉，而以兵矢投射之	郑玄	《周礼注疏》卷三十六，秋官司寇第五
75	谋	谋，虑难曰谋，从言某声	许慎	《说文·言部》，段注，第94页
76	正当防卫与防卫过当	孔疏：故异义云：妻甲夫乙殴母，甲见乙殴母而杀乙，公羊说甲为姑讨夫，犹武王为天诛纣。郑驳之云：乙虽不孝，但殴之耳，杀之太甚。凡在官者，未得杀之，杀之者，士官也。如郑此言，殴母，妻不得杀之，若其杀母，妻得杀之	郑玄	《礼记正义》卷十，檀弓下第四
77	数罪从重	明当以重者罪之。犹律：一人有数罪，以重者论之	何休	《春秋公羊注疏》卷七，庄公十年；《春秋公羊注疏》卷二十四，昭公三十一年

2. "具律"类律章句辨析

此类律章句，集中于对律语法理、法律原则与制度、犯罪理论进行诠解，共 77 条。其中又可分三种情形来作深入考察：

（1）释名（共 31 条，自序号 1～31）。

即对汉代的法律术语作注释，故将此类定为"释名"。

①通用律语（11 条，序号 1～11）。

如"灋"、"法"、"律"、"刑"、"宪"、"典"、"辟"等字，在汉代是可以通用的，皆可用来指代法律。许慎说：灋者，"刑也，平之如水。从水。廌所以触不直者去之。从廌去"；又说："辟，法也。从节辛，节制其辠也；从口，用法者也。"郑玄则说，律、宪、典，均可解为法，若中典者，乃"常行之法"。该类章句，凡 11 条，有郑玄、许慎二人之注文。

②法律形式（16 条，序号 12～27）。

前已述及，汉代法律体系，不光是"律"，还有令、科、比、品、式、诰等，皆为其法律形式。对此，律家亦多有注解。律与令的区别，以文颖的注释为最清楚，"萧何承秦法所作为律令，律经是也。天子诏所增损，不在律上者为令。令甲者，前帝第一令也。"可见，律为常法，故称"律经"，不得轻易改动，具有稳定性之特征；而令，则是天子临时发布的诏令，不在律上并与之相对应，具有灵活性之特征。许慎说："令，发号也"；段玉裁进一步注之为："义相转注，引伸为律令、为时令。"郑玄曰："令，犹命也"，并特地指出，所谓"犯令"即"违命"。

科，即单行科罪条款，汉有《首匿之科》，《亡逃之科》，《投书弃市之科》等。许慎曰："科，程也。从禾斗。"比，即案例，"已行故事曰比"，又称决事比，相当于西周的"八成"，"八成者，行事有八篇，若今事决事比"，可用以作为另案的定罪量刑依据。

品，为律令科的附属法规，见于《居延新简》有《大司农罪人得入钱赎品》、《复作品》、《烽火品约》、《守御器品》等。对于品，律家也有所解。郑玄谓"官成，谓官府之成事品式也。"意即汉代之品大致相当于周时的"官成"，都是法律体系的重要组成部分。

式，在传统的《法制史》教材以及相关论著中，很少将其作为汉代法律形式的一种。然查律章句，"式"或称"法式"，或称"式法"，郑玄、许慎皆谓"式，法也"。在不同语境中，式有其不同的指向，若"式，谓用财之节度。""式法，作物所用多少故事。""式法，作酒之法式。""式法，故事之多少也。"如此等等。可见，式很可能是关于不同行业的行业规范，亦是汉代法律形式之种类。

诰，汉律体系中还有诰这种形式。武帝元狩六年，夏四月，"初作诰。"服虔曾为之作注，云："诰敕王，如《尚书》诸诰也。"

分析此类律章句可知，汉代法律形式不止教材上所列的律令科比品五者，还有式、诰，读史者当诫之。

③律令特别语（4 条，序号 28～31）。

律令用字，往往有特殊要求，以别于常用字词。法度之字从"寸"，便是典型之例。东汉初律家杜林认为："法度之字皆从'寸'"，自后，以'彡'为偏旁的律令用字，改用"寸"为偏旁。如剃掉胡须、鬓发的刑罚"耐"，古字作釤，"古'釤'字从'彡'，发肤之意。杜林以为法度之字皆从'寸'。后改如是。"即改"釤"为"耐"。对此，许慎在《说文解字》中也多次表示赞同，"冠有法制，故从寸。"[①] "守，官也。……从寸，

---

① 《说文解字段注》，第 374 页。

法度也。"① 为何法度之字要从寸，许氏做过解释，他说"寸，法度也，亦手也。"即取法手的长度而来。"人手郤十分动脉为寸口，十寸为尺"，普通女人手长八寸叫咫，"周制：寸尺咫寻常仞诸度量，皆以人之体为法。"②

另有，在汉律令中，很多字的写法也不同于通常写法。如"鬲"字，在《汉令》之《令甲》、《令乙》中写作"厤"。"织"字，在《乐浪挈令》中写作"纴"。

（2）法律原则与制度（31条，序号32～62）。

从这部分可以看到，律家对下述法律原则与制度，作了或详或略的注释。

①引经注律原则（3条，序号32～34）。

公元94年，陈宠提出修定律令应遵守"应经合义"的原则，从而使所定新法"与礼相应"。律家注律，与修改法令无异，自当遵循这一原则，才能使所注律令与经义相通，从而得到国家和司法官吏的认同，进而在司法实践中得到运用，此所谓"引经注律"。

经学、律学大家郑玄，无论在引律注经、还是引经注律时，都特别重视这一点，总是将其自觉运用于注释活动中。如他在注《周礼》中"劓诛"一词，本来先郑（郑众，即郑司农）已以"夷三族"解之，郑玄却不赞同，而注之为"劓诛谓所杀不于市而以适甸师氏者也"，即贵族犯罪采用秘密方式处决，以合符"刑不上大夫"的礼刑原则。对于"后郑（即郑玄）不从（先郑）"的做法，贾公彦疏曰："既乱世之法，何得以解太平制礼之事乎！"反过来说，注释法律，亦应引经义礼制中的良言美意

---

① 《说文解字段注》，第360页。
② 《说文解字段注》，第425～426页。

以解之。

郑玄又注："诏刑罚者，处其所应不，如今律家所署法矣。""如今律家"即汉代律家；"署法"即注律。郑玄所见律家，对被告人应处肉刑、还是应处罚金，都坚持经义中"罪疑惟轻"的原则进行注释，罪疑者不入刑而入罚。贾公彦疏云："诏刑罚，刑罚并言者，刑疑则入罚故也。"这种注释法，其经义依据，在于《尚书·吕刑》之"五刑不简，正于五罚"。孔传释云："谓不应五刑书同，狱官不能决，则当正之于五罚，令其出金赎罪。"①

在汉代各大律家中，郑玄在引经注律方面做得最为突出，故其律章句应用甚广。到曹魏时期，竟取得"但用郑氏章句，不得杂用余家"的尊荣。

②立法原则（4条，序号35～38）。

律家对立法的注释，得见四条，藉此能了解两汉立法的大致概况：一是汉立新法，类似周时"布宪"，有一定的公示程序，既要告之天下，又要悬挂宫中。故郑玄说："宪谓表悬之，若今新有法令云。"二是立法以时势和皇帝意志为根据。服虔注曰：汉初约法三章，是"随轻重制法也"；汉成帝时，"有司请定法，削则削，笔则笔"，则是"言随君意也。"

③老幼无刑原则（1条，序号39）。

老幼无刑，源于《周礼》中的"三赦"，又叫"矜恤"，汉时演化为律条。郑玄引郑司农注云："幼弱老耄，若今律令未满八岁、八十以上，非手杀人，他皆不坐。"汉律的这一原则，郑玄认为完全符合"八十九十曰耄，七年曰悼。悼与耄，虽有罪，

_____

① 《尚书·孔传》。

不加刑焉"的礼制思想，体现了"爱幼而尊老"①的精神。

④先请原则（1条，序号40）。

先请，乃汉高祖八年令中所定原则，"春，令郎中有罪耐以上，请之。"最开始只适用郎中，后扩大到600石以上官，以及皇室五服以内的亲属。东汉末年仍有此制，②故汉末律家应劭对此作过注释："言耐罪以上，皆当先请也。耐音若能。"

⑤亲亲得相首匿原则（1条，序号41）。

亲亲得相首匿，为汉宣帝地节四年（公元前66年）以诏令形式确定，何休在为《春秋公羊传》作"解诂"时曾援用。他说："论季子当从议亲之辟。犹律亲亲得相首匿。当与叔孙得臣有差。"此则虽属引律注经之例，但通过经文中的案例，仍可看出该原则的适用情况。

闵公元年（公元前661年），庆父弑君，季子缓纵之而不得罪，"今庆父季友亲则亲矣，得相首匿，是以舍之"，此种情形，可适用亲亲得相首匿原则。宣公五年（公元前604年），叔孙得臣知公子遂欲弑君而不举发，受刑而死，"为人臣知贼而不言明，当诛。则得（臣）与遂不宜相隐，是以罪之。"③这种情形，则不能适用亲亲得相首匿原则。

⑥秋冬行刑与逾冬减死原则（2条，序号42～43）。

秋冬行刑与逾冬减死联系紧密。汉代除罪大恶极者决不待时外，其余死刑皆在立秋后、冬至前执行。郑玄注云："杀气已

---

① 《礼记正义》卷一《曲礼上第一》郑玄注文。
② 1971年发现的甘肃甘谷汉简中保存了一份汉桓帝诏策："宗室（同姓）诸侯，五属内居国界，有罪请，五属外便以法令治。"甘肃省博物馆：《汉简研究文集》，甘肃人民出版社，1984。
③ 《春秋公羊注疏》卷第九，闵公元年，徐彦疏。

至，有罪者即决也。"① 若当年冬天不执行，到第二年春天即可免死，减为其他刑罚。所以服虔说："逾冬，至春行宽大得减死罪。"有案例可证。西汉经学家刘向，字更生，与宣帝论黄白术，不成。"上乃下更生吏，吏劾更生铸伪黄金，系当死。更生兄阳城侯安民上疏，入国户半，赎更生罪。上亦奇其材，得逾冬减死论。"②

⑦复仇原则（2 条，序号 44 ~ 45）。

复仇原为礼制原则。《周礼》记载："凡报仇雠者，书于士，杀之无罪。"③ 可与孟子所说"杀人之父，人亦杀其父；杀人之兄，人亦杀其兄"④ 的话互证。东汉章帝时，"有人侮辱人父者，而其子杀之，肃宗贳其死刑而降宥之，自后因以为比，遂定其议，以为《轻侮法》。"⑤ 复仇遂转化为法律原则，《轻侮法》将此精神确立为稳定的法律形式"比"，以供司法实践遵照执行，虽然实施不久，到和帝（公元 89 ~ 105 年）即位之初就被废止，但在实践中，司法官在处理复仇案件时，往往还是要照顾复仇者。⑥ 郑玄、何休等人皆生活在汉和帝以后，对此必然耳熟能详，故他们对《周礼》、《礼记》中关于复仇问题的注解，很可

---

① 此注的经文为："季秋之月……乃趣狱刑，毋留有罪。"《礼记正义》卷一七《月令第六》。
② 《汉书》卷三六《汉楚元王传》，其中注引如淳曰："律，铸伪黄金弃市也。"中华书局，1983，第 1929 页。
③ 《周礼注疏》卷三五《秋官司寇第五》朝士。
④ 《孟子》卷一三《尽心下》。
⑤ 《后汉书》卷四四《张敏传》，中华书局，1982，第 1502 页。
⑥ 《后汉书》卷八四《列女传》载：灵帝（公元 168 ~ 188 年）时，赵安为李寿杀害，其女赵娥苦练本领，又将李寿杀死，之后投案自首。办案官员对赵娥为父报仇的"孝行"敬佩不已，庭审时示意她逃走。赵娥深明大义，说"匹妇虽微，犹知宪制，杀人之罪，法所不纵。今既犯之，义无可逃；乞就刑戮，殒身朝市，肃明王法。"该官员无奈之下，令人用车将赵娥强行送回家。这种处理结果，在当时社会上得到了舆论的一致好评。中华书局，1982，第 2796 页。

能反映了东汉司法实践中潜在的复仇规则。

其一，有仇必报。《礼记》曰："父之仇，弗与共戴天。兄弟之仇不反兵。交游之仇不同国。"① 郑玄解释为：父之仇必报，因父为子之天，杀父之仇不共戴天，必杀仇人而后快，否则就不是孝子。兄弟之仇必报，一旦看见仇人，无需回家取兵器，"恒执杀之备"。交游之仇即朋友之仇必报，"仇不吾辞则杀之，交游或为朋友"。

其二，复仇必当。传曰："父不受诛，子复仇可也。父受诛，子复仇，推刃之道也。复仇不除害。"何休解诂：父亲"罪不当诛"而被别人杀害，方可报仇。其父本来该死而复仇，只能导致怨怨相报，"子复仇非当，复讨其子一往一来曰推刃。"在复仇过程中，只能诛杀仇家本人，而不得兼及子孙，"取仇身而已，不得兼仇子，复将恐害己而杀之。"②

⑧中·司法原则（1条，序号46）。

郑玄注《周礼》小司寇"以三刺断庶民狱讼之中"时说："中，谓罪正所定。"中，即汉代司法原则。中典。郑又注："中典者，常行之法。"③ 郑再注"士师受中"说："受中，谓受狱讼之成也。郑司农云：士师受中，若今二千石受其狱也。中者，刑罚之中也。故《论语》曰：刑罚不中，则民无所措手足。"④ 表明在律家眼中的"中"，就是执法不偏不倚、允执厥中的司法原则。

⑨八议制度（6条，序号47~52）。

---

① 《礼记正义》卷三《曲礼上第一》。
② 《春秋公羊注疏》卷二五，定公四年。
③ 《周礼注疏》卷三四《秋官司寇第五》中典。
④ 《周礼注疏》卷三五《秋官司寇第五》乡士。

《唐六典》卷六称："是八议入律，始于魏也"。后人采其说，多谓"八议"始于曹魏《新律》，从者如云，少有质疑。然考汉律章句，可知汉代已有"八议"之制，许慎、郑玄、应劭三人皆有相应成果：

其一，许慎在《说文解字》中，提到其中的"议贤"、"议能"两科，当为汉制。"罢，遣有辜也，从网能。网，辜网也。言有贤能而入网，即貰遣之。《周礼》曰：议能之辟是也。"

其二，郑玄注《周礼》时，引郑司农之说，提到议亲、议贤、议贵三科。议亲之辟，"若今时宗室有罪先请也"；议贤之辟"若今时廉吏有罪，先请是也。玄谓贤，有德行者"；议贵之辟"若今时吏墨绶有罪先请是也。"注《礼记》"礼不下庶人"时说："不与贤者犯法，其犯法则在八议，轻重不在刑书。"[1]

其三，惠帝即位时赐令中，规定两种人犯罪，应当减刑。"上造以上及内外公孙耳孙有罪当刑及当城旦舂者，皆耐为鬼薪、白粲。"[2] 刑指肉刑，城旦舂为四岁刑；鬼薪、白粲皆三岁刑。应劭注云："内外公孙谓王侯内外孙也。耳孙者，玄孙之子也。言其曾高益远，但耳闻之也。今以上造有功劳，内外孙有骨血属女连，施德布惠，故事从其轻也。"汉爵位二十等，第十六等为上造。"上造以上"为有功；"内外孙"为亲，其有罪应处肉刑或四岁刑，则直接减为三岁刑。此当为议亲、议功之制。应劭释"八议"曰："陈忠不详制刑之本，而信一时之仁，遂广引八议求生之端。夫亲故贤能功贵勤宾，岂有次、玉之科哉？"以上已有"亲"、"贤"、"能"、"功"、"贵"五科，"八议"之中已得泰半，若再能寻得相关记载和实际案例，则可证明"八议"

---

① 《礼记正义》卷三《曲礼上第一》郑玄注。
② 《汉书》卷二《惠帝纪》，中华书局，1983，第85页。

在汉代已得以制度化、法律化，非始于曹魏。此乃律章句予后人之启示。

⑩保辜制度（3条，序号53～55）。

殴人致伤，责成加害人以辜限，受害人在限内死亡，依杀人罪论；受害人在限外死亡，依伤人罪论，此即保辜。学界一般以之为唐律中的制度，① 细析律章句方知，早在汉朝，已有了保辜制度。

许慎解释，辜在汉时作"媖"，"媖，保任也。从女，辜声。"段玉裁解释说："师古曰：保辜者，各随其轻重，令殴者以日数保之，限内致死，则坐重辜。"可见，"媖"即保辜，汉已有之。然则，颜师古为唐人，其所述或为唐制，段玉裁引他的话来证明汉代许慎的说法，似不足信。

再征以汉人论著，则可信矣。何休在为《春秋公羊传》做"解诂"时，曾两次引用"保辜"之词，一见襄公七年，一见襄公二十五年。"古者保辜……以伤辜死也。君亲无将。见辜者，辜内当以弑君论之，辜外当以伤君论之。"此为汉人直接称述"保辜"之词，必为汉制所有，何休仅引称而已。故唐人徐彦在为此条作疏时，说得很肯定："《汉律》有其事。"这就明确了汉代已形成保辜制度，② 很多中国法制史教材上的说法有误，宜速改正。

⑪连坐制度（6条，序号56～61）。

汉朝亦有连坐制度，从律章句注释的情况来看，可归纳出如

---

① 持此论者，见叶孝信主编《中国法制史》，北京大学出版社，2000，第170页。张晋藩总主编、陈鹏生主编：《中国法制通史·隋唐卷》，法律出版社，1999，第265页："应指出的是，唐律为确认伤害行为与结果之间的因果关系，特规定有保辜制度。"

② 另可参详《急就篇》注："保辜者，各随其状轻重，令殴者以日数保之，限内致死，则坐重辜也。""保，养也；辜，罪也。殴伤人未至死，当官立限以保之，保人之伤，正所以保己之罪也。"《急就篇》为汉代的识字教本，里面有很多律令治狱知识。宋王应麟校，有《玉海》附刻本。

下要点。

其一，关于称谓。连坐又叫"相保"、"坐率"。初元五年（公元前44年），废除"光禄大夫以下至郎中保父母同产之令"。此即指汉代大逆无道之罪，父母、妻子、同产皆连坐弃市，于此作特别规定，光禄大夫以下至郎中不适用该法令。应劭注曰："旧时相保，一人有过，皆当坐之。"可见，"连坐"又名"相保"。《汉书·石奋传》曰："孤儿幼年未满十岁，无罪而坐率"，服虔注云："率，坐刑法也。"可见，"连坐"还称"坐率"。

其二，关于存废。仅考律章句，可知连坐在汉代时废时兴。文帝前元年（公元前179年），"请奉诏书，除收帑诸相坐律令。"应劭注："帑，子也。秦法一人有罪，并坐其家室。今除此律。"说明此前仍有连坐之法，自此废之。武帝时又见连坐之事，之后则屡见不鲜。

其三，例外条件。①老幼连坐不为奴。"凡有爵者，与七十者，与未龀者，皆不为奴。"郑玄注："有爵谓命士以上也。龀，毁齿也，男八岁女七岁而毁齿。"②本犯无故被杀不连坐家属。服虔注云："时无故见杀，而无为之论坐伏辜者也。"

其四，巫蛊案连坐者腰斩。郑玄注："妻作巫蛊，夫从坐，但要斩也。"

⑫大赦制度（1条，序号62）。

大赦在汉朝制度化，新帝即位必赦。武帝建元元年，"赦吴楚七国帑输在官者"。应劭注云："吴楚七国反时，其首事者妻子没入为官奴婢，武帝哀焉，皆赦遣之也。"说明律家对汉家法度之大赦亦有关注。

（3）犯罪理论（15条，序号63~77）。

律家对汉律中罪的概念、罪过形式、正当防卫与数罪从重等理论问题进行阐发，以帮助国家律令在实践中得以准确适用。

①罪的概念。

当代刑法中犯罪概念，目前通说是强调三性：社会危害性；刑事违法性；应受惩罚性。这种界定使得人们对罪的特征有比较具体的感受与把握。然而，在汉代律家的律章句中，罪的概念是比较笼统的。郑玄注："辜，罪也"。许慎说："辠，犯法也。从辛自。言辠人戚鼻苦辛之忧。秦以辠似皇字，改为罪。"可见汉朝时，罪又称"辜"。其在秦以前，本来写作"辠"，嬴政始称皇帝，因"辠"字与"皇"字相似，方改为今天我们见到的这个"罪"字。

许慎对罪的界定仅仅"犯法"俩字，与今日概念相校，似乎显得不具有分析性与操作性，但这并不表明我们今天对罪的解释就比古人来得高明，也不意味着古人注释法律就比今人更显笨拙，恰恰反映了古今刑法在法文化特质上的不同。

丘浚在《大学衍义补》中说："违于禁即入于刑，入于刑即犯于法，犯于法则加以刑焉。"这时关于犯罪的概念，不存在专门强调刑事违法性与应受惩罚性的问题，因为历代律法都是以刑为调整手段的，汉代律令亦然，对它的违反即是犯罪，在此，违法即等于犯罪，二者没有区别。20世纪初的法制改革以后，法律建制分实体与程序两大部分，实体法中又依刑事、民事、行政、商事等部门进行建制，于是，违法行为与犯罪行为便有了区别。首先，由于法律部门由以前的刑统诸法变为各司其职，因而不是所有违反国家法律的行为都是犯罪行为，违反民事法律规范的称民事违法行为，违反行政法律规范的称行政违法行为等等，只有违反了刑事法律规范的行为，才有可能构成犯罪；其次，违反刑事法律规范的行为须达到一定的危害程度才能构成犯罪，这个程度的衡量标准就是"依照法律应当受刑罚处罚"，即应受惩罚性，从而将犯罪和刑罚这两种社会现象联系起来，细言之，即刑事违法行为须达到应受刑罚处罚的程度才构成犯罪，未达到应受刑罚处罚的程度就不构成犯罪，用现行《刑法》的语言表述就是"情节轻微危害不大的，不认为是犯罪。"①

汉律章句关于罪的概念透视出，不仅汉代，整个中华民族的法制史就是一部以刑为统揽而包括诸法在内的法制史，其中没有刑事、民事、商事抑或行政之分，任何违法行为等同于犯罪行为。张金鉴先生曾说："吾国向重礼治，民事以道德伦理为尚，刑事之外无民律；即诉讼本质之为民事者，亦视为失礼而入于刑；能调解则调解之，不能，则以刑罚逼之使服"，"故历代刑律实统摄民刑公私之法文，范围广泛，内容混杂，绝非如今世的刑法自有确定领域。"② 从普通民众的传统法观念中，也可看到，凡是违反国家律法的行为，都会斥之为"你犯法了"，"你触犯王法了"，不像今日这样，总是将违法和犯罪分得那样清楚。

②罪过形式。

郑玄注曰："咎，犹罪过也。"可见，罪过一词，由来已久。现代刑法理论将罪过视为支配犯罪主体实施犯罪行为的心理状态，一般表现为故意和过失两种基本形态。在汉律章句中，罪过也是指的行为人的心理状态。"凡听五刑之讼，必原父子之亲，立君臣之义以权之。意论轻重之序，慎测浅深之量以别之。"郑玄注释说："浅深，谓俱有罪，本心有善恶。"此处的"本心"，即指行为人的心态，又称"本意"。"本心"、"本意"的善与恶

---

① 参见拙文《中华民族的罪刑观念及其历史嬗变》，载《贵州民族学院学报》2002 年第 6 期。

② 张金鉴著：《中国法制史概要》，台湾正中书局，1963，第 4、11 页。

是决定罪行浅与深的关键，与现代犯罪构成理论中强调主观要件的做法，别无二致。如何区分行为人有无"本心"、"本意"以及其善恶，则有"故"、"误"之别，还有"过"、"过失"等概念，用来表述行为人的心理状态。

其一，故、误。前三家之一的郭躬说："法令有故、误，（孙）章传命之谬，于事为误，误者其文则轻。"说明在汉代律令中，本身就有关于故、误的区分，故者量刑从重，误者从轻。至于何为故？何为误？郭氏未作细解，也许由于这是律家和执法者必须掌握的常识，勿需赘述。

查后人之注，晋代律家张斐在《律注表》中说："其知而犯之谓之故。"① 可知"故"有两要素，一是"知"，相当于今天所说认识因素；一是"犯"，相当于今日所说意志因素。《刑法》第14条规定"明知自己的行为会发生危害社会的结果，并且希望或者放任这种结果发生"是故意。用该条法意来诠释古代的"故"，应是最为贴切的了。"误"在汉代又释为"过"，"误"或"过"是否就是当今意义上的过失呢？

其二，过、过失。在《三礼注》及《史记》注引中，查知郑玄对"过"、"过失"注释6次。

"过"之注3。①"过犹误也"。②"过，谓矢扬中人，凡射时矢中人，当刑之。今乡会众贤以礼乐劝民，而射者中人，本意在侯，去伤害之心远，是以轻之，以扑挞于中庭而已。书曰：扑作教刑。"③"凡过而杀伤人者，以民成之。"郑注："过，无本意也。"

综合分析得知：第一，"过"与"误"互通；第二，"过"、

① 《晋书》卷三〇《刑法志》，中华书局，1983，第928页。

"误"的法律后果从轻，"误者其文则轻"，应是汉律中有明文规定；第三，在这种罪过形式下，行为人并无犯罪故意，伤人者没有伤人的"本意"，射矢中人者也没有"伤害之心"，其目标在箭靶（即"侯"）；第四，在"乡会"的公众场合射箭，应当预见有误中会众的可能，然仍射之，当是受轻信能够避免的心态支配，类似于今日"过于自信"的过失。《晋律》中"意以为然谓之失"的"失"，恐为汉律之"过"、"误"演变而成。

"过失"之注3。①"过失近罪，昼日任之以事而收之，夜藏于狱，亦如明刑以耻之，不使坐嘉石，其罪已著未忍刑之。"②过失，亦由衰恶酗酬好讼，若抽拔兵器误以行伤害人丽于罪者。③过失，若举刃欲斫伐而误中人者。

综合分析又知。第一，"过失"是一种罪过形式，故称"过失近罪"，"其罪已著"；第二，汉律对过失犯罪，减刑处理，郑司农云："过失，若今律过失杀人，不坐死"；第三，过失之例，若本欲砍伐而误中人，抽拔兵器而误伤人等，皆是疏忽大意所致，虽有伤害结果，而无伤害之心，类似于今日疏忽大意的过失。《晋律》中"不意误犯谓之过失"中的"过失"，与汉律中的"过失"当有直接的继承关系。

以郑玄为代表的东汉律家，对"过"，"误"与"过失"分别作出了解释，说明他们已意识到过失犯罪可分出两种类型。今世学者竟有人以《周礼·司刺》中的1条注文（即上表中序号75），就认定："郑玄对法律概念并未下多大工夫。"[①] 这样的结论，实有些失之武断，恐怕应在全面掌握郑氏律注的基础上，再来发言，方可允得其中。

---

① 刘笃才：《论张斐的法律思想——兼及魏晋律学与玄学的关系》，载《法学研究》1996年第6期。

其三，谋。许慎曰："谋，虑难曰谋，从言某声。"由此看来，汉代已有惩治犯罪意图的法律规定。佐以史载，嗣章武景侯窦常生，"元狩元年，坐谋杀人，未杀，免。"① 谋是支配行为人实施犯罪的某种心理状态，一旦萌生并表达出来为人所知，即便未付诸实施，亦视为犯罪，不过免除刑事责任罢了。法史学界习见，概以为是晋《泰始律》中始有关于"谋"的规定："二人对议谓之谋"。至唐律则发展出"独谋于心"的"谋"。然依许氏之注，似有重新研究之必要。

③正当防卫与数罪从重。

汉代律家对律令中的正当防卫理论也作过注解。孔颖达在为《礼记》作疏时说："故异义云：妻甲夫乙殴母，甲见乙殴母而杀乙，公羊说甲为姑讨夫，犹武王为天诛纣。郑驳之云：'乙虽不孝，但殴之耳，杀之太甚。凡在官者，未得杀之，杀之者，土官也。'如郑此言，殴母，妻不得杀之，若其杀母，妻得杀之。"这里的"郑"指郑玄。按其说法，夫乙殴母，妻甲见而殴乙，是正当防卫；夫乙殴母，妻甲见而杀乙，则是防卫过当，所谓"杀之太甚"。孔氏据此引伸出，夫乙杀母，妻甲见而杀乙，也属正当防卫。

汉代律家对"数罪从重"的量刑问题，亦有所关注。何休在为《春秋公羊传》作解诂时，曾两次引"数罪从重"之论解经，"明当以重者罪之。犹律：一人有数罪，以重者论之。"征以他载，可知汉时司法实践中确曾依此论罪。武帝时，安岳嗣侯张拾坐入皇苑上林谋盗鹿；又搏揜，即袭其人而夺其物，被处完城旦之刑。对此沈家本认为是"城旦为搏揜本罪，谋盗鹿未得，

────────────

① 《汉书》卷一八《外戚恩泽侯表》，中华书局，1983，第684页。

罪轻，此二罪以重论也。"① 数罪从重理论，后为唐律所继承。

（三）罪名类律章句

1. 罪名类律章句拾遗

律家对罪名所作注释，笔者共收罗 64 条。兹列表 3-3 示之。

表 3-3 罪名类律章句

序号	律	章 句	律家	出 处
（一）危害皇权类				
1	矫诏	矫诏有害不害也	郑玄	《汉书·窦婴传》，注引郑氏曰
2	挢诏	举手也。从手，乔声。一曰挢擅也。段注：擅，专也。凡矫诏当用此字	许慎	《说文·手部》，段注，第 39 页
3	矫诏	诈称曰矫	何休	《春秋公羊注疏》卷十二，僖公三十三年
4	废格沮事	沮败已成之事。格音阁	应劭	《史记·酷吏列传》索隐
5	刺探尚书事	郑注：郑司农云：沟，读如酌酒尊中之酌。国沟者，斟沟盗取国家密事，如今时刺探尚书事	郑玄	《周礼注疏》卷三十五，秋官司寇第五·士师
6	漏言	所谓守小信而忘大义，拘小介而失大忠，不为君漏言者，即漏言，当坐杀	何休	《春秋公羊注疏》卷二十一，襄公二十七年
7	祝诅	(1) 郑注：诅谓祝之使诅败也。(2) 胡三省注引：郑玄曰："诅，谓祝之使沮败也。"汉法有大逆无道之科。(3) 王与群臣乖争而相疑曰祝诅，求其凶咎无极也	郑玄	(1)《周礼注疏》卷十七，春官宗伯第三。(2)《资治通鉴》卷二十二，武帝征和二年条。(3)《毛诗正义·小雅·荡》卷十八之一

---

① （清）沈家本撰：《历代刑法考》，《汉律摭遗》卷二。

续表 3 – 3

序号	律	章　　句	律家	出　　处
8	阑入	无符妄入宫门曰阑。掖门，正门之傍小门也	应劭	《汉书·成帝纪》
9	不敬	以足蹴路马刍，有诛。齿路马，有诛。郑注：皆广敬也。路马，君之马，载鞭策不敢执也；齿，欲年也；诛，罚也。孔疏……若论量君马岁数，亦为不敬，亦被责罚。皆广敬也	郑玄	《礼记正义》卷三，曲礼上第一
10	不敬	振书端书于君前，有诛。倒筴侧龟于君前，有诛。郑注：臣不豫事，不敬也。振，去尘也；端，正也；倒，颠倒也；侧，反侧也。皆谓甫省视之	郑玄	《礼记正义》卷四，曲礼下第二
11	不敬	（杜业）受立属请为不敬	服虔	《汉书·杜周传》
12	附益	张晏：律郑氏说，封诸侯过限曰附益。或曰阿媚王侯，有重法也	郑玄	《汉书·诸侯王表》，又见《资治通鉴》卷三十六，王莽始建国二年条
13	阿党	（1）阿党，谓治狱吏以私恩曲桡相为也。（2）朋党相阿，使政不平者，故书朋为傰。郑司农云：朋读如朋友之朋	郑玄	（1）《礼记正义》卷十七，月令第六。（2）《周礼注疏》卷三十五，秋官司寇第五·士师
14	左官	人道尚右，今舍天子而仕诸侯，故谓之左官也	应劭	《汉书·诸侯王表》，又见《资治通鉴》卷三十六，王莽始建国元年条
15	左官	仕于诸侯为左官，绝不得使仕于王侯也	服虔	《汉书·诸侯王表》，又见《资治通鉴》卷三十六，王莽始建国二年条
16	左官属令	惠帝即位，赐：爵五大夫、吏六百石以上及宦皇帝而知名者有罪当盗械者，皆颂系。文颖曰：言皇帝者，以别仕诸王国也	文颖	《汉书·惠帝纪》

序号	律	章　　句	律家	出　　处
17	酎金不如法	因八月献酎祭宗庙时使诸侯各献金来助祭也	服虔	《汉书·武帝纪》
18	叛	《春秋传》曰：国乱曰溃，邑乱曰叛	郑玄	《毛诗正义·大雅·召旻》卷十八之五
19	叛	(1) 据国曰溃，邑曰叛。(2) 谏不以礼而去曰叛	何休	(1)《春秋公羊注疏》卷二十，昭公二十九年。(2)《春秋公羊注疏》卷二十六，定公八年

（二）官吏渎职类

序号	律	章　　句	律家	出　　处
20	群盗起不发觉	于是作《沈命法》：群盗起不发觉，发觉而捕弗满品者，二千石以下至小吏主者皆死。注：沈，没也。敢蔽匿盗贼者，没其命也	应劭	《汉书·酷吏传》，又见《资治通鉴》卷二十一，武帝天汉二年条
21	群盗起不发觉	于是作"沈命法"，曰群盗起不发觉，发觉而捕弗满品者，二千石以下至小吏主者皆死。注云：沉匿不发觉之法	服虔	《史记·酷吏列传》索隐
22	受赇	以财物枉法相谢也。从贝，求声。一曰载质也	许慎	《说文·贝部》，段注，第299页
23	行言许受赂	子赤，齐外孙，宣公篡弑之，恐为齐所诛，为是赂之，故讳，使若齐自取之者。亦因恶齐取篡者赂，当坐取邑，未之齐坐者，由律行言许受赂也	何休	《春秋公羊注疏》卷十五，宣公元年
24	苛人受钱	廷尉说律，至以字断法，苛人受钱，苛之字，止句也。若此者甚众，皆不合孔氏古文，谬于史籀	许慎	《说文·序》，段注，第803～808页

序号	律	章　　句	律家	出　　处
（三）破坏社会秩序类				
25	不孝	不能事母，罪莫大于不孝	何休	《春秋公羊注疏》卷十二，僖公二十四年
26	不孝	无尊上非圣人不孝者，斩首枭之	何休	《春秋公羊注疏》卷十四，文公十六年
27	不弟	不弟，不敬师长	郑玄	《周礼注疏》卷十，地官司徒第二
28	挟书	惠帝四年，省法令妨吏民者，除挟书律。应注：挟，藏也	应劭	《汉书·惠帝纪》，又见《资治通鉴》卷十二，惠帝四年
29	造言	造言，讹言惑众	郑玄	《周礼注疏》卷十，地官司徒第二
30	乱民	乱民，乱名改作，执左道以乱政也	郑玄	《周礼注疏》卷十，地官司徒第二
31	盗铸钱伪黄金	中元六年十二月，定铸钱伪黄金弃市律。应曰：文帝五年，听民放铸，律尚未除。先时多作伪金，伪金终不可成，而徒损费，转相诳耀，穷则起为盗贼，故定其律也	应劭	《汉书·景帝纪》
32	盗铸钱	文帝五年，除盗铸钱令。更造四铢钱。应曰：听民放铸也	应劭	《汉书·文帝纪》
33	阑出财物如边关	阑，妄也。律：胡市，吏民不得持兵器出关。虽于京师市买，其法一也。瓒曰："无符传出入为阑	应劭	《史记·汲黯列传》集解

序号	律	章　句	律家	出　处
34	加贵取息	玄谓同货财者，富人畜积者，多时收敛之，乏时以国服之法出之，虽有腾躍，其贏不得过此，以利出者与取者，过此则罚之。若今时加贵取息，坐赃	郑玄	《周礼注疏》卷三十五，秋官司寇第五·朝士
35	取息过律	王莽时民货以治产业者，但计贏所得，受息无过岁什一	郑玄	《周礼注疏》卷十五，地官司徒第二·泉府
36	株送徒	所忠言：世家子弟富人或斗鸡走狗马，弋猎博戏，乱齐民。乃征诸犯令，相引数千人，名曰株送徒。文颖曰：凡斗鸡胜者为株。……今则斗鸡走马者用之	文颖	《史记·平准书》集解
37	株送徒	株，根本也。送，引也。……先至之人令之相引，似若得其株本，则枝叶自穷，故曰株送徒	应劭	《史记·平准书》集解，另参见《汉书·食货志》
38	群饮	文帝诏：朕初即位，其赦天下，赐民爵一级，女子百户牛酒，酺五日。服注：酺，音蒲	服虔	《汉书·文帝纪》
39	群饮	酺五日。汉律三人已上无故群饮，罚金四两。今诏横赐得令会聚饮食五日	文颖	《史记·吕太后本纪》集解，此注又见《汉书·文帝纪》
40	倍礼违制	假于鬼神、时日、卜筮以疑众，杀。郑注：今时持丧葬筑盖嫁取卜数文书，使民倍礼违制	郑玄	《礼记正义》卷十三，王制第五

续表 3 - 3

序号	律	章　　句	律家	出　　处
41	娶会	嫁殇。郑注：觞，十九以下未嫁而死者，生不以礼相接，死而合之，是亦乱人伦者也。郑司农云：嫁觞者，谓嫁死人也。今时娶会也	郑玄	《周礼注疏》卷十四，地官司徒下第二
42	道中祠	始汉家于道中祠，排祸咎移之于行人百姓。以其不经，今止之也	文颖	《汉书·武帝纪》
43	见姅变侍祠	姅，妇人污也（谓月事及免身及伤孕皆是也）。从女，半声。《汉律》曰：见姅变不得侍祠	许慎	《说文·女部》，段注，第662页
44	服丧私奸	(1) 楚王戊：服在丧次，而私奸宫中也。(2)《集注》服虔云：私奸中人。盖以罪重，故至削郡也	服虔	(1)《汉书·荆燕吴传》。(2)《史记·楚元王世家》索隐
45	私解脱	律：诸囚徒私解脱桎梏钳赭，加罪一等；为人解脱与同罪。(义) 纵鞠相赂饷者二百人以为解脱死罪，尽杀之	服虔	《资治通鉴》卷十七，武帝元狩四年条注引

（四）杀伤奸非类

序号	律	章　　句	律家	出　　处
46	杀人	杀人者，刖脰	何休	《春秋公羊注疏》卷十四，文公十六年
47	反杀	反，复也。复杀之者，此欲除害弱敌也	郑玄	《周礼注疏》卷十四，地官司徒下第二
48	无道	支解节断之故，变言戕，戕则残贼，恶无道也	何休	《春秋公羊注疏》卷第十六，宣公十八年
49	巫蛊	执左道以乱政，杀。郑注：左道若巫蛊及俗禁	郑玄	《礼记正义》卷十三，王制第五

序号	律	章　　句	律家	出　　处
50	巫蛊	毒蛊，蛊物而病害人者。《贼律》曰：敢蛊人及教令者，弃市	郑玄	《周礼注疏》卷三十七，秋官司寇下，第五
51	巫蛊	妻作巫蛊，夫从坐，但要斩也	郑玄	《汉书·武帝纪》
52	巫蛊	腹中虫也。《春秋传》曰：皿虫为蛊，晦淫之所生也。枭磔死之鬼，亦为蛊。从虫从皿。皿物之用也。段注：《贼律》曰：敢蛊人及教令者弃市	许慎	《说文·虫部》，段注，第716页
53	害	害，伤也。从宀口，言从家起也，丰声	许慎	《说文·宀部》，段注，第362页
54	不直	薛宣雇杨明面创申咸案。廷尉直定杨明以贼伤人不直判完城旦。应劭曰：遇人不以义为不直，虽见殴与殴罪同也	应劭	《汉书·薛宣传》
55	擅入与牵引人	《汉贼律》。郑注：郑司农云：谓盗贼群辈若军共攻盗乡邑及家人者，杀之无罪，若今时无故入人室宅庐舍上人车船牵引人欲犯法者，其时格杀之无罪	郑玄	《周礼注疏》卷三十五，秋官司寇第五
56	立子奸母	蔡称人者，与使得讨之，故从讨贼辞也。贼而去其爵者起见其卑贱。犹律文立子奸母，见乃得杀之也	何休	《春秋公羊注疏》卷四，桓公六年
57	妍	妍，除也。从女，并声。《汉律》齐民与妻婢奸曰妍	许慎	《说文·女部》，段注，第662页
58	犯军法	无营上，犯军法者，斩要	何休	《春秋公羊注疏》卷十四，文公十六年

续表 3 – 3

序号	律	章　　句	律家	出　　处
（五）侵犯财产类				
59	盗	（1）盗，私利物也。从次皿。次，欲也。欲皿为盗（2）宄。奸也。外为盗内为宄	许慎	（1）《说文·次部》，段注439。（2）《说文·宀部》，段注 362
60	窃	盗自中出曰窃。从穴米	许慎	《说文·宀部》，段注，第 353 页
61	窃	凡窃木者，有刑罚。郑注：窃，盗也	郑玄	《周礼注疏》卷十六，地官司徒下第二
62	与盗	与盗，谓盗者当治，而知情反佐与之，是则共盗无异也	文颖	《汉书·景帝纪》，又见《资治通鉴》卷十六，景帝后二年条
63	过失杀伤人之畜产	凡过而杀伤人者，以民成之。鸟兽亦如之。郑注：过失杀伤人之畜产者，以民平和之	郑玄	《周礼注疏》卷十四，地官司徒下第二
64	门首洒潜	潜。所以攤水也。从水昔声。《汉律》曰：及其门首洒潜	许慎	《说文·水部》，段注，第 588 页

2. 罪名类律章句辨析

陈宠在永元（公元 89～104 年）年间说："今律令死刑六百一十，耐罪千六百九十八，赎罪以下二千六百八十一，溢于《甫刑》（三千条）者千九百八十九。"[①] 可见由西汉降及 1 世纪东汉，罪名条款已增至 4989 条，不可谓不繁。由此决定，律家对罪名所作章句，亦随之而繁，不加条分缕析，则显杂乱无章。谨分类审辨之。

---

① 《后汉书》卷四六《陈宠传》，中华书局，1982，第 1554 页。

（1）危害皇权之罪的律章句。

共19条，序号1～19。在此类别中，又可分三种情形考察。

第一，妨害皇权行使之罪的律章句。

律章句所涉及的这类罪名，有矫诏、废格沮事、刺探尚书事、漏言四种。

已知"矫诏"即篡改或诈称皇帝诏令，严重妨碍皇权的行使，故为重罪。通过律注，还可看到两点：①矫诏之"矫"，在汉律中写做"挢"，本为举手之义，许慎解释："举手也。从手，乔声。一曰挢擅也。"段玉裁注："擅，专也。凡矫诏当用此字。"引伸为诈称诏令之义，何休注《公羊》曰："诈称曰矫"。②矫诏为属罪名，可分出"矫诏害"与"矫诏不害"两个种罪名。所以郑玄谓："矫诏有害不害"。考之其他史料，似乎矫诏还可分出"矫诏大害"的种罪名。曹魏律家如淳曰："律，矫诏大害，要斩。"① 从实际案例来看，矫诏害仅处弃市，② 而矫诏大害则处腰斩，③ 可见两者不是同一关系，而是不同的种罪名。"废格沮事"即阻挠皇帝格令的执行，"废格，明诏当弃市。"④应劭解释为"沮败已成之事。格音阁。"与矫诏罪在性质上是相同的。

"刺探尚书事"，在现有法史教程中，很难看到汉代有这一罪名，这便是律章句给治法史者带来的又一新发现。郑玄引用郑

---

① 《汉书》卷一七《景武昭宣元成功臣表》，中华书局，1983，第660页。
② 《汉书》卷五二《窦婴传》，中华书局，1983，第2392页。载：孝景时，窦婴尝受遗诏，曰："事有不便，以便宜论上。"及系，灌夫罪至族，事日急，诸公莫敢复明言于上。婴乃使昆弟子上书言之，幸得召见。书奏，案尚书，大行无遗诏。诏书独藏婴家，婴家丞封。乃劾婴矫先帝诏害，罪当弃市。
③ 《后汉书》卷四六《郭躬传》，中华书局，1982，第1544页。载：汉明帝时，有兄弟共杀人者，而罪未有所归。帝以兄不训弟，故报兄重而减弟死。中常侍孙章宣诏，误言两报重，尚书奏孙章矫制，罪当腰斩。
④ 《史记》卷一一八《淮南衡山列传》，中华书局，1983，第3084页。

司农的话作注，让后人明悉，此罪名相当于《周礼》中的"国汋"，即斟汋盗取国家密事。对此贾公彦在"疏"中作了更进一步的解释："若今刺探尚书事者，汉时尚书掌机密，有刺探尚书密事，斟酌私知，故举为况也。"①

"漏言"一罪，乃何休解诂《公羊》说所引："所谓守小信而忘大义，拘小介而失大忠，不为君漏言者，即漏言，当坐杀。"该罪的法律后果为死刑。然其是否为汉罪名，尚不可遽然定论。只因何氏注经，多引汉律，故疑其或为汉制，且另有一罪名"漏泄省中语"，在名称与刑罚（皆为死刑）②上，都与"漏言"极为相似，很可能就是同一种罪。《汉书》、《后汉纪》记载漏泄省中语的案例共9处，③其中《孔光传》谓之"漏泄不忠"、《郑弘传》谓之"漏泄密事"，可见其称谓并不十分严格，称其为"漏言"亦无不可。故笔者怀疑何休所注"漏言"，即指汉律之"漏泄省中语"。

第二，危害皇帝尊严与安全之罪的律章句。

律章句所涉此类罪名，有不敬、阑入、祝诅。但并非汉时该类罪名仅此三者。

不敬罪，指冒犯皇帝尊严的失礼、违礼行为，晋人张斐释义为对皇帝"亏礼废节"的举动。《唐律疏议·名例篇》云："其不道、不敬之目见存，原夫厥初，盖起诸汉。"汉有不敬当无疑虑，若非议先帝、上书触讳，皆是其类。然假律章句则知，其范围远不止此。如"以足蹙路马刍"（用脚踢御马）、"齿路马"

---

① 《周礼注疏》卷三五《秋官司寇第五》士师。

② 《汉书》卷九《元帝纪》，中华书局，1983，第294页。载：建昭二年，张博、京房因"漏泄省中语"，分别被处腰斩、弃市之刑。

③ 参见程树德著：《九朝律考》卷四《汉律考四·律令杂考上》，第104～105页。

（审视御马牙齿以判其岁数）、"振书端书于君前"（在君面前掸去书上灰尘）、"倒笑侧龟于君前"（在君面前倒执书简）等，似乎概能入于不敬，故郑玄云，"皆广敬也"，"臣不豫事，不敬也。"如此种种行为，都要受到惩罚。或许有人会以郑氏所言为《周礼》之制而非汉制，然查汉代司法实践，不敬罪之适用，确乎太广，很多行为不便定罪，皆可"假不敬之法"而定之，如大将军王凤陷害冯野王，即奏其为不敬。① 杜邺仅因接受红阳侯立的书信请托、而关照罪犯淳于长，就被劾以不敬，"坐免就国。"② 秺侯因"醉歌堂下，大不敬，自杀"。③ 灌夫因"坐骂"被控为"不敬"。④ 天子之弓当戴于首上，如置顿于地，也是大不敬。⑤ 以此推而广之，汉不敬罪摄涵郑玄所言诸类，很有可能。

闌入罪。应劭注云："无符籍妄入宫门曰闌"。此罪显然有碍于皇帝安全。汉时出入宫门，皆持诏符以通行，相当于周之符节，郑玄说："符节者，如今宫中诸官诏符也"。⑥ 或称"通籍"、"簿籍"、"门籍"、"引籍"。应劭说："籍者，为二尺竹牒，记其年纪名字物色，悬之宫门，案省相应，乃得入也。"⑦ 唐贾公彦认为，"汉法"所言符籍，是进入宫殿的凭证，汉之宫门殿门，每门皆使司马一人守之，秩比千石，故又称司马殿门。⑧ 无符籍而入者，构成该罪，其中又有程度之别，闌入宫门、掖门

---

① 《汉书》卷七九《冯野王传》，中华书局，1983，第3304页。
② 《汉书》卷六〇《杜周传》，中华书局，1983，第2679页。
③ 《汉书》卷一七《景武昭元成功臣表》，中华书局，1983，第663页。
④ 《汉书》卷五二《灌夫传》，中华书局，1983，第2387页。
⑤ 《太平御览》卷三四七引谢承《后汉书》。
⑥ 《周礼注疏》卷一五《地官司徒下第二》。
⑦ 《汉书》卷九《元帝纪》应劭注文，中华书局，1983，第287页。
⑧ 《周礼注疏》卷三《天官冢宰第一》宫正，贾公彦疏。

（宫旁小门）处城旦，阑入殿门处死刑。①

祝诅罪。乃求鬼神降灾于皇帝。依今而观，纯属迷信，不能致害于人，然在汉时，则被视为侵犯皇帝人身安全的重罪。郑玄注之曰："诅，谓祝之使诅败也"；进一步注解为，"王与群臣乖争而相疑曰祝诅，求其凶咎无极也。"依皇帝制度之设计，在正常情况下，臣下欲加害皇帝，几乎没有太多可能，只好转而求其次，以画符念咒之法求其速死，徒慰其心耳。由于事涉帝王，故该罪被纳入大逆无道的范围给予重惩。宋元史学家胡三省注《资治通鉴》时引郑玄之言，认为"汉法有大逆无道之科"，祝诅即在其中焉！

第三，危害中央集权之罪的律章句。

律章句所涉此类罪名，端为常见，有左官、附益、阿党、酎金不如法等，勿需赘述。但亦有寻常论著言犹未及者，如"阿党"罪，传统见解为：朝廷官吏外附地方诸侯，与之结党营私。赖律注可知，这种释义，仅仅只参考了魏人张晏的律注："诸侯有罪，傅相（朝廷指派监督诸侯的官吏）不举奏，为阿党。"②其定义是不全面的，还需作扩大解释。第一，司法官枉法裁判、出罪入罪以示人恩，进而交结党羽者。郑玄律注曰："阿党，谓治狱吏以私恩曲桡相为也。"第二，官吏依附朝中宠贵，结成利益集团，致使政治秩序混乱者。郑玄律注仍有解："朋党相阿，使政不平者，故书朋为傰。郑司农云：朋读如朋友之朋。"此义有案例为佐。"楚狱遂至累年，其辞语相连，自京师亲戚、诸侯、州郡豪杰及考案吏，阿附相陷坐死徙者以千数。"③该案所

---

① 贾谊《新书》曰："天子宫门曰司马，阑入者为城旦，殿门阑入者弃市。"
② 《汉书》卷三八《高五王传》注引张晏曰，中华书局，1983，第2002页。
③ 《后汉书》卷四二《楚王英传》，中华书局，1982，第1430页。

涉人员，有中央、地方各级官吏，还有司法官。

（2）官吏职务犯罪之律章句。

此类律注凡5条，自序号20～24，涉及四个罪名：群盗起不发觉，受赇，行言许受赂，苟人受钱。"群盗起不发觉"罪，文颖、应劭二人俱有律注，与人们通常所见之义无异，故尔从略。"受赇"、"行言许受赂"与"苟人受钱"，俱为赃罪，故综述之。

"受赇"见于汉令。文帝十三年诏曰："吏受赇枉法……皆弃市。"至若"行言许受赂"（第一节《律说》中已有述论，此略）、"苟人受钱"，皆为其具体种类。对于受赇，许慎作过注解："赇，以财物枉法相谢也。从贝，求声。一曰载质也。"用其他史料和出土文物互证，两汉律令中多见有"受赇枉法"，而不见有"受赇不枉法"。如《汉书·刑法志》说："凡吏坐受赇枉法……皆弃市。"《晋书·刑法志》称汉《盗律》有"受赇枉法"。《急就篇》谓："受赇枉法忿怒仇"，注曰："以财求事曰赇，言受人财者，枉曲正法，忿怒良直，反为仇雠也。"张家山汉简《奏谳书》中也有"受行赇狂（枉）法"的罪名。这和唐"六赃"中分"受财枉法"与"受财不枉法"有所不同，不知是文献遗失而难见记载之故，还是唐之惩贪法制较汉更为进步之故？

"苟人受钱"，指官吏为人治理债务纠纷，趁机收取钱财。许慎说："廷尉说律，至以字断法，苟人受钱，苟之字，止句也。若此者甚众，皆不合孔氏古文，谬于史籀。"在这段注释中，许氏表达了他对司法状况的忧患，廷尉一类的法官竟将"苟"字当作"从止句"，遂使该条文之义变成"止之而钩取其钱"，即以威吓的方法攫取他人钱财，属于盗贼类犯罪，以致使律意大失。而实际上，该条文乃指官吏赃罪，与"受赇"相类，故段玉裁注云："汉《令乙》有所苛人受钱，谓有治人之责者而受人钱，故与监临受财、假借不廉、使者得略为一类。"① 于此可见，律家之章句，对汉律在实践中得以正确适用，大有裨助。

（3）破坏社会秩序罪之律章句。

此类章句，凡21条，自序号25～45，关乎伦理、思想、经济、治安、礼制、监管诸种秩序。若依古人原意分类，因史料阙如，则不知其系于何律何令？纯按今日刑法分则体系分类，又无法概揽其文。两厢难以兼顾，故强名之"破坏社会秩序罪"以统筹之，委实为等而下之之策，实出无奈。

不孝、不弟，为侵犯古代伦理之罪。《汉书·衡山王传》有言："不孝弃市。"《通典》亦云："依律，杀母以大逆论。"② 说明汉朝确实有"不孝"的罪名，且为律所定。检索律注，有何休的两条注释。"不能事母，罪莫大于不孝。"说明不事养父母为不孝。又，"无尊上非圣人不孝者，斩首枭之。"说明不孝罪的制裁手段为死刑。律注与史载大致相符，然不孝罪的行为特征和构成要件，则不知其详，不像我们对唐律中不孝罪了解得那样具体。"不弟"为冒犯尊长的行为，郑玄解释为，"不弟，不敬师长。"若学生有犯老师，弟妹有犯兄姐等，皆属其类。查《晋书·刑法志》，称曹魏有"殴兄姊加至五岁刑，以明教化也"的规定，按魏承汉律而改之，说明汉必有"殴兄姊"之类的不弟罪，只是量刑低于五岁。③

挟书、造言、乱民，为扰乱思想秩序之罪名，汉律家亦有

---

① 《说文解字段注》叙，第808页。
② 《通典》卷一六六《刑法四·杂议上》。
③ 参见程树德著：《九朝律考》卷四《汉律考四·律令杂考上》，第111页。

注。其中挟书罪，尤需一提。惠帝四年，"省法令妨吏民者，除挟书律。"应劭注云："挟，藏也。"只要家中藏有儒家诗书，即为犯罪，以防民众受其思想影响。此罪初为秦制，量刑畸重，张晏曰："秦律敢有挟书者族。"① 斯可证"挟书"之罪，岂惟秦独有，汉亦袭沿，自高祖至惠帝，前后已行15年。

律家对破坏经济秩序犯罪所作之注有：①"盗铸钱"，应劭主要对其沿革变化作了注解。文帝五年（公元前175年），"除盗铸钱令。更造四铢钱。"注曰："听民放铸也。"说明在此以前，私铸钱是犯罪，此即贾谊（公元前200～前168年）所说，私铸钱杂以铅铁皆处黥刑。② 此后到景帝中元六年（公元前144年）十二月，民间自铸钱则不视为犯罪，前后行32年。但自中元六年以后，国家又认定私铸钱为犯罪，且用刑重于前，"定铸钱伪黄金弃市律。"应劭对这一变化之原因做了细解："文帝五年，听民放铸，律尚未除。先时多作伪金，伪金终不可成，而徒损费，转相诳耀，穷则起为盗贼，故定其律也。"②"阑出财物如边关"，破坏物质进出关的法律秩序，汉律定当有此罪名。③应劭注之曰："阑，妄也。律：胡市，吏民不得持兵器出关。虽于京师市买，其法一也。"魏晋学者臣瓒说："无符传出入为阑。"说明货物出关须有相应的符传，相当于今日之许可证。③"加贵取息"，又可称"取息过律"，郑玄注其为高息放贷，

---

① 《汉书》卷五《惠帝纪》，中华书局，1983，第90页。
② 贾谊《新书》："铸钱之情，非殽铅铁及锡杂铜也，不可得而赢，而殽之甚微，实皆黥罪也。"《汉书》卷二四《食货志》亦载："铸铜锡为钱，敢杂以铅铁为他巧者，其罪黥。"中华书局，1983，第1153页。
③ 《汉书》卷五〇《汲黯传》载：武帝元狩二年（公元前121年），匈奴浑邪王至，贾人与市者，坐当死五百余人。汲黯曰："愚民安知市买长安中而文吏绳以为阑出财物如边关乎？"中华书局，1983，第2320页。

计取息之多少按脏罪论处。正常借贷取息标准应按"国服之法",① 近郊岁十分之一,远郊岁二十分之三;王莽时的标准通为岁什一,超过该标准即构成加贵取息罪。

妨害治安管理秩序之罪的律章句,有律家对"株送徒"、"群饮"二罪所作的注释。"株送徒"是禁止"博戏"的罪名,见诸于令,凡以斗鸡、走狗马、弋猎等形式赌博犯令而被捕者,名曰"株送徒。"对此文颖、应劭均有解。文注为:"凡斗鸡胜者为株。"应注为:"株,根本也。送,引也。"意即先捕之人令其揭发,进而得其余党,似若得其株本,则枝叶自穷。此二人之注有差,不知何从?"群饮"又称"酺",乃聚众饮酒之意,为汉律令所禁。服虔只对此罪作了音注,他说:"酺音蒲",对此字有诸家音注,唐颜师古认为服氏之音正确。文颖则对该罪作了义注:"汉律三人已上无故群饮,罚金四两。"此二人之注恰能相彰。习以为"群饮"仅仅是西周罪名,以此观审,汉亦有之,不过刑罚不同而已,周以死刑,汉以罚金。

违背礼制秩序之罪的律章句,凡5条。因所涉罪名鲜见于今,特分述之。①倍礼违制。郑玄注反映,"今时持丧葬筑盖嫁取卜数文书,使民倍礼违制。"其义盖为在上述诸事中以巫卜之法嫁祸于人,为律令所不容,至于该罪之刑罚,则不明于史。②娶会。郑司农言其为嫁死人,相当于周礼中的"嫁觞",为法律所不容。郑玄注云:19 以下未嫁而死者为"觞",生不能结为夫妻,"死而合之,是亦乱人伦者也。"③道中祠。(该罪名分析详见第二章《律家考·文颖》)④见娎变侍祠。此罪为许慎《说文》所引,"娎,妇人污也(谓月事及免身及伤孕皆是也)。从

---

① 《周礼注疏》卷三五《秋官司寇第五》朝士,贾公彦疏。

女，半声。"《汉律》规定，女性在这些特殊时间段，不得去祭祀场所服务。⑤私奸服丧。又称"居丧奸"，根据服虔的注释可知，即在为亲属服丧期内与人通奸，其刑重于普通的"和奸"。他说，楚王戊之所以被削郡，是因其为薄太后"服在丧次，而私奸宫中也"。《史记集解》引服虔曰："'私奸中人'。盖以罪重，故至削郡也。"

违反监管秩序之罪的律章句 1 条，即"私解脱"罪，为服虔所注（详见第二章《律家考·服虔》）。

（4）杀伤奸非罪之律章句。

这类律注，凡 13 条，自序号 46～58，涉及杀人、伤人、擅入、强奸、和奸等罪名，相当于今天刑法分则中侵犯人身权利的犯罪。律家对这部分罪名的注释，让我们对其内涵有更深入的了解。

杀人罪的内容在汉律中是丰富的，常知的"杀人偿死"的概念远不足以表达。郑玄所言"反杀"，何休所言"无道"，皆是汉律关于杀人罪的特殊形式。反杀即复杀，既杀一人，又将其子弟杀掉以防报仇，斯为重罪。贾公彦疏云："谓既杀一人，其有子弟复杀之，恐后与己为敌而害己。"① "无道"又称"不道"，在汉律中亦为重罪，如淳曰："律，杀不辜一家三人为不道。"② 律注反映，杀人后肢解尸体也属不道。"巫蛊"罪，通常被解释为针对皇帝而为的特殊犯罪，从章句解释的情况看，普通人以此法害人，也构成该罪，又叫"左道"。《礼记正义》疏曰："故正道为右，不正道为左。"③《唐律疏议》说："安忍残贼背

---

① 《周礼注疏》卷一四《地官司徒下第二》。
② 《汉书》卷八四《翟方进传》注，中华书局，1983，第 3415 页。
③ 《礼记正义》卷一三《王制第五》。

违正道，故曰不道"，依此看来，左道即不正道，不正道即不道，故汉之"巫蛊"很可能也属"不道"的范畴。

伤人罪即今所谓伤害罪，在汉律章句中，伤与害也是相通的，许慎说"害，伤也"。特殊之处在于，当时还有伤人不直的说法，应劭解释："遇人不以义为不直"，表现为不直的伤害罪，量刑当重于一般的伤害罪，法定刑为完城旦，即四岁刑。"伤"的法医学标准，郑玄有注说，"伤人见血，见血乃为伤人耳。"① 许慎说："痍，痏，殴伤也。"应劭则说得更具体：皮肿无瘢为"痍"，有创瘢者为"痏"。② 这些律注，对伤人罪的正确适用很有帮助。

"无故入人室宅庐舍、上人车船、牵引人欲犯法"，为《汉贼律》中的罪名，按郑玄的解释，对这类犯罪，人人可得而诛之，并符合《周礼》中"盗贼群辈若军共攻盗乡邑及家人者，杀之无罪"的经义。该条的立法原意与律家注释，与现行《刑法》"无限防卫权"的规定和理论，非常相似。③

由律注可见，汉代之"奸"罪，分强奸与和奸。何休所言"立子奸母"，徐彦进一步解释为"对子奸母"，杀之无罪。和奸在汉代以迄清末法制改革之前，均为犯罪，故《汉律》将丈夫与自己妻子带来的奴婢私通的行为名为"姘"，当以"耐为鬼薪"（三岁刑）之刑惩之。④

（5）侵犯财产权利之罪名的律章句。

本类律注凡6条，自序号59～64，涉及"盗"、"窃"、"过失杀伤畜产"、"门首洒潘"等罪名。要其特点有二。

---

① 《周礼注疏》卷三六《秋官司寇下第五》。
② 《说文解字段注》，第372页。
③ 《刑法》第20条第3款："对正在行凶、杀人、抢劫、强奸、绑架以及其他严重危及人身安全的暴力犯罪，采取防卫行为，造成不法侵害人伤亡的，不属于防卫过当，不负刑事责任。"
④ 《汉书》卷一六《功臣表》，中华书局，1983，第551页。

①"盗"与"窃"可以互训，却为属种关系，盗为上位概念，窃乃下位概念。郑玄注为："窃，盗也"。许慎云："盗自中出曰窃。"现代刑法理论所指盗窃，意为秘密窃取他人财物。而律注理论反映，盗虽与窃相通，但"窃"只是"盗"的一种，即"盗自中出"才是窃，相当于秘密窃取他人财物，即后世律令之所谓"窃盗"；如果不是"自中出"，而是采用公开方式抢劫他人财物，许、郑虽未作进一步说明，但推而可知，其即为后世所谓"强盗"。另，文颖所注"与盗"的概念，也很有特色，与现在盗窃罪中的共犯理论有相似之处。所以颜师古说："与盗盗者，共盗为盗耳。"①

②若今日之民事侵权，汉时视为犯罪，但以调解之法处之。以今世法理观之，"过失杀伤畜产"、"门首洒潴"，为民事侵权行为，如在他人门前排水、堵水，当以"排除妨害"的民事责任方式解决，但在汉代，无违法与犯罪之分，故通视为犯罪，"盖谓壅水于人家门前，有妨害也"，② 以何刑处置，不得而知。然察郑玄注"过失杀伤人之畜产"的意思，当用经义"以民成之"的办法解决，即"以民平和之"，也就是调解，侵权方以经济赔偿之法"偿其价值耳"。③

（四）刑名类律章句

1. 刑名类律章句拾遗

查《史记》、《汉书》、《资治通鉴》、《三礼注》、《毛诗笺》、

---

① 《汉书》卷五《景帝纪》注，中华书局，1983，第151页。
② 《说文解字段注》，第588页。
③ 《周礼注疏》卷一四《地官司徒下第二》贾公彦疏。

《春秋公羊解诂》、《说文》等，得刑名类律章句，凡49条。兹
列表3-4示之。

表3-4　刑名类律章句

序号	律	章　句	律家	出　处
（一）死刑				
1	殊死	殊，死也。从歹卒声。一曰断也。《汉令》曰：蛮夷长有罪当殊之	许慎	《说文·歹部》，段注，第170页
2	磔	磔，辜也。从桀，石声	许慎	《说文·桀部》，段注，第250页
3	磔改弃市	中元二年，改磔曰弃市，勿复磔。应曰：先此诸死刑皆磔于市，今改曰弃市，自非妖逆不复磔也	应劭	《汉书·景帝纪》
4	弃市	刑人于市，与众弃之。郑注：必共之者，所以审慎也。《书》曰：克明德慎罚	郑玄	《礼记正义》卷十一，王制第五
5	弃市	杀用刀刃，若今弃市也。谍谓奸寇反间者，贼与谍，罪大者斩之，小者杀之。搏当为膊诸城上之膊字之误也。膊谓去衣磔之	郑玄	《周礼注疏》卷三十六，秋官司寇下第五
6	弃市	刑人于市，与众弃之	何休	《春秋公羊注疏》卷十，僖公元年
7	斩	斩，斩。斩，在略反，又仕略反，斩也	何休	《春秋公羊注疏》卷十七，成公二年
8	斩	雀戈也。从车斤，斩法车裂也。段注：此说从车之意，盖古用车裂，后人乃法车裂之意而用斧钺，故字亦从车	许慎	《说文·车部》，段注，第773页
9	腰斩	斩以斧钺，若今要斩也……谍谓奸寇反间者，贼与谍，罪大者斩之，小者杀之。搏当为膊诸城上之膊字之误也。膊谓去衣磔之	郑玄	《周礼注疏》卷三十六，秋官司寇下第五

续表 3-4

序号	律	章　　句	律家	出　　处
10	要斩	铁锧，要斩之罪	何休	《春秋公羊注疏》卷二十四，昭公二十五年
11	摎	缚杀也。段注：今之绞罪，即古所谓摎也	许慎	《说文·手部》，段注，第641页
12	戮	戮犹辱也。既杀又辱之	郑玄	《周礼注疏》卷三十四《秋官第五·掌戮》
13	轘	车裂人也。从车，瞏声。《春秋传》曰：轘诸栗门	许慎	《说文·车部》，段注，第773页
14	肆	肆，陈尸也。大夫以上于朝，士以下于市。执，拘也。肆，杀三日陈尸	郑玄	《礼记正义》，卷十，檀弓下第四
15	焚如	《易》有焚如、死如、弃如之言，（王）莽依此作刑名也	应劭	《汉书·匈奴传下》

（二）身体刑

序号	律	章　　句	律家	出　　处
16	肉刑	以刑为阍，古者肉刑：墨劓膑宫与大辟而五。徐疏：何氏所以必言古者肉刑者，正以汉文帝感女子之诉，恕仓公之罪，除肉刑之制	何休	《春秋公羊注疏》卷二十一，襄公二十九年
17	墨、劓、宫、刖	虞书曰：五流有宅，五宅三居是也。周则墨者使守门，劓者使守关，宫者使守内，刖者使守囿，髡者使守积	郑玄	《礼记正义》卷十一，王制第五
18	纤剸	公族其有死罪，则磬于甸人，其刑罪，则纤剸亦告于甸人。郑注：纤读为歼，歼，刺也；剸，割也。宫割膑墨劓刖，皆以刀锯刺割人体也	郑玄	《礼记正义》卷二十，文王世子第八
19	宫	宫者，丈夫则割其势，女子闭于宫中，若今官男女也。……郑司农云：汉孝文帝十三年除肉刑	郑玄	《周礼注疏》卷三十六，秋官司寇第五

序号	律	章　　句	律家	出　　处
20	斩趾	剕。剕，断足也。从足月声。跀，（剕）或从兀。段注：李云：刖足曰兀。段注：然则剕刑，即汉之斩趾，无足指，故以足跟行也。……故剕轻于膑也	许慎	《说文·足部》，段注，第88~89页
21	聏	聏，断耳也	许慎	《说文·刀部》，段注，第191页
22	劓	劓，刖鼻也。劓，劓或从鼻	许慎	《说文·刀部》，段注，第191页
23	黥	墨刑在面也。从黑，京声	许慎	《说文·黑部》，段注，第518页
24	扑	扑，所以挞犯教者。《书》云：扑作教刑	郑玄	《仪礼注疏》卷十二，乡射礼第五，又见《仪礼注疏》卷十七，大射第七
25	挞	乡饮酒罚不敬，挞其背	许慎	《说文·手部》，段注，第643页
26	格	挌。击也。从手，各声	许慎	《说文·手部》，段注，第646页
27	颖	绊鞈两足也。从系，须声。《汉令》蛮夷卒有颖	许慎	《说文·系部》，段注，第697页

（三）劳役刑

序号	律	章　　句	律家	出　　处
28	城旦、春	城旦者，旦起行治城；春者，妇人不豫外繇，但春作米：皆四岁刑也	应劭	《汉书·惠帝纪》，又见《资治通鉴》卷十四，文帝前十三年
29	鬼薪、白粲	取薪给宗庙为鬼薪，坐择米使正白为白粲，皆三岁刑也	应劭	《汉书·惠帝纪》，又见《资治通鉴》卷三十一，成帝永始元年条

序号	律	章　句	律家	出　处
30	白粲	粲。稻重一秅，为粟二十斗，为米十斗曰毇，为米六斗大半斗曰粲。段注：汉刑法有鬼薪白粲。白粲，谓舂也。粲米取白，故为鲜好之称	许慎	《说文·米部》，段注，第 350 ~ 351 页
31	罚作	罢民谓恶人不从化，为百姓所患苦而未入五刑者也。故曰凡害人者，不使冠饰，任之以事，若今时罚作矣	郑玄	《周礼注疏》卷三十六，秋官司寇下第五
32	胥靡	诗云：若此无罪，沦胥以铺。胥靡，刑名也	应劭	《汉书·楚元王传》
33	谪戍	秦时以適发之，名谪戍。先发吏有过及赘婿、贾人，后以尝有市籍者发，又后以大父母、父母尝有市籍者。戍者曹辈尽，复入闾，取其左发之，未及取右而秦亡	应劭	《汉书·食货志》，又《资治通鉴》卷十五，文帝前十一年
34	奴婢	奴。奴婢皆古辠人。《周礼》曰：其奴男子入于辠隶，女子入于舂藁。段注：按许用仲师说，入罪隶者奴，入舂藁者可呼婢	许慎	《说文·女部》，段注，第 652 页
35	奴婢	男入罪曰奴，女入罪曰婢	许慎	《初学记》卷十九引《说文》
36	奴婢	今之为奴婢，古之罪人也	郑玄	《周礼注疏》卷三十六，秋官司寇第五·司厉
37	侍史官婢	古者从坐男女，没入县官为奴，其少才知以为奚，今之侍史官婢。贾疏：此举汉法言之	郑玄	《周礼注疏》卷一，天官冢宰第一·酒人
38	弄儿	官婢、侍史生儿，取以作弄儿也	服虔	《资治通鉴》卷三十六，平帝元始四年

序号	律	章　　句	律家	出　　处
（四）耻辱刑				
39	耐	轻罪不至于髡，完其耏鬓，故曰耏。古"耏"字从"彡"，发肤之意。杜林以为法度之字皆从"寸"，后改如是。耐音若能	应劭	《史记·淮南衡山列传》集解，又见《资治通鉴》卷三十，成帝建始二年条
40	耐、完	罪不至髡，完其而鬓曰：耏	许慎	《说文·而部》，段注，第454页
41	耐、耏	罪不至髡也。从彡而，而亦声。耐。或从寸，诸法度字从寸	许慎	《说文·而部》，段注，第454页
42	髡	髡。剔发也。从髟，兀声	许慎	《说文·髟部》，段注，第454页
43	不齿	不齿者，不得以年次列于平民	郑玄	《周礼注疏》卷三十四，秋官第五
44	不齿	不齿者，不与相长稚	郑玄	《毛诗正义·国风·蝃蝀》卷三之二
45	谇	谇犹骂也	服虔	《汉书·贾谊传》
（五）财产刑				
46	买爵赎死	惠帝元年诏：民有罪，得买爵三十级以免死罪。应劭曰：一级直钱二千，凡为六万，若今赎罪入三十匹缣矣	应劭	《汉书·惠帝纪》
47	雇山	旧刑鬼薪，取薪于山以给宗庙。今使女徒出钱雇薪，故曰雇山也	应劭	《汉书·平帝纪》
48	赀	小罚以财自赎也。从见此声。《汉律》民不繇，赀钱二十三	许慎	《说文·贝部》，段注，第299～300页
49	罚金	汉律三人以上无故群饮，罚金四两	文颖	《史记·孝文帝本纪》集解，又见《汉书·文帝纪》

2. 刑名类律章句辨析

许慎说："刑，罚辠也，从刀井。《易》曰：井者，法也。井亦声。"[①] 刑是用来惩治犯罪的。如果法律没有刑罚的支撑，就像老虎没有牙齿。故刑名在整个汉律体系中，占据着十分重要的地位，汉代律家对此亦关注有加，留下了相应的成果。

程树德先生在《汉律考》中曾专作《刑名考》，本文亦辟此专节，似有东施效颦之嫌。然程先生所采角度是考汉律，笔者所取视角是考汉律章句，出发点不同，决定了搜集史料范围之不同，所得结果也不一样。

郑玄、何休、服虔、许慎、应劭、文颖等律家，均对刑名作了或多或少、或详或略的注释，共49条。概括而言，这类律章句表现出如下特征。

（1）范围广泛，基本上囊括了汉朝的刑罚体系。

在表3-4中，笔者将刑名类律章句分为生命刑、身体刑、劳役刑、耻辱刑和财产刑五大类，较之程先生所分刑名15类，[②]略有出入。原因有三：其一，程氏按律令坐标搜罗之刑名，其中有些没有相应的律章句，如夺爵、除名、督、鞭杖、禁锢等。其二，分类统属不同，程氏将髡刑、完刑分为两类，笔者则将髡、完统为耻辱刑类；程氏将罚金、赎刑、雇山并列，笔者则将此三者纳入财产刑中。其三，笔者依律章句坐标搜罗之刑名，亦有程氏按律令坐标未搜得到者，如焚如、胥靡、不齿等。无论差异如何，借助律章句，皆可观汉代刑罚之大略。

---

① 《说文解字段注》，第228页。
② 程树德著：《九朝律考·汉律考二》卷二《刑名考》分：死刑、肉刑、髡刑、完刑、作刑、赎刑、罚金、夺爵、除名、夷三族、徙边、督、鞭杖、顾山、禁锢。见《九朝律考》，第37～53页。

①生命刑。此类章句共 15 条，自序号 1～15，涉及殊死、碟、弃市、斩、腰斩、摎、戮、辕、肆、焚如共 10 种死刑执行方法。其中大多数为汉代死刑，也有少数为周秦时刑罚，如摎、戮、辕、肆。

②身体刑。此类章句共 12 条，自序号 16～27，涉及肉刑和体罚。肉刑的特点是伤人肌肤、断人肢体，使人终生不息，有墨、劓、刖、宫、刵、黥、斩趾 7 种行刑方法。律家所注释的这些肉刑，大部分在汉代仍在适用。"汉法肉刑三，谓黥（古墨刑的变种）也，劓也，左右趾（古刖刑的变种）也"，① 另外还有宫刑。汉文帝十三年前，此四种肉刑并行。是年，废黥、劓、斩趾，然宫刑犹存，至隋而废。体罚仅是伤人肌体且恢复生息的可能性很大，有"扑"、"颏"两种。表中所列"挞"、"格"，与"扑"应为同种刑罚，即用荆杖抽击犯者，乃敦促教化之轻刑。段玉裁说："按郑但云失礼，许必系之乡饮酒者，礼莫大于此，惟此可证时行觵挞也。"② 意即在许慎生活的时代，盛用此刑以惩治在乡饮酒中失礼的行为人。

③劳役刑。此类章句共 11 条，自序号 28～38，涉及城旦、春、鬼薪、白粲、罚作、谪戍、奴婢、弄儿、胥靡 9 个刑种。

④耻辱刑。此类章句共 7 条，自序号 39～45，涉及髡、耐（完）、不齿、谇 4 个刑种。其中髡、耐（完）二者，既是耻辱刑，又是附加刑，可与劳役刑连带适用，如"髡钳城旦春"、"完城旦"、"耐为鬼薪"等。

⑤财产刑。此类章句共 4 条，自序号 46～49，涉及爵赎、雇山、赀、罚金 4 个刑种。前三者为汉代赎刑，源自《尚书·

---

① 《后汉书》卷三〇下《郎𫖮传》中华书局，1982，第 1065 页。
② 《说文解字段注》，第 643 页。

尧典》之"金作赎刑"，以及《吕刑》之罚锾。西汉之世，时有赎刑之令，降至东汉，遂为定制。对于赎刑制度，律家有注，于此三见，对厘清其流变颇有裨益。惠帝元年买爵赎死，为两汉赎刑之始。应劭注曰："一级直钱二千，凡为六万，若今赎罪入三十匹缣矣。"此章句说明，西汉赎罪以钱，它若武帝时赎钱50万得减死。东汉赎刑以缣，赎死罪：明帝时缣20匹，后改为40匹，再改为30匹；章帝时又改为20匹；之后的和、安、顺、桓帝诸朝皆有差，至应劭活动的灵、献帝时期，则又改为30匹缣赎死。

（2）注释详细，加深后人对汉代刑罚的认识和理解。

可以说，今人对汉代刑罚的认识，大都得益于律家之律注。如劳役刑系列，古名之"作刑"，今治法史者皆知，其有城旦、舂，四岁刑；有鬼薪、白粲，三岁刑；有罚作、复作，一岁刑，所以然者，皆是借了应劭、郑玄的律注。如果没有这些律章句，我们对之将一片模糊，以此可彰研究之必要。律家注刑，不但面宽，而且细微入里。

①明其概念。为具体的刑名作界说，让人明晰其含义。如何休注"弃市"，为"刑人于市，与众弃之"，郑玄进一步扩大解释其意义，在于彰显"明德慎罚"的司法理念，"必共之者，所以审慎也。"应劭注作刑系列：城旦为"旦起行治城"；舂为"妇人不豫外繇，但舂作米"；鬼薪为"取薪给宗庙"；白粲为"坐择米使正白"。如此等等。

②探其微末。何刑用何种方法执行，使用什么刑具，用刑的部位，以及其他诸等细节，在律章句中也有体现。如许慎注"黥"为"墨刑在脸"，"髡"为剔发，"挞"为抽打背部；郑玄注"宫"为"丈夫则割其势，女子闭于宫中"，墨劓剕宫诸刑，皆用"纤劅"之法执行，"纤"为刺，"劅"为割，"皆以刀锯

刺割人体也。"此即对行刑方法和用刑部位作了说明。又如何休说"腰斩"使用斧钺，郑玄谓"弃市"使用刀刃，即对刑具作了解说。再如"白粲"为使女罪犯选米，按许慎之注，一禾石水稻，去掉谷壳，选出"六斗大半斗"米叫"粲"。汉代刑名中的这些具体问题，非借助律章句，则无法知晓。

　　③辨其源流。对刑名的渊源流变作说明，加深人们的理解。一是对源于周秦的刑罚作了注解。如依许慎之注，则知汉代"斩趾"，源于周之刖刑，段玉裁注《说文》时说："然则刖刑，即汉之斩趾，无足指，故以足跟行也。……故刖轻于膑也"；汉之"腰斩"，源于秦之车裂，故斩字"从车斤，斩法车裂也"，即效法车裂之意而用斧钺，将罪犯拦腰裂开。他若黥刑，乃古之墨刑的变种。至于劓刑、宫刑，则直接承诸商周，名犹未变。二是对某些刑罚在汉代的立、改、废作了勾勒陈述。依应劭之注，则知西汉初有磔刑，[①] 即将罪犯胸腹剖开做成干尸，中元二年（公元前148年），改磔为弃市，但"妖逆"之罪仍用磔刑；则知"焚如"之刑为王莽始作；则知西汉赎罪用钱，至东汉变为用缣；则知雇山刑始于元始元年，由鬼薪演变而来，只适用于女犯，本应"于山伐木"六个月，因柔弱，故令其出钱"顾功直"，每月钱三百。[②]

　　（3）发人未见，对一些鲜为人知的刑名作了注解，丰富了汉律内涵。

　　这些刑名有焚如、颒、胥靡、弄儿、不齿、谇等。从已有的

---

① 《说文解字段注》，第250页："按凡言磔者，开也，张也，剖其胸腹而张之，令其干枯不收，字或作矺，见《史记》。"

② 参见《汉书》卷一二《平帝纪》，中华书局，1983，第351页。《资治通鉴》卷二四《汉纪一六》昭帝元凤元年；卷三五《汉纪二七》平帝元始元年条注文。

法史论著来看，几乎很少有人注意到上述刑种，或有学者提及“谇”，但都以之为秦法，不言其亦为汉制。[①]

“焚如”刑，见于应劭注，乃王莽始作，后人讳言，故鲜见于今。“单于尽收陈良等二十七人，皆械槛付使者，遣厨唯姑夕王富等四十人送歙、飒。莽作焚如之刑，烧杀陈良等。”[②]应氏注曰：“《易》有焚如、死如、弃如之言，莽依此作刑名也。”焚如为《易·离卦》九四爻辞中语，再参考魏晋律家如淳的注，则知此刑的适用对象为不孝子，方法为烧死。[③]

“䌸”刑，见于许慎注，“绊两足也。从系，须声。《汉令》蛮夷卒有䌸。”段玉裁认为《说文》该条有脱字：“此应为‘蛮夷卒有罪当䌸之。’”[④]此刑为《汉令》所定，适用于蛮夷卒，方法为绊系双脚。

“胥靡”、“弄儿”，皆为劳役刑种。应劭注曰：“诗云：‘若此无罪，沦胥以铺’。胥靡，刑名也。”应氏注明确了两点，一是肯定指出其为刑名，二是指出该刑乃古已有之，见于《诗经》。结合其他史料可知，胥靡始于商朝，[⑤]是较轻的劳役刑，办法为将罪犯连锁起来并强制其从事劳动。[⑥]“弄儿”，服虔注为“官婢、侍史生儿，取以作弄儿也。”很可能是劳役刑的一种形式。因侍史、官婢就是因连坐而来的罪犯名称，没入官府为奴，

① 参见叶孝信主编《中国法制史》，北京大学出版社，2000，第53页。

② 《资治通鉴》卷三六《汉纪二八》王莽天凤元年条。

③ 《汉书》卷九四《匈奴传下》注引如淳曰：“焚如、死如、弃如者，谓不孝子也。不畜于父母，不容于朋友，故烧杀弃之，莽依此作刑名也。”中华书局，1983，第3827页。

④ 《说文解字段注》，第697页。

⑤ 《汉书》卷四八《贾谊传》：“傅说胥靡，乃相武丁。”张晏曰：“胥靡，刑名也。傅说被刑，筑于傅岩，武丁以为己相。”中华书局，1983，第2227页。

⑥ 《汉书》卷三六《楚元王传》注引晋灼曰：“胥，相也。靡，随也。古者相随坐轻刑之名。”师古曰：“联系使相随而服役之，故谓之胥靡，犹今之役囚徒以锁联缀耳。晋说近之，而云随坐轻刑，非也。”中华书局，1983，第1924页。

服役终生，其所生子亦被当作"弄儿"服役。

"不齿"、"谇"，皆为耻辱刑种。人们通常将"不齿"视为惯常用语，未意识它就是汉朝的耻辱刑种。《后汉书·孔融传》亦曰："一离刀锯，没世不齿。"可见，不齿就是刑罚。后世袭之，十六国之汉赵（公元304～345年）即有此制。① 然其义为何？则需借助律注方可得其详。郑玄说："不齿者，不得以年次列于平民。"又说："不齿者，不与相长稚。"意即被处"不齿"的人，平民百姓均不与其论长幼、打交道，使之被所在群体孤立起来。"谇"，服虔注之曰："谇犹骂也。"即对犯有微罪的官吏进行责骂。其制始于秦，如《效律》规定："计较相谬，自二百二十钱以下，谇官啬夫。"《法律答问》："甲贼伤人，吏论以为斗伤人，吏当论不当？当谇。"汉亦沿之以为官刑。

---

① 《太平御览》卷五五九引《汉赵记》：上洛男子盗墓，使墓主张卢死而复生，但仍被定罪。"诏曰：以其意恶功善，论笞三百，不齿终身。"程树德先生在《九朝律考》卷四《汉律考·律令杂考上》（第111页）引此案以证汉代"发墓"之律令，注明出处为《御览》五五九引《汉记》，至今法律史界以至史学界皆因袭其论，实为误读史料。考之，"上洛发墓"乃十六国之前赵时案例，并非汉事，用以证汉代法制是错误的；《汉记》亦为《汉赵记》之误。已另立篇什辨正之。

四　律章句考（下）

因律章句所涉内容甚多，篇幅太大，兹将第五节至第十节列入《律章句考》（下），著于第四章，以均衡行文结构。

（五）事律类律章句

1. 事律类章句拾遗

此处所拾律章句，凡 101 条，范围太广，有田土、金布仓库、财税赋役、户婚、关市等等方面，委实不好归类。考之史籍，方知古人将左上条目统称"事律"。《晋书·刑法志》谓《九章律》"益事律兴、户、厩三篇"。《玉海》注文称兴、户、厩"三篇总谓之事律。"① 析"事律"之内容，大凡包括今日之民事、政事等类别，然调控方式古今有差，古以刑罚；今以民事责任抑或行政责任。鉴此之故，姑将此类律章句谓之"事律"类。兹列表 4－1 于下。

---

① 《玉海》卷六五《诏令·汉法名家》。

表4-1 事律类律章句

序号	律	章句	律家	出处
（一）田土				
1	田律	今野有《田律》……其觕可信者。贾疏：故举汉法以况之	郑玄	《周礼注疏》卷三十五，秋官司寇第五
2	田律	无干车，无自后射。贾疏：此据汉《田律》而言	郑玄	《周礼注疏》卷二十九，夏官第四·大司马，贾公彦疏
3	篽	篽，禁苑也。从竹，御声。《春秋传》曰：泽之自篽	许慎	《说文·竹部》段注，第209页
4	篽	池者，陂池也。篽，禁苑也	应劭	《汉书·宣帝纪》，又见《汉书·扬雄传》
5	躬耕籍田	古者天子耕籍田千亩，为天下先。籍者，帝王典籍之常	应劭	《史记·孝文本纪》
6	躬耕籍田	时（昭）帝年九岁，未能亲耕帝籍，钩盾，宦者近署，故往亲耕为戏弄也	应劭	《汉书·昭帝纪》
7	兼并	兼并者，食禄之家不得治产，兼取小民之利；商人虽富，不得复兼并畜田宅，作客耕农也	文颖	《汉书·武帝纪》
8	畼	烧种也。从田翏声。《汉律》曰：畼田茠草	许慎	《说文·田部》，段注，第735页
9	襄	襄，汉令解衣而耕谓之襄	许慎	《说文·衣部》，段注，第418页
（二）金布				
10	八株钱	高后二年秋七月，行八铢钱。应注：本秦钱，质如周钱，文曰："半两"，重如其文，即八铢也。汉以其太重，更铸荚钱，今民间名榆荚钱是也。民患其太轻，至此复行八铢钱	应劭	《汉书·高后纪》，又见《资治通鉴》卷十三，高后二年

序号	律	章　句	律家	出　处
11	五分钱	高后六年六月，行五分钱。应注：所谓荚钱者	应劭	《汉书·高后纪》
12	法钱	贾谊谏孝文四年"除盗铸钱令"曰："法钱不立。"应注：时钱重四铢，法钱百枚，当重一斤十六铢，轻则以钱足之若干枚，令满平也。又曰：用重钱，则平称有余，不能受也	应劭	《汉书·食货志》
13	四铢钱·半两钱	孝文更造四铢钱，时称半两钱。武帝时，有司言曰：今半两钱，法重四铢。注引郑氏曰：其文为半两，实（为）〔重〕四铢也	郑玄	《汉书·食货志》
14	铸钱伪黄金弃市律	中元六年十二月。应注：文帝五年，听民放铸，律尚未除。先时多作伪金，伪金终不可成，而徒损费，转相诳耀，穷则起为盗贼，故定其律也	应劭	《汉书·景帝纪》
15	赤仄钱	武帝时，郡国铸钱，民多奸铸，钱多轻，而公卿请令京师铸官赤仄，一当五，赋官用非赤仄不得行。应注：所谓子绀钱也	应劭	《汉书·食货志》
16	皮币、白金	元狩四年冬。时国用不足，以白鹿皮为币，朝觐以荐璧。又造银锡为白金。见《食货志》	应劭	《汉书·武帝纪》
17	武帝元狩六改币令	禁半两钱及余币物，禁之有期月而民未悉从也	应劭	《汉书·武帝纪》
18	武帝太始二年麟趾裹蹄金令	获白麟，有马瑞，故改铸黄金如麟趾裹蹄以协嘉祉也。古有骏马名要裹，赤喙黑身，一日行万五千里也	应劭	《汉书·武帝纪》

序号	律	章　句	律家	出　处
19	少府禁钱	名曰禁钱，以给私养，自别为藏，有六丞。属官有……若卢	应劭	《汉书·百官公卿表》
20	水衡钱	水衡与少府皆天子私藏耳。县官公作，当仰给司农，今出水衡钱，言宣帝即位为异政也	应劭	《汉书·宣帝纪》
21	金布令·椟	小棺也，今谓之椟	应劭	《汉书·高帝纪下》
22	金布令·椟	椟音卫	服虔	《汉书·高帝纪下》
23	法赗	郑司农云：赗补之，谓赗丧家，补助其不足也，若今时一室二尸，则官与之棺也	郑玄	《周礼注疏》卷三十七，秋官司寇下第五
24	揭橥	郑司农云：橥，欲令其识取之，今时揭橥是也	郑玄	《周礼注疏》卷三十六，秋官司寇下第五
25	得遗物及放失六畜	俘而取之曰获，委于朝，十日待来识之者。人民，谓刑人奴隶逃亡者……郑司农云：若今时得遗物及放失六畜，持诣乡亭县廷，大者公之，人物没入公家；小者私之，小物自畀也。玄谓人民之小者，未龀之岁以下	郑玄	《周礼注疏》卷三十五，秋官司寇第五
26	购钱	1. 购，以财有所求也。从贝冓声。2. 貊。貊兽，无前足，从豸，出声。《汉律》能捕豺貊，购钱百	许慎	1.《说文·贝部》，段注，第299页。2.《说文·豸部》，段注，第485页
27	计量律·石	石，百二十斤	郑玄	《汉书·枚乘传》
28	计量律·石	石，百二十斤也	郑玄	《汉书·刑法志》

续表 4 – 1

序号	律	章　　句	律家	出　　处
29	造作规程·舳舻	舳，舳舻也。从舟，由声。《汉律》名船方长为舳舻。一曰船尾。舻。舳舻也，从舟，卢声。一曰船头	许慎	《说文·舟部》，段注，第 427 页

（三）财税赋役

序号	律	章　　句	律家	出　　处
30	租	租，田赋也。从禾且声	许慎	《说文·禾部》，段注，第 346 页
31	税	税，租也。从禾兑声	许慎	《说文·禾部》，段注，第 346 页
32	案比	大比谓使天下更简阅民数及其财物也，受邦国之比要，则亦受乡遂矣。郑司农云五家为比。以比为名，今时八月案比是也。要谓其簿	郑玄	《周礼注疏》卷十一，地官司徒第二
33	案比	县正各掌其县之政令征比。郑注：比，案比	郑玄	《周礼注疏》卷十五，地官司徒下第二
34	长度	长，久也。一岁之调度也	应劭	《汉书·杨敞传》
35	算赋	汉律人出一算，算百二十钱，唯贾人与奴婢倍算。今使五算，罪谪之也	应劭	《汉书·惠帝纪》
36	算赋	訾，万钱。算，百二十七也。与应劭注"百二十"有差	服虔	《汉书·景帝纪》
37	敛民钱	田谓一井之田，赋者，敛取其财物也。言用田赋者，若今汉家敛民钱，以田为率矣。……税民公田不过什一，军赋十井不过一乘	何休	《春秋公羊注疏》卷二十八，哀公十二年
38	锴·缗	业也，贾人占锴，从金，昏声	许慎	《说文·金部》，段注，第 756 页

序号	律	章　　句	律家	出　　处
39	赋入贡棐	棐,竹器也,所以盛。方曰筐,隋曰棐	应劭	《汉书·食货志》
40	赋入用箪	箪,笥也。从竹,单声。汉律令:箪,小匡也。传曰:箪食壶浆	许慎	《说文·竹部》,段注,第203页
41	复身户	高祖五年令,不输户赋也	应劭	《汉书·高帝纪下》
42	王杖	王之所以赐老者之杖。郑司农云:谓年七十当以王命受杖者,今时亦名之为王杖。玄谓《王制》曰:五十杖于家,六十杖于国,七十杖于国,八十杖于朝	郑玄	《周礼注疏》卷三十七,秋官司寇下第五
43	废疾无赋	废疾,谓癃病也。贾疏:(注)贵与老幼废疾,皆弛舍无赋	郑玄	《周礼注疏》卷十一,地官第二·小司徒
44	施舍	施舍,谓应复免不给徭役	郑玄	《周礼注疏》卷十一,地官第二
45	施舍对象	舍者,谓有复除。舍,不收役事也。贵者,谓若今宗室及关内侯皆复也。服公事者,谓若今吏有复除也。老者,谓若今八十九十复羡卒也。疾者,谓若今癃不可事者。复之	郑玄	《周礼注疏》卷十二,地官司徒第二
46	复除	汉《大乐律》曰:卑者之子不得舞宗庙之酎。除吏二千石到六百石及关内侯到五大夫子,先取适子高七尺已上,年十二到三十,颜色和顺,身材修治者以为舞人。与古用卿大夫子同义	郑玄	《周礼注疏》卷二十三,春官宗伯下第三
47	冗食	冗,散也。散禀食使生活,不占著户给役使也	文颖	《汉书·成帝纪》

序号	律	章　　句	律家	出　　处
48	越人不贡不酎	越国僻远，珍奇之贡，宗庙之祭不与也。大内，都内也，国家宝藏也	应劭	《汉书·严助传》
49	马口钱	往时有马口出敛钱，今省	文颖	《汉书·昭帝纪》
50	盐法	（1）㡉（段注：音居倦切），囊也。今盐官三斛为一㡉，从巾，弇声。段注：举汉时语证之。掊字下曰：今盐官入水取盐为掊。皆汉时《盐法》中语。（2）掊。杷也（五指杷之，如杷之杷物也）。从手，音声。今盐官入水取盐为掊	许慎	（1）《说文·巾部》，段注，第381页。（2）《说文·手部》，段注，第633页
51	酒税	罢榷酤，令民得以律占租，卖酒升四钱	应劭	《汉书·昭帝纪》
52	会稽鮬酱	鮬，蚌也。从鱼吉声。《汉律》：会稽郡献鮬酱二斗	许慎	《说文·鱼部》，段注，第615页
53	会稽献藙	藙。煎朱萸。从艸毅声。《汉律》：会稽献藙一斗	许慎	《说文·草部》，段注，第45页
54	南蛮赋幏	幏，南郡蛮夷賨布也。从巾家声。段注：贝部曰：賨者，南蛮赋也	许慎	《说文·巾部》，段注，第383页
55	繇	繇，"徭役也。"《汉书·高帝纪》略异：应注：繇者，役也	应劭	《史记·高祖本纪》集解
56	过更·践更	以当为更卒，出钱三百，谓之过更。自行为卒，谓之践更。吴王欲得民心，为卒者雇其庸，随时月与平贾也	服虔	《汉书·荆燕吴传》
57	傅	律，年二十三傅之畴官服注：傅音附。师古曰：傅，著也。言著名籍，给公家徭役也。服音是	服虔	《汉书·高帝纪上》

序号	律	章　　句	律家	出　　处
（四）户婚				
58	户版	郑司农云：学士谓卿大夫诸子学舞者。版，籍也，今时乡户籍，世谓之户版	郑玄	《周礼注疏》卷二十三，春官宗伯下第三
59	内外公孙耳孙	内外公孙谓王侯内外孙也。耳孙者，玄孙之子也。言其曾高益远，但耳闻之也。今以上造有功劳，内外孙有骨血属媵，施德布惠，故事从其轻也	应劭	《汉书·惠帝纪》
60	六亲	六亲，父母兄弟妻子也	应劭	《汉书·贾谊传》
61	三族	三族，父、子、孙也	郑玄	《礼记正义》卷五十，仲尼燕居第二十八
62	三族	三族谓父昆弟，己昆弟，子昆弟	郑玄	《仪礼注疏》卷六，士昏礼第二
63	三族	三族，谓父子孙，人属之正名。《丧服小记》曰：亲亲以三为五，以五为九	郑玄	《周礼注疏》卷十九，春官小宗伯第三
64	九族	九族，从己上至高祖，下及玄孙之亲也。属者以昭穆相次序	郑玄	《毛诗正义·小雅·常棣》卷九之二
65	大父	大父，祖父	应劭	《史记·留侯世家》集解
66	三从	妇人，从人者也。幼从父兄，嫁从夫，夫死从子。郑注：从，谓顺其教令	郑玄	《礼记正义》卷二十六，郊特牲第十一
67	民母	民母，嫡母也	服虔	《汉书·卫青传》
68	人子之法	不专家财也。税谓遗于人。税，始锐反，谓以物遗人也。孔疏：正义曰：此论人子之法也	郑玄	《礼记正义》卷八，檀弓上第三

序号	律	章　句	律家	出　处
69	惠帝六年早婚令	《国语》越王勾践令国中女子年十七不嫁者父母有罪，欲人民繁息也。汉律人出一算，算百二十钱，唯贾人与奴婢倍算。今使五算，罪谪之也	应劭	《汉书·惠帝纪》
70	婚	婚姻冠笄，所以别男女也。郑注：男二十而冠，女许嫁而笄	郑玄	《史记·乐书第二》集解
71	归	妇人谓嫁曰归	郑玄	《毛诗正义·国风·小星》卷一之五
72	妇	有舅姑曰妇	郑玄	《毛诗正义·国风·氓》卷三之三
73	亲迎立马轺车	元始三年春，又诏光禄大夫刘歆等杂定婚礼……亲迎立轺并马。服注：轺音摇，立乘小车也。并马，骊驾也	服虔	《汉书·平帝纪》
74	赘婿	家贫子壮出赘。应注：出作赘婿也	应劭	《汉书·贾谊传》
75	赘婿	赘，系属之辞，若今俗名就婿为赘婿矣	何休	《春秋公羊注疏》卷二十，襄公十六年
76	恶疾	恶疾，谓瘖聋盲疠疬秃跛偃，不逮人伦之属也	何休	《春秋公羊注疏》卷二十三，昭公二十年
77	恶疾	疠，恶疾也	许慎	《说文·疒部》段注，371 页
78	同姓不婚	礼：不娶同姓，买妾不知其姓则卜之，为同宗共祖乱人伦，与禽兽无别	何休	《春秋公羊注疏》卷二十八，哀公十二年

序号	律	章　　句	律家	出　　处
79	来归	大归者，废弃来归也。妇人有七弃五不娶三不去。尝更三年丧不去，不忘恩也；贱取贵不去，不背德也；有所受无所归不去，不穷穷也。丧妇长女不娶，无教戒也；世有恶疾不娶，弃于天也；世有刑人不娶，弃于人也；乱家女不娶，类不正也；逆家女不娶，废人伦也。无子弃，绝世也；淫佚弃，乱类也；不事舅姑弃，悖德也；口舌弃，离亲也；盗窃弃，反义也；嫉妒弃，乱家也；恶疾弃，不可奉宗庙也	何休	《春秋公羊注疏》卷八，庄公二十七年
80	七出三不去与五不娶	庄公二十七年，何休注《公羊》云：无子弃，绝世也；淫佚弃，乱类也；不事舅姑弃，悖德也；口舌弃，离亲也；盗窃弃，反义也；嫉妒弃，乱家也；恶疾弃，不可奉宗庙也。又《家语》有三不去。曾经三年丧不去，休云：不忘恩也；贱取贵不去，休云：不背德也；有所受无所归不去，休云：不穷穷也。休有云：丧妇长女不娶，无教戒也；世有恶疾不娶，弃于天也；世有刑人不娶，弃于人也；乱家不娶，类不正也；逆家女不娶，废人伦也，是五不娶	何休	《仪礼注疏》卷五，士昏礼第二，疏引何休云
81	天子诸侯六出	天子、诸侯后、夫人无子不出，则有六出。其天子之后虽失礼，郑云嫁于天子，虽失礼无出道，远之而已，若其无子不废，远之，后尊如故。其犯六出则废之，然就七出之中余六出，是无德行不勘教人，故无子出，能以妇道教人者，以为姆，既教女因从女向夫家也，若今时乳母者	郑玄	《仪礼注疏》卷五，士昏礼第二，疏引郑玄云

序号	律	章　　　句	律家	出　　处
82	乳母	妇人五十无子，出，不复嫁，以妇道教人。若今时乳母也	郑玄	《毛诗正义·国风·采蘋》卷一之四
83	七出·当丧而出	当丧，当舅姑之丧也。出，除丧，绝族也	郑玄	《礼记正义》卷三十二，丧服小记第十五
84	弃妻畀所赍	器皿，其本所赍物也。律：弃妻，畀所赍	郑玄	《礼记正义》卷四十三，杂记下
（五）厩关				
85	亭母马	武帝数伐匈奴，再击大宛，马死略尽，乃令天下诸亭养母马欲令其繁孳	应劭	《汉书·昭帝纪》
86	举尾走	赶，举尾走也。从走，干声。段注：《众经音义》曰：《通俗文》曰：举尾走曰撍，律文做赶马走也	许慎	《说文·走部》，段注，第71 页
87	用传出入	文帝十二年，除关，无用传，至此复置传，以七国新反，备非常也	应劭	《史记·孝景本纪》，又《汉书·景帝纪》
88	除关	武帝除关。除关禁也	服虔	《汉书·窦田灌韩传》
89	斗检封	玺节，印章，如今斗检封矣	郑玄	《周礼注疏》卷十四，地官第二
90	移过所文书	商或取货于民间无玺节者，至关，关为之玺节及传出之。其有玺节亦为之传。传如今移过所文书	郑玄	《周礼注疏》卷十五，地官司徒下第二
（六）契约				
91	契	契，大约也。从大，韧声。易曰：后世圣人易之以书契	许慎	《说文·大部》，段注，第522 页
92	券	券，契也。从刀，𠔿声。券别之书以刀判契其旁，故曰书契	许慎	《说文·刀部》，段注，第192 页

序号	律	章 句	律家	出 处
93	券书	傅别谓大手书于一札，中字别之……质剂谓两书一札，同而别之。长曰质，短曰剂。傅别质剂皆今之券书也。事异，异其名耳	郑玄	《周礼注疏》卷三，天官冢宰第一
94	券书	傅别，中别，手书也。约剂，各所持券也。故书别为辨。郑司农云傅或为付，辨读为风别之别。若今时市买，为券书以别之，各得其一，讼则案券以正之	郑玄	《周礼注疏》卷三十五，秋官司寇第五
95	券书	狱，谓相告以罪名者。剂，今券书也。使狱者各斋券书，既两券书。使入钧金，又三日，乃治之重刑也。不券书不入金，则是自服不直者也。必入金者，取其坚也。三十斤曰钧	郑玄	《周礼注疏》卷三十四，秋官司寇第五
96	判·券书	判，半分而合者，故书判为辨。郑司农云：谓若今时辞讼，有券书者为治之，辨读为别，谓别券也	郑玄	《周礼注疏》卷三十五，秋官司寇朝士
97	券书	郑司农云：质剂，月平贾也。质大贾，剂小贾。玄谓质剂者为之券藏之也。大市人民马牛之属，用长券。小市兵器珍异之物用短券	郑玄	《周礼注疏》卷十五，地官司徒下第二
98	下手书	质剂，谓两书一札而别之也，若今下手书，言保物要还矣	郑玄	《周礼注疏》卷十五，地官司徒下第二
99	赘	赘，以物质钱。从敖贝。敖者犹放。谓贝当复取之	许慎	《说文·贝部》，段注，第298页

序号	律	章　　句	律家	出　　处
100	免贷债令	武帝时始开三边，徙民屯田，皆与犁牛。后丞相御史复问有所请。今敕自上所赐与勿收责，丞相所请乃令其顾税耳	应劭	《汉书·昭帝纪》
101	王莽贷息之法	王莽时民贷以治产业者，但计赢所得受息，无过岁什一	郑玄	《周礼注疏》卷十五，地官司徒下第二

2. 事律类律章句辨析

（1）关于田土之章句。

该类共得 9 条，序号 1～9，虽零星而不成系统，但仍可局部地透视汉代关于田土陂池的法律规定，以及相关的法律解释。汉代有《田律》是可以肯定的，郑玄引律注经时就提到汉田律相当于周之《野禁》，且引用过其中的具体条文。需辨清的是，《田律》以及相关的《田令》、《水令》等有关乎田土陂池的规定，但并非所有有关乎此的法条都出自《田律》、《田令》、《水令》，如所有权制度，皇家陂池，"律名为籞"，① 许慎、应劭都作过注，谓其为"禁苑也"，即为皇家专有。"籞"，律家们虽明确说其是律中的规定，但是否出自《田律》，尚不敢肯定，具体出于何律，有待进一步考证。

秦汉确立了土地私有制，从律注中也得到了反映。为防止土地兼并破坏小土地私有制，汉代律令时有抑制兼并之文，对"兼并"一语，文颖作了注解，"兼并者，食禄之家不得治产，兼取小民之利；商人虽富，不得复兼并畜田宅，作客耕农也。"

---

① 《汉书》卷八《宣帝纪》注引苏林曰："折竹以绳绵连禁御，使人不得往来，律名为籞。"中华书局，1983，第 249 页。

　　这部分律注，还涉及到了土地耕作制度。《汉律》有"疁田茠草"之规定，按许氏之注，是指当时存在的"烧种"制度。《汉令》有"解衣而耕谓之襄"的条文，襄有辅佐之义，或许说的是当时的庸耕制度。天子有"躬耕"之制，虽贵居九五之尊，仍应率耕"籍田千亩"，以示对农业的重视。

　　（2）关于金布之章句。

　　此类律注共20条，序号10～29。汉有金布律、金布令，是关于金钱铸造、仓库管理、布帛及官府财物、造作程品等方面的法律规定。《晋书·刑法志》说：金布律"有毁亡失县官财物"，"有罚赎入责以呈黄金为价"诸目。《汉书·萧望之传》注引颜师古曰："金布者令，篇名也。其上有府库金钱布帛之事。"研究这类律注，可以帮助我们了解如下几个问题。

　　①金钱铸造的沿革和相关知识。依法铸造的钱币称"法钱"。① 汉初承秦制，铸用"八铢钱"，后改行"荚钱"。高后执政二年（公元前186年），复行八铢钱，六年（公元前182年），又改行荚钱。文帝四年（公元前176年），废"盗铸钱令"，允许民间私铸，国家所铸钱称"四铢钱"，又叫"半两钱"。到景帝中元六年又定"铸钱伪黄金弃市律"，禁止民间私铸。武帝时又禁半两钱，新铸"赤仄钱"、"皮币"、"白金"，并规定黄金的铸造形制为"麟趾褭蹏"，唐人常于地下掘得"马蹄金"，恐为其遗物。② 除了这些普遍流通的钱币外，律注还反映出，汉天子使用的乃为特殊币种，有"少府禁钱"、"水衡钱"等，故应

---

① 《汉书》卷二四《食货志》颜师古注曰："法钱，依法之钱也。"中华书局，1983，第1154页。

② 《汉书》卷六《武帝纪》颜师古注曰："武帝欲表祥瑞，故改铸为麟足马蹄之形以易旧法耳。今人往往于地中得马蹄金，金甚精好，而形制巧妙。"中华书局，1983，第206页。

劭注曰："水衡与少府皆天子私藏耳"。此外，律注对钱币的别名、重量、制作材料等，都做了解释。如文帝时的"四铢钱"，郑氏注曰："其文为半两，实（为）〔重〕四铢也"；应劭进一步说"时钱重四铢，法钱百枚，当重一斤十六铢"，即对重量所作注释。又如应劭说"以白鹿皮为币"，"造银锡为白金"，即对材料所作注释。

②府库管理的问题。府库管理之"椟"。《金布令》规定，军士"不幸死，死所为椟，传归所居县，赐以衣棺"，[①] 此处的椟，又叫"椟"。按应劭的注释，就是小棺材，军士阵亡，用以敛尸，送回家乡后，再由所在县换大棺下葬。

府库管理之"赗"。依郑玄引郑司农之注可知，与"椟"相比，"赗"为大棺材，是《公令》中的规定，一以供应那些因公去世的官吏，称"法赗"；[②] 一以补助"一室二尸"的丧家，叫做"赗补"，有社会救济的性质。

汉代的"揭橥"制，当与仓库管理之律令有关。从郑玄引郑司农之注能够看出，揭橥即周之"置楬"，对那些"死于道路"的人，官府应负责埋葬，并在当地官衙设"楬"（即公示牌），书写死者的死亡时间，悬挂其衣服"任器"，等待其亲属前来辨认。[③]

遗失物处理与官府赏钱等问题，恐与仓库律令也有关。郑玄引郑司农注说，对拾得的遗物和六畜，拾者应交到乡亭县廷，官府公告十日，以待失主前来认领；超期无人认领，大的归公，小的归拾者。许慎注说，官府对捕得豺貙者，奖赏百钱，在《汉

① 《汉书》卷一下《高帝纪下》注臣瓒引汉律，中华书局，1983，第65页。
② 《汉书》卷七七《何并传》，中华书局，1983，第3268页。
③ 《周礼注疏》卷三六《秋官司寇下第五》。

律》中，"赏"字写作"购"。

③计量、造作规程的问题。汉代对此多以"章程"、"程品"的法律形式加以规范。"程者，权衡丈尺斗斛之平法也"，①"百工为器物，皆有尺寸斤两斛斗轻重之宜"。②由于其与官府财物紧密相关，故置之于"金布"类。对这类问题，律家亦有注。如计量规程，郑玄注"石，百二十斤"；造作规程，许慎注"《汉律》名船方长为舳舻"，参考段注可知，"长"当作"丈"字，"盖汉时计船以丈，每方丈为一舳舻也"，若造御船而体积不合规格，造作者将被诋以"不敬"罪。③

（3）租赋力役类章句。

该类律注共 28 条，序号 30～57。律家于这一方面的注释，较为详尽。故能分类综述之。

①租赋。汉时的"租"与"赋"是通用的。故许慎说："租，田赋也"。由律注可见，当时的租赋有很多种类，通行的税种有人头税和财产税。

人头税叫"算赋"。15～56 岁的人，每人每年出一百二十钱，服虔注为"百二十七钱"，与应劭注矛盾，当是笔误。因服为汉人，焉能不知算钱多少？商人与奴婢"倍算"，即出二百四十钱。征收算赋始于汉高祖四年（公元前 203 年）。

财物税因征收对象不同而不同。有土地者，以土地数量为标准收税，即"田赋"，又称"敛民钱"，征收实物；有房屋"船乘畜产奴婢等，皆平作钱数，每千钱一算，出一等，贾人倍

① 《汉书》卷一下《高帝纪》注引如淳曰，中华书局，1983，第81页。
② 《汉书》卷四二《任敖传》注引如淳曰，中华书局，1983，第2098页。
③ 《说文解字段注》，第427页。

之"，① 即一般人每千钱出一百二十钱，商人每一千钱则出二百四十钱，按财产数量交税，叫"缗钱"，以货币缴纳，依许慎之注，缗写作"鏐"字。

征收办法为，每年八月对全国人数、财物进行统计，制成"簿书"，② 作为征收依据，叫做"八月案比"。缴纳实物者，以"棐"、"筲"为计量单位。《汉书·食货志》称"赋入贡棐。""棐"是椭圆形的竹器；"筲"是方形小筐，其规格在汉律令中均有规定。

律注还反映汉有免赋的规定，"贵与老幼废疾，皆弛舍无赋。"

官贵。"吏有复除"。宗室、关内侯复除。从应劭对高祖五年的一道诏令的注释可知，有官大夫、五大夫、不更、簪袅、上造、公士爵位的，也可免赋。③ 由郑玄注又可看出，五大夫至关内侯与六百石到二千石官之嫡子，亦在复除之列。

老幼。持有王杖之人，要免除赋税。56 岁以上、15 岁以下者免赋。

废疾。"谓若今癃不可事者，复之。"

需要国家救济的"冗食"之人。

越人不贡不酎。

此外，还有一些特殊税种。如马口钱，盐税，酒税等。尤需一提的是地方上缴的特种税，在许慎注中三见："《汉律》，会稽郡献鲒（即蚌）酱二斗。""《汉律》，会稽献蓤（即煎朱萸）一斗。"南郡蛮夷献賨布为赋。

---

① 《史记》卷一二二《酷吏列传》正义，中华书局，1983，第 3140 页。
② 《周礼注疏》卷一一《地官司徒第二》掌节，贾公彦疏。
③ 《汉书》卷一下《高帝纪下》注引应劭曰，中华书局，1983，第 69 页。

②力役。此类律注显示，汉人从 23 岁开始为国家承担劳役义务。其种类有繇戍（即过更）、卒更、践更等，详见本章第一节《律说》。在此有几个知识点需要重申。

名籍。国家关于服役男丁的名册。"律，年二十三傅之畴官。"

老弱。未满 23 为弱，不著于名籍，已满 56 为老，免去劳役。"未二十三为弱，过五十六为老。"

变化。景帝时将著于名籍的时间提前为 20 岁，"令天下男子二十始傅"。① 但是否从 20 岁开始就承担力役，还有待进一步考究。很可能只是在名籍上登记，等到 23 岁后才开始服役，可参考孟康注："古者二十而傅，三年耕而有一年储，故二十三而后役之。"②

（4）关于户婚之章句。

此类律注共 27 条，序号 58～84。汉律之户婚，相当于我们今天所说的婚姻家庭制度。律家对这部分作的注释，可分两类来考察。

①关于户。律家对家庭、亲属的称谓及范围、女性在家庭中的地位、子女的财产权等问题，均作了注释。汉代家庭以"户版"为法律上的标志，又叫"乡户籍"。关于亲属之注，涉及三族、六亲、九族、民母、大父母、内外公孙耳孙等概念，对此的注解，堪谓详尽。如"耳孙"，应劭注云："耳孙者，玄孙之子也。言其曾高益远，但耳闻之也。"言简意赅、览者自明其义，若不借助律注，根本无法用望文思义的办法来推知。"三从"最能反映汉代女性在家庭中的地位，"妇人，从人者也。幼从父

---

① 《汉书》卷五《景帝纪》，中华书局，1983，第 141 页。
② 《汉书》卷一上《高帝纪上》注文，中华书局，1983，第 37 页。

兄，嫁从夫，夫死从子。"何为"从"？郑玄注"谓顺其教令。"此外，郑玄对"人子之法"的注释，反映了汉代子女在家庭中没有财产支配权，未入仕之前，"不专家财也"；即便入仕后，要将财物送人，"亦当必称父兄以将遗之"，不得自专，以彰孝悌之道。①

②关于婚。其一，结婚。从律注可看出几点：

汉代女子出嫁叫"归"，且有年龄限制，当在十五岁前出嫁，并以戴笄为可以出嫁的标志，郑玄曰："男二十而冠，女许嫁而笄。"如及笄后仍未嫁出，要出五倍的人头税，惠帝六年（公元前189年）诏"女子年十五以上至三十不嫁，五算"，② 实为刺激早婚的法令。

亲迎。男方在婚礼中，要用辎车迎接新娘，乃汉平帝元始三年（公元前36）后的婚姻制度，为刘歆等人所定。

赘婿。除正常的婚姻形式外，汉代还有特殊的入赘婚，按应劭、何休之注，家贫子壮则出赘，"出作赘婿也"。

禁婚。汉代还有关于婚姻的限制条件。按律注可知，有"同姓不婚"、五不娶等。五不娶中有恶疾不娶？何休注云："恶疾，谓瘖聋盲疠秃跛偏，不逮人伦之属也。"

其二，离婚。汉代离婚叫"来归"，离婚原则有"七出三不去"，天子诸侯只能"六出"，因其不能以"无子"的理由出妻。普通女子年满50仍"无子"，丈夫可将其休掉。离婚时，妻子可以将其带来的嫁妆财物带走，即"弃妻，畀所赍"。离婚后，不再嫁，以妇德教人，汉时称为"乳母"。如果女子在公婆丧期中为丈夫所休，则无需为公婆服丧。

---

① 《礼记正义》卷八《檀弓上第三》，贾公彦疏。
② 《汉书》卷二《惠帝纪》，中华书局，1983，第91页。

（5）厩关。

该类律章句共6条，序号85～90。"魏新律序略云，秦世旧有厩置乘传副车食厩，汉初承秦不改。"① 汉关津乘传之事，多与厩律有涉，故置诸于一目。

对厩律之马政，律家注释不多，仅见"亭母马"、"赶马走"2条，且语焉不详。如"亭母马"，应劭注为"武帝数伐匈奴，再击大宛，马死略尽，乃令天下诸亭养母马欲令其繁孳。"孟康则注为，"旧马高五尺六寸齿未平……皆不得出关。"两种注释有矛盾。② 之所以律家对这方面关注不够，恐与当时的立法状况有关。诚如《晋书·刑法志》所说："故后汉但设骑置，而无车马律。"既无这方面的立法，相应的法律解释自然减少。

律家对关津之注，相对较详。由律章句得知，汉代有关传制度，凡过关津者，须持有"传"才能通过，"传"是一种文书，汉时又叫"移过所文书"；通商者过关，所持文书更有特殊要求，称"斗检封"。"案汉法：斗检封，其形方，上有封检，其内有书，则周时印章，上书其物识事而已，云使人执之以通商者。"③ 西汉之初，即有严密的关传制度。至文帝十二年（公元前168）废，"除关，无用传"。景帝四年（公元前153），后九月，"复置诸关，用传出入。"④ 武帝时，又"除关禁"。之后的情况，律注中则无反映了。

（6）契约。

该类律注共11条，序号91～101。

① 《晋书》卷三〇《刑法志》，中华书局，1983，第924页。
② 对这一矛盾，颜师古作过解释："亭母马，应说是。"认为应劭的注释是对的。见《汉书》卷七《昭帝纪》注，中华书局，1983，第222页。
③ 《周礼注疏》卷一四《地官司徒下第二》，贾公彦疏。
④ 《汉书》卷五《景帝纪》，中华书局，1983，第143页。

汉代"契"、"券"可以互通。许慎注云："券，契也。"俩字皆有刀，说明当时的契约是一种用勘合法去证明的半书形式，即所谓"判"，郑玄谓"判，半分而合者，故书判为辨"。用刀将契券从中剖开，双方各执一半，需要比对时，将左右两半合在一起，真伪立见。①

汉律章句告知我们，汉代的契约有买卖、借贷、担保、质押等种类。

①"券书"。买卖契约。郑玄注曰："若今时市买，为券书以别之，各得其一，讼则案券以正之。"郑氏对券书一语之注多达5处，要其义有三：首先，券书为半书形式，"半分而合"；其次，相当于西周的傅别。"傅别质剂皆今之券书也。事异，异其名耳"；第三，在狱讼中具有重要的证据意义。狱讼双方都要交券书、入钧金（30斤铜），不交券书、钧金，便是"自服不直"，承担败诉后果。

②下手书。担保契约。郑玄注："质剂，谓两书一札而别之也，若今下手书，言保物要还矣。"此即指担保契约。对此，贾公彦疏曰："郑云若今下手书者，汉时下手书，即令画指券，与古质剂同也。"② 需辨明的是，郑氏说周之"质剂"，既像汉之"券书"，又像汉之"下手书"，说明周代契约尚为笼统，"质剂"既可指买卖契约，又可指担保契约。

③赘。此字在汉时，意为质押。许慎注曰："赘，以物质钱。从敖贝。敖者犹放。谓贝当复取之。"引伸出赘婿，即以人为质，若干年后当返祖归宗。故段玉裁说："若今人之抵押也。汉《严助传》卖爵赘子。以名赘子，三年不能赎，遂为奴

---

① 此处参考了田涛先生《第二法门》"说契"中的观点。法律出版社，2004，第59页。
② 《周礼注疏》卷一四《地官司徒下第二》，贾公彦疏。

婢……史汉云赘婿，此为联属之称。"又说："放者当复还，赘者当复赎，其义一也。"①

④书契。许慎曰："券别之书以刀判契其旁，故曰书契。"此"书契"，或为汉时借贷契约之名。从律注还可看到，汉之借贷契约可分两大类。一为官贷。应劭注汉武帝时曾贷耕牛与民，并不收债利。一为民贷。郑玄注王莽时民间借贷的利息不得超过十分之一。

（六）职官类律章句

1. 职官类律章句拾遗

查经史及《说文》，郑玄、应劭、许慎、何休、文颖、服虔六家关于职官之注，凡得 109 条，列表 4-2 于下。

表 4-2　职官类律章句

序号	律	章　句	律家	出　处
（一）官爵				
1	陛下	陛者，升堂之陛。王者必有执兵陈于阶陛之侧，群臣与至尊言，不敢指斥，故呼在陛下者而告之，因卑以达尊之意也。若今殿下、阁下、侍者、执事，皆此类也	应劭	《汉书·高帝纪下》又见《史记·田叔列传》正义
2	玺	玺，信也，古者尊卑共之。《左传》襄公在楚，季武子使公冶问玺书，追而与之。秦汉尊者以为信，群下乃避之	应劭	《汉书·高帝纪上》

---

① 《说文解字段注》，第 298 页。

序号	律	章　句	律家	出　处
3	寺	寺，廷也，有法度者也。从寸	许慎	《说文·寸部》，段注，第127页
4	守	守，守官也。从宀，从寸。从宀，寺府之事也。从寸，法度也	许慎	《说文·宀部》，段注，第360页
5	丞相	丞者，承也。相者，助也	应劭	《汉书·百官公卿表》
6	太尉	自上安下曰尉，武官悉以为称	应劭	《史记·高祖本纪》集解，又见《汉书·百官公卿表》
7	御史大夫	侍御史之率，故称大夫云	应劭	《汉书·百官公卿表》
8	太傅	古官。傅者，覆也	应劭	《史记·孝文本纪》集解
9	大司马	司马，主武也，诸武官亦以为号。《资治通鉴》注引《汉官仪》曰：时议者以为军中有侯司马，故加"大"为大司马以别异之。自此票骑将军同大将军品秩，位亚丞相	应劭	《汉书·百官公卿表》，又见《资治通鉴》卷十七，武帝元狩四年条注引
10	太常	常，典也，掌典三礼也	应劭	《汉书·百官公卿表》
11	太常	则唐虞历三代以宗官典国之礼与其祭祀，汉太常是也	郑玄	《周礼注疏》卷十七，春官宗伯第三
12	太仆	周穆王所置，盖大御众仆之长也	应劭	《资治通鉴》卷九，高祖元年
13	挏马令	主乳马，取其汁挏治之，味酢可饮，因以名官也	应劭	《汉书·百官公卿表》
14	计相	张苍：迁为计相……领主郡国上计者。文注：以能计，故号为计相	文颖	《汉书·张周赵任申屠传》
15	廷尉	听狱必质诸朝廷，与众共之，兵狱同制，故称廷尉	应劭	《汉书·百官公卿表》

序号	律	章　句	律家	出　处
16	廷尉之平正丞	成狱辞，史以狱成告于正，正听之。郑注：史，司寇吏也。正于周，乡师之属，今汉有平、正、丞，秦所置	郑玄	《礼记正义》卷十三，王制第五
17	太子门大夫、庶子	员五人，秩六百石	应劭	《汉书·百官公卿表》
18	尉氏	古狱官曰尉氏，郑之别狱也	应劭	《汉书·地理志》
19	侍中	入侍天子，故曰侍中	应劭	《汉书·百官公卿表》
20	宗正	周成王时，彤伯入为宗正	应劭	《史记·孝文本纪》集解
21	执金吾	吾者，御也，掌执金革以御非常	应劭	《汉书·百官公卿表》
22	执金吾等	郑司农云：小司寇为王道辟除奸人也。若今时执金吾下至令尉奉引矣	郑玄	《周礼注疏》卷三十五，秋官司寇第五
23	掌故	掌故，百石吏，主故事。《汉旧仪》云：太常博士弟子试射策，中甲科补郎，中乙科补掌故	应劭	《史记·晁错列传》集解
24	太常掌故	百石卒吏	服虔	《史记·晁错列传》索隐
25	孝子郎	冯唐以孝著，为中郎署长。应劭注：此云孝子郎也	应劭	《史记·冯唐列传》集解
26	宦官尚食比郎中	宦官，阉寺也。尚，主也。旧有五尚。尚冠、尚帐、尚衣、尚席亦是	应劭	《汉书·惠帝纪》
27	中傅	中傅，宦者也	应劭	《汉书·武帝纪》
28	执楯，执戟，武士，驺比外郎	执楯、执戟，亲近陛卫也。武士，力士也，高祖使武士缚韩信是也。驺，驺骑也	应劭	《汉书·惠帝纪》

续表 4－2

序号	律	章　　句	律家	出　　处
29	典客	典客，今大鸿胪也	应劭	《汉书·高后纪》
30	典客	郊庙行礼傧九宾，鸿声胪传也	应劭	《汉书·百官公卿表》
31	栘中监	栘，地名。监，其官也，掌鞍马鹰犬射猎之具	应劭	《汉书·昭帝纪》
32	待诏	诸以材技征召，未有正官，故曰待诏	应劭	《汉书·哀帝纪》
33	闾师	平帝元始元年置闾师。应劭注：《周礼》闾师掌四郊之民，时其征赋也	应劭	《汉书·平帝纪》
34	职志	掌主职也	应劭	《汉书·张苍传》
35	祭酒	礼饮酒必祭，示有先也，故称祭酒，尊之也	应劭	《汉书·伍被传》
36	戌曹士	莽自以为土行，故使太傅置戌曹士。士，掾也	应劭	《汉书·王莽传中》
37	大谁卒	在司马店门掌欢呵者也	应劭	《汉书·五行志》
38	大谁卒	卫士之师也，著樊哙冠	服虔	《汉书·五行志》
39	中盾	中盾主周卫徼道，秩四百石	应劭	《汉书·百官公卿表》
40	将行	皇后卿也	应劭	《汉书·百官公卿表》
41	水衡都尉	古山林之官曰衡。掌诸池苑，故称水衡	应劭	《汉书·百官公卿表》
42	护乌桓校尉、护羌校尉	汉官，护乌桓、护羌校尉，比二千石，拥节；长史一人，司马二人，皆六百石	应劭	《资治通鉴》卷四十二，光武帝建武六年
43	光禄勋	《太平御览》卷二三九引应劭《汉官仪》曰：光，明也；禄，爵也。言光禄典郎谒诸虎贲羽林，举不妄得，赏不失劳，故曰光禄勋	应劭	《风俗通义》卷七，《穷通》王利器注引

序号	律	章　　句	律家	出　　处
44	秘祝	秘祝之官，移过于下，国家讳之，故曰秘也	应劭	《汉书·文帝纪》
45	尚书	会，大计也。司会主天下之大计，计官之长，若今尚书	郑玄	《周礼注疏》卷一，天官冢宰第一
46	尚书作诏文	御史"掌赞书。"郑注：王有命，当以书致之，则赞为辞，若今尚书作诏文	郑玄	《周礼注疏》卷二十七，春官宗伯下第三
47	符玺郎	瑞，节信也。典瑞，若今符玺郎。贾疏：典瑞若今符节郎者，郑意周时典瑞似汉时符玺郎，故举汉法况之	郑玄	《周礼注疏》卷十七，春官宗伯第三
48	主吏	萧何为主吏，主进。郑注：主赋敛礼钱也	郑玄	《史记·高祖本纪》索隐郑氏云
49	主吏	主赋敛礼进，为之帅	文颖	《史记·高祖本纪》集解
50	督邮	三公若有邦事，（乡士）则为之前驱而辟，其丧亦如之。郑注：郑司农云：乡士为三公道也，若今时三公出城郡督邮盗贼道也	郑玄	《周礼注疏》卷三十五，秋官司寇第五·乡士
51	次金叙	郑注：比，校治道路者名，若今次金叙大功。贾疏：谓汉时主役之官，官名次金叙，主以丈民赋功。今俗本多误为次叙大功也	郑玄	《周礼注疏》卷三十六，秋官司寇下第五
52	绣衣直指侍御史	指事而行，无阿私也	服虔	《汉书·百官公卿表》
53	刺史	秦时御史监郡，若今刺史	文颖	《史记·高祖本纪》集解
54	射声校尉	工射者也。冥冥中闻声则中之，因以为名也	服虔	《汉书·百官公卿表》

序号	律	章　　　句	律家	出　　　处
55	主傅	服虔曰：主傅，主之官也。如淳曰：礼有傅姆	服虔	《资治通鉴》卷二十二，武帝后元二年条注引
56	大行	大行，官名也	文颖	《汉书·霍光金日磾传》
57	尉史	尉史，尉部史也	文颖	《汉书·赵尹韩张两王传》
58	廱太宰	太常下有廱、太宰、太祝令丞。文注：廱，主熟食官	文颖	《汉书·百官公卿表上》
59	舍人	主厩内小吏，官名也	文颖	《汉书·高帝纪上》
60	征事	征事，丞相官属，位差尊，掾属也。《资治通鉴》注引张晏曰：《汉仪注》：征事比六百石，皆故吏二千石不以赃罪免者为征事，绛衣奉贺正月	文颖	《汉书·昭帝纪》，《资治通鉴》卷二十三，昭帝元凤元年注引
61	啬夫	啬，爱濇也。从来从亩，来者亩而臧之，故田夫谓之啬夫。段注：汉制：十亭一乡，乡有三老，秩、啬夫、游徼，皆少吏之属	许慎	《说文·啬部》，段注，第250页
62	求盗	求盗者，亭卒。旧时亭有两卒，一为亭父，掌开闭扫除。一为求盗，掌逐捕盗贼	应劭	《史记·高祖本纪》集解
63	求盗	旧亭卒名为"弩父"，陈、楚谓之"亭部"，淮、泗谓之"求盗"也	应劭	《史记高祖本纪》索隐，又见《汉书·高帝纪》
64	私官	私官，皇后之官也	服虔	《汉书·张汤传》
65	织室令史	旧时有东西织室，织作文绣郊庙之服。令史，其主者吏	应劭	《汉书·宣帝纪》
66	待诏	郡国献女未御见，须命于掖庭，故曰待诏。王樯，王氏女，名樯，字昭君	应劭	《汉书·元帝纪》
67	增成舍	后宫有八区，增成第三也	应劭	《汉书·外戚传下》

序号	律	章　　句	律家	出　　处
68	六宫之法	六宫，谓后也。妇人称寝曰宫，隐蔽之言。后象王，立六宫而设之，亦正寝一，燕寝五，夫人以下，分居后之六宫。每宫九嫔一人，世妇三人，女御九人；其余九嫔三人，世妇九人，女御二十七人，从后唯所燕息焉。夫人如三公，从容论妇礼，此礼所谓'以时御叙于王所'者也	郑玄	《资治通鉴》卷五十四，桓帝延熹二年条
69	御群妃之法	凡群妃御见之法，月与后妃其象也，卑者宜先，尊者宜后。女御八十一人当九夕，世妇二十七人当三夕，九嫔九人当一夕，三夫人当一夕，后当一夕，十五日而遍。自望后反之	郑玄	《资治通鉴》卷五十四，桓帝延熹二年
70	通侯	旧曰彻侯，避武帝讳曰通侯。通亦彻也。通者，言其功德通于王室也	应劭	《汉书·高帝纪下》
71	贰道左右中侯	贰道凡侯，车驾出还，贰道侯持麾至宫门，门乃开	应劭	《汉书·百官公卿表》
72	国大夫	即官大夫也，爵第六级	文颖	《汉书·樊郦滕灌傅靳周传》
73	列大夫	即公大夫也，爵第七级	文颖	《汉书·樊郦滕灌傅靳周传》
74	子男之地	五命赐则。郑注：郑司农云：则者，法也，出为子男。玄谓：地未成国之名。王之下大夫，四命出封加一等，五命赐之以方百里二百里之地者，方三百里以上为成国。王莽时以二十五成为则，方五十里。合今俗说子男之地。独刘子骏等识古有此制焉	郑玄	《周礼注疏》卷十八，春官宗伯第三

序号	律	章　　句	律家	出　　处
（二）选任				
75	试吏	高祖，及壮，试吏。应注：试用补吏	应劭	《汉书·高帝纪上》
76	诏书除吏	大国三卿，皆命于天子。……次国三卿，二卿命于天子，一卿命于其君。……小国二卿，皆命于其君。郑注：命于天子者，天子选用之，如今诏书除吏矣	郑玄	《礼记正义》卷十一，王制，第五
77	征召以檄	檄，尺二书，从木，敫声。段注：李贤注《光武纪》曰：《说文》以木简为书，长尺二寸，谓之檄，以征召也	许慎	《说文·木部》，段注，第281 页
78	册	册，符命也，诸侯进受于王者也。象其札一长一短，中有二编之形。段注：蔡氏云，长者一尺，短者半之，此汉法如是	许慎	《说文·册部》，段注，第90 页
79	察举	书其能者，举其良者，而以告于上。郑注：良犹善也。上谓小宰大宰也。郑司农云若今时举孝廉、贤良方正、茂才异等	郑玄	《周礼注疏》卷三，天官冢宰第一
80	察举	三年则大比，考其德行道艺，而兴贤者、能者。郑注：贤者，有德行者。能者，有道艺者。……郑司农云：兴贤者，谓若今举孝廉；兴能者谓若今举茂才	郑玄	《周礼注疏》卷十二，地官司徒第二
81	任子令	刘向（字更生）年十二，以父德（地节中封阳城侯）任为辇郎。注：父保任其子为郎也。辇郎，如今引辇郎也	服虔	《汉书·楚元王传》

序号	律	章　句	律家	出　处
82	訾官令	后元三年令注：古者疾吏之贪，衣食足知荣辱，限訾十算乃得为吏。十算，十万也。贾人有财不得为吏，廉士无訾又不得宦，故减訾四算得宦矣	应劭	《汉书·景帝纪》
83	伍长	能得著甲五人者，使得隶役五家也	服虔	《汉书·刑法志》
84	优繇	优繇，不仕也	郑玄	《汉书·叙传》

（三）供职与考核

序号	律	章　句	律家	出　处
85	朝律	建，立朝律也。从聿从廴。段注：今谓凡竖立为建，许云立朝律也，此必古义，今未考出	许慎	《说文·廴部》，段注，第81页
86	朝请	请，谒也。从言，青声。段注：《周礼》春朝秋觐，汉改为春朝秋请	许慎	《说文·言部》，段注，第94页
87	秋请	冬当断狱，秋先请择其轻重也	应劭	《史记·吴王濞列传》集解
88	朝觐	诸侯春见曰朝，受挚于朝，受享于庙，生气文也。秋见曰觐，一受之于庙，杀气质也。朝者位于内朝而序进；觐者位于庙门外而序入，王南面立于依宁而受焉	郑玄	《礼记正义》卷四，曲礼下第二
89	朝律·朝服	诸侯之朝服，缁衣、羔裘、大烛而息，民则有黄衣狐裘。今以朝服、燕祭服朝，是其好洁衣服也。先言燕，后言朝，见君之志不能自强于政治	郑玄	《毛诗正义·国风·羔裘》卷七之二

序号	律	章　句	律家	出　处
90	朝律·飨	钟鼓既设，一朝飨之。郑笺云：大饮宾曰飨一朝，犹早朝	郑玄	《毛诗正义·小雅·彤弓》卷十之一
91	朝律·朝与宗	沔彼流水，朝宗于海。郑笺云：朝天子亦犹是也。诸侯春见天子曰朝，夏见曰宗	郑玄	《毛诗正义·小雅·沔水》卷十一之一
92	朝律·觐	韩侯入觐，以其介圭，入觐于朝。郑笺云：诸侯秋见天子曰觐	郑玄	《毛诗正义·大雅·韩奕》卷十八之四
93	考课·计文书	令诸侯春入贡，秋献功，王亲受之，各以其国之籍礼之。郑注：贡，六服所贡也。功，考绩之功也，秋献之，若今计文书，断以九月，其旧法	郑玄	《周礼注疏》卷三十七，秋官司寇下第五
94	上计	（大司徒）岁终，则令教官正治而治事。郑注：岁终，自周季冬也。教官，其属六十。正治，明处其文书。致事，上其计簿	郑玄	《周礼注疏》卷十，地官司徒第二
95	参互	参互考日成，以月要考月成，以岁会考岁成。郑注：参互，谓司书之要贰与职内之人职岁之出，故书互为巨	郑玄	《周礼注疏》卷六，天官冢宰下第二
96	御史本奏	凡受财者，受其贰令而书之。郑注：受财，受于职内以给公用者。贰令者，谓若今御史所写下本奏王所可者。书之，若言某月某日某甲诏书出其物若干给某官某事	郑玄	《周礼注疏》卷七，天官冢宰下第二
97	休假	（石）建为郎中令，每五日洗沐归谒亲。文注：郎五日一下	文颖	《史记·万石张叔列传》集解，又见《汉书·万石卫直周张传》

序号	律	章　句	律家	出　处
(四) 退免				
98	致仕	古者七十悬车致仕。洎,及也。天子以悬车之义及于我也	应劭	《汉书·韦贤传》
99	致仕	宅者,谓致仕者也。致仕者,去官而居宅或在国中或在野。《周礼》载师之职以宅田任近郊之地	郑玄	《仪礼注疏》卷七,士相见礼第三
100	致仕	古者七十而致仕,老于乡里,大夫名曰父师,士名曰少师,而教学焉	郑玄	《仪礼注疏》卷八,乡饮酒礼第四
101	致仕	乡先生,乡大夫也,致仕者也	郑玄	《仪礼注疏》卷十三,乡射礼第五
102	致仕	仕焉而已者,谓老若有废疾而致仕者也	郑玄	《仪礼注疏》卷三十一,丧服第一
103	致仕	大夫七十致事。郑注:致其所掌之事于君而告老	郑玄	《礼记正义》卷一,曲礼上第一
104	致仕受田	宅田,致仕者之家所受田也	郑玄	《周礼注疏》卷十三,地官司徒下第二
105	致仕	致仕,还禄位于君	何休	《春秋公羊注疏》卷十五,宣公元年
106	致仕	礼,七十悬车致仕,不言氏者,起父在也,如之者起子辟一人	何休	《春秋公羊注疏》卷四,桓公五年
107	致仕	礼:大夫七十而致事,若不得谢则必赐之几杖,行役以妇人从,适四方乘安车,自称老夫	何休	《春秋公羊注疏》卷十八,成公十五年

序号	律	章 句	律家	出 处
108	病免	谨按：《易》称：守位以仁。《尚书》：无旷庶官。《诗》云：彼君子不素餐兮。《论语》：陈力就列，不能者止。汉典，吏病百日，应免。所以恤民急病、惩俗逋慝也	应劭	《风俗通义》卷四，《过誉》
109	死后待遇	皇帝延诸侯王、宾王诸侯，皆属大鸿胪。故其薨，奏其行迹，赐与谥及哀策诔文也	应劭	《汉书·景帝纪》

2. 职官类律章句辨析

职官类律章句可以如下两方面来进行分析。

（1）关于官爵的注释较多。

①官爵注释之种类。关于官爵的注释自序号 1~74，共有 74 条，涉及官爵名称 68 种，其中绝大多数是汉代官爵，也有少数为周秦之制。中分三类。

一是注释普通职官之名，序号 1~63。分别为丞相、太尉、御史大夫、太傅、中傅、大司马、太常、太常掌故、太仆、挏马令（太仆属官）、廷尉、廷尉平、廷尉正、廷尉丞、太子门大夫、太子门庶子、尉氏、尉太史、侍中、宗正、执金吾、掌故、孝子郎、宦官五尚、执楯、执戟、武士、驺、典客、栘中监、待诏、闾师、职志、祭酒、戍曹士、大谁卒、中盾、将行、水衡都尉、乌桓都尉、护羌校尉、射声校尉、光禄勋、秘祝、尚书、符玺郎、主吏、督邮、次金叙、绣衣直指侍御史、刺史、主傅、大行、廱太宰、舍人、征事、啬夫、求盗。共 58 种。

二是注释后宫女官之名，序号 64~69，涉及官名有私官、待诏、织室内史 3 种。另有介绍六宫、群妃之说，虽不是女官之名，因不便分类，强行置于此处以供参考。

三是注释爵位名称，序号 70～74，涉及通侯、贰道左侯、贰道右侯、贰道中侯、国大夫、列大夫、子男 7 种爵位。

②官爵注释之方法。律家对官爵的注释法，大致有四种。

其一，通行之法是对职官的职掌进行注解。上自三公九卿，下职"求盗"小吏，均以此法注之。如中央主管审判的廷尉，应劭注云："听狱必质诸朝廷，与众共之，兵狱同制，故称廷尉。"对求盗则注为"掌逐捕盗贼"。

其二，对某些职官的俸禄待遇进行注解。如应劭注"汉官，护乌桓、护羌校尉，比二千石，拥节；长史一人，司马二人，皆六百石"；"中盾主周卫徼道，秩四百石"；太子门大夫、庶子"员五人，秩六百石。"服虔注云：太常掌故，"百石卒吏"。

其三，对职官名称之含义及沿革作注。义注如丞相，其义为"丞，承也。相，助也"；太尉之义在于"自上安下曰尉，武官悉以为称。"沿革注如汉之太常即周之宗官，郑玄注："则唐虞历三代以宗官典国之礼与其祭祀，汉太常是也"；汉之尚书作诏文若周之御史"掌赞书"，郑注："王有命，当以书致之，则赞为辞，若今尚书作诏文"；汉之符玺郎如周之典瑞，"典瑞，若今符玺郎。"贾疏："典瑞若今符节郎者，郑意周时典瑞似汉时符玺郎，故举汉法况之。"汉之刺史即秦之御史，文颖曰："秦时御史监郡，若今刺史。"

其四，对职官所用的特殊字词及相关律理作注。如"玺"，先秦众人皆可用之，自秦汉以后，方为皇帝印信的特指。中央执法部门九寺，之所以以寺为名，因其中有法之义理在焉，许慎曰："寺，廷也，有法度者也。从寸。"地方郡府长官之所以名

"太守"，亦有法意在焉："守，守官也。从宀，从寸。从宀，寺府之事也。从寸，法度也。"

（2）关于职官管理法的注释较为详细。

职官管理主要有职官选任、供职与考核、退免等三方面，汉代律令皆有相关规定，律家亦有相应的律注。这些注释为表中序号 75～109，共 35 条。

①职官选任。凡 10 条，序号 75～84。

依笔者收集的资料来看，律家章句对官吏选任之法所作注解，一是较为全面。除"辟除"之外，其他选官方法均有论及。有"诏书除吏"，即"征召"的任官之法；有察举中的"举孝廉"、"举茂才异等"、"举贤良方正"等；有"任子"，即二千石以上的官，上任满三年，可任其子一人为郎官，如著名目录学家刘向，就是因其父刘德在地节中封阳城侯，被任为辇郎；有"訾选"，即用钱买官。

二是注释比较深入。如诏书除吏的具体做法，在律注中有反映，如皇帝欲召某人为官，用"檄书"。何为檄书？许慎有解，"檄，尺二书，从木，敫声。"参考段玉裁注就更明白了。"李贤注《光武纪》曰：《说文》以木简为书，长尺二寸，谓之檄，以征召也。……《独断》曰：策书长二尺，以命诸侯王三公。三公以罪免，亦赐策以尺一木。"[①] 又如訾选即拿钱买官的具体数量，应劭有相应的注释，从中可见，在景帝后元三年（公元前 141 年）前，要十万钱（即"訾十算"）才能买得官做，因"贾人有财不得为吏，廉士无訾又不得宦"，故于是年改为"訾四算得宦"。

---

① 《说文解字段注》，第 281 页。

②供职与考核。凡 13 条，序号 85～97。在这部分，律注涉及了三个问题。

其一，朝律。依许慎《说文》，汉有《朝律》是可以肯定的，此为诸侯官吏"朝正会见"天子之法律。按郑玄注，可知其形成于西周，春见天子曰"朝"，秋见曰"觐"。到汉代，于名称上略有改变，春见曰"朝"，秋见曰"请"。孟康曰："律，春曰朝，秋曰请，如古诸侯朝聘也。"① 为何要改为"秋请"，应劭说是"冬当断狱，秋先请择其轻重也。"

其二，考核。"上计"是汉代考核地方官的主要办法，依照郑玄注，此法又叫"计文书"，至于具体的实施程序与方法，律注则没有详细交待。参考《上计律》则知："秋冬岁尽，各计县户口垦田，钱谷入出，上其集（计）簿。丞相以下岁诣郡，课校其功。"② 除上计外，汉代官吏还有日常的考察监管制度——"叁互"。《后汉书·蔡邕传》中将"三互"作为职官选举的籍贯限制法，"婚姻之家及两州人士不得交互为官"，这恐怕只是其中的一层意思。佐以郑玄注，"参互，谓司书之要贰与职内之人职岁之出，故书互为巨。"可知汉代官府的钱粮出入，需有三人签字，文中之"巨"，疑为"据"之误，是为"三互"法，在西周叫"参互考日成。"

其三，休假制度。汉代官吏的例行休假之法，在史料中并不多见，于此有律注一则可资推测。文颖注云："郎五日一下。"说明郎官为每五日一休的例假制度，其他官吏或当如此。征以他载可知，汉官吏有还有夏至、冬至休假，"最法当得"的"予告"假，因病而休的"赐告"假，为尊亲省丧的"宁"假等。

---

① 《史记》卷一〇六《吴王濞列传》集解，中华书局，1983，第 2823 页。
② 《后汉书》卷一一八《百官志五》注引胡广曰，中华书局，1982，第 3622 页。

③职官退免。凡12条，序号98～109。

"退"指依律退休，在汉代名为"致仕"。今日一些论著中，将"致仕"理解为当官，此乃大谬。律家关于"致仕"之注共10条，共同指出三要点：一明要义。何休云："致仕，还禄位于君。"郑玄云："致其所掌之事于君而告老。"二述年龄。70岁方能告老，若得不到天子允许，还将继续为国效劳，"若不得谢，则必赐之几杖，行役以妇人从，适四方乘安车，自称老夫。"三讲待遇。退休时，国家将赐与田宅，让其余生无衣食之忧。

"免"指因病免职。汉律规定："吏病满百日当免也。"① 对于病免，应劭作了注释。"谨按：《易》称：'守位以仁。'《尚书》：'无旷庶官。'《诗》云：'彼君子不素餐兮。'《论语》：'陈力就列，不能者止。'汉典，吏病百日，应免。所以恤民急病、惩俗逋慝也。"此注最符合引经注律之特征。

还需一提的是，汉代官吏去世后，还有相应的善后处置法。如在"事律类"提到的官吏因公死亡，由官府供应"法赗"。若诸侯王、宾王诸侯、列侯及诸侯太傅初除之官薨，由大鸿胪或其属官大行"奏其行迹，赐与谥及哀策诔文也。"（详见前述）

（七）军法类律章句

1. 军法类律章句拾遗

将与兵制、警卫、军功、军规、军备有关的律注，置于此类

---

① 《后汉书》卷六〇下《蔡邕列传》注引《前书音义》曰，中华书局，1982，第2001页。《史记》卷八《高祖本纪》集解："孟康曰：'汉律，二千石有予告、赐告。……赐告者，病满三月当免，天子优赐复其告，使得带印绶、将官属，归家治病也。'"中华书局，1983，第346页。一为百日，一为三月，不知二说孰是？

进行搜集、梳理，共得47条，列表4-3如下。

表4-3 军法类律章句

序号	律	章 句	律家	出 处
(一) 兵制				
1	吏士名藉	藉，吏士名藉也。弟，次也。言今失期当斩，就使藉弟幸得不斩，戍死者固十六七也	应劭	《汉书·陈胜项籍传》
2	司马中	司马中者，宫内门也。司马主武，兵禁之意也	应劭	《汉书·元帝纪》
3	卒伍	军法：百人为卒，五人为伍	郑玄	《礼记正义》卷六十二，燕义四十七
4	卒两伍	《军法》五人为伍，五伍为两，两司马为卒	许慎	《说文·金部》，段注，第750页
5	卫士	此民给徭役者，若今卫士矣。胥读如谞，谓其有才知，为什长。贾疏：郑云若今卫士者，卫士亦给徭役，故举汉法况之	郑玄	《周礼注疏》卷一，天官冢宰第一
6	材官	材官，有材力者	应劭	《汉书·高帝纪下》
7	材官	能引强弓弩官也	服虔	《汉书·张陈王周传》
8	蹶张	趣。趣，距也。从走，厥声。《汉令》曰：趚张百人	许慎	《说文·走部》，段注，第69~70页
9	奔命	旧时郡国皆有材官骑士以赴急难，今夷反，常兵不足以讨之，故权选取精勇。闻命奔走，故谓之奔命	应劭	《汉书·昭帝纪》
10	羽林孤儿	天有羽林大将军之星。林，喻若林之盛。羽，羽翼鸷击之意。故以名武官焉	应劭	《汉书·宣帝纪》

序号	律	章　　句	律家	出　　处
（二）警卫				
11	清宫	旧典，天子行幸所至，必遣静宫令先案行清静殿中，以虞非常	应劭	《史记·孝文本纪》集解，又见《汉书·文帝纪》
12	跸	跸，止行人不得迫王宫也	郑玄	《周礼注疏》卷十四，司徒下第二
13	填街跸	凡邦之事跸。国有事，王当出，则宫正主禁绝行者，若今时卫士填街跸也	郑玄	《周礼注疏》卷三，天官冢宰第一
14	跸	郑注：郑司农云：遮列禁人，不得令人。贾疏：释曰……跸是止行人。故云遮列禁人不得令入也	郑玄	《周礼注疏》卷二十一，春官宗伯第三
15	跸	故书跸为避。杜子春云避为辟，谓辟除奸人也。玄谓跸，止行也	郑玄	《周礼注疏》卷三十四，秋官司寇第五
16	道禁	野庐氏"掌凡道禁"。郑注：禁，谓若今绝蒙布巾、持兵杖之属。贾疏：古时禁书亡，故举汉法而言也	郑玄	《周礼注疏》卷三十六，秋官司寇下第五
17	武帐	武帐，织成为武士象也	应劭	《史记·汲黯列传》集解
18	太子得绝驰道令	驰道天子所行道也，若今之中道。《汉书·江充传》如淳注：《令乙》骑乘行驰道中	应劭	《汉书·成帝纪》
19	引籍	几其出入，均其稍食。郑注：郑司农云：几其出入，若今时宫中有罪，禁止不能出亦不得入，及无引籍不得入宫、司马殿门也	郑玄	《周礼注疏》卷三，天官冢宰第一
20	通籍	司马中者，宫内门也。司马主武，兵禁之意也。籍者，为二尺竹牒，记其年纪名字物色，悬之宫门，案省相应，乃得入也	应劭	《汉书·元帝纪》

序号	律	章　　句	律家	出　　处
21	簿籍	宫，王宫也……古之禁尽亡矣。今宫门有簿籍	郑玄	《周礼注疏》卷三十五，秋官司寇第五
22	节	节，瑞信也。守邦国者用玉节。守都鄙者用角节。使山邦者用虎节，土邦者用人节，泽邦者用龙节，门节者用符节，货赂用玺节，道路用旌节	许慎	《说文·节部》，段注，第455~456页
23	节	门间用符节，货赂用玺节，道路用旌节，皆有期以反节。郑注：符节者，如今宫中诸官诏符也；玺节者，今之印章也；旌节，今使者所拥节是也，将送者执此节以送行者，皆以道里日时课，如今邮行有程矣！以防容奸擅有所通也。凡节皆有法式藏于掌节	郑玄	《周礼注疏》卷十五，地官司徒下第二
24	无故擅入	二曰官禁。郑注：官，官府也。……官府有无故擅入	郑玄	《周礼注疏》卷三十五，秋官司寇第五
25	离载下帷	三曰国禁，郑注：国，城中也。……城门有离载下帷。贾疏：古之禁尽亡矣者，谓在《仪礼》三千条内而在亡中，故举汉法以况之。云离载下帷者，谓在车离耦，耦载而下帷，恐是奸非，故禁之	郑玄	《周礼注疏》卷三十五，秋官司寇第五

（三）军功

序号	律	章　　句	律家	出　　处
26	流虒军功爵	元朔六年六月，诏曰：今大将军仍复克获斩首虏万九千级，受爵赏而欲移卖者，无所流虒。其议为令。有司奏请置武功赏官，以宠战士。应曰：虒音移。言军吏士斩首虏，爵级多无所移与，今为置武功赏官，爵多者分与父兄子弟及卖与他人也	应劭	《汉书·武帝纪》

序号	律	章　　　句	律家	出　　　处
27	封赐	吴王劓遗诸侯书曰：能斩捕大将者，赐金五千斤，封万户；列将，三千斤，封五千户；裨将，二千斤，封二千户；二千石，千斤，封千户；皆为列侯。其以军若城邑降者，卒万人，邑万户，如得大将；人户五千，如得列将；人户三千，如得裨将；人户千，如得二千石；其小吏皆以差次受爵金。它封赐皆倍军法。服注：封赐倍汉军法	服虔	《汉书·荆燕吴传》，又见《史记·吴王濞列传》集解
（四）军规				
28	竹使符	符，竹使符也，臧在符节台，欲有所拜，召治书御史符节令发符下太尉也	应劭	《汉书·酷吏传》
29	符	符，信也。汉制以竹，长六寸，分而相合。从竹付声。段注：按许云六寸，汉书注（《孝文纪》应劭注）作五寸，未知孰是	许慎	《说文·竹部》，段注，第201页
30	铜虎符	铜虎符第一至第五，国家当发兵，遣使者至郡合符，符合乃听受之。竹使符皆以竹箭五枝长五寸，镌刻篆书，第一至第五	应劭	《史记·孝文本纪》集解，又见《汉书·文帝纪》
31	铜虎符	凡邦国之使节，山国用虎节，土国用人节，泽国用龙节，皆金也，以英荡辅之。郑注：使节，使卿大夫聘于天子诸侯行道所执之信也。山地多虎，平地多人，泽多龙，以金为节铸象焉，必自其国所多者于以相别为信明也。今汉有铜虎符	郑玄	《周礼注疏》卷十五，地官司徒下第二

序号	律	章　　句	律家	出　　处
32	铜虎符	牙璋以起军旅，以治兵守。郑注：郑司农云：牙璋琢以为牙，牙齿兵象，故以牙璋发兵，若今时以铜虎符发兵。玄谓牙璋亦王使之瑞节	郑玄	《周礼注疏》卷二十，春官宗伯第三
33	军兴法	元光五年（公元前 130 年），用军兴法诛其渠率。郑玄曰：县官征聚曰兴，今云军兴是也	郑玄	《资治通鉴》卷十八，世宗孝武皇帝元光五年条注引
34	兵车之法	兵车之法：左人持弓，右人持矛，中人御	郑玄	《毛诗正义·鲁颂·閟宫》卷二十之二
35	介者不拜	周亚夫军细柳，天子犒军不得入。依礼入后，只至中营，亚夫揖，曰：介胄之士不拜，请以军礼见。天子为动，改容式车。应劭曰：礼，介者不拜	应劭	《汉书·周亚夫传》
36	登车不式	《司马法》：登车不式，遭丧不服。服注：式，抚车之式以礼敬人也。式者，车前横木也，字或作轼	服虔	《汉书·李广苏建传》
37	犯军法	无营上犯军法，斩要	何休	《春秋公羊注疏》卷十四，文公十六年
38	逗桡	（1）逗，曲行而避敌，音豆。（2）逗，曲行避敌也，桡，顾望也，军法语也	应劭	（1）《史记·韩长孺列传》索隐 （2）《汉书·韩安国传》
39	逗桡	逗音企	服虔	《汉书·窦田灌韩传》
40	嚣欢夜行	军禁。郑注：军有嚣欢夜行之禁	郑玄	《周礼注疏》卷三十五，秋官司寇第五

序号	律	章 句	律家	出 处
41	入桀	桀，覆也，从入桀。桀，黠也。军法曰入桀曰桀。段注：入桀者，以弱胜强	许慎	《说文·桀部》，段注，第250页
（五）军备				
42	钲鼓	元始二年秋，遣执金吾侯陈茂假以钲鼓，募汝南、南阳勇敢吏士三百人，谕说江湖贼成重等二百余人皆自出，送家在所收事。应劭曰：将帅乃有钲鼓，今茂官轻兵少，又但往谕晓之耳，所以假钲鼓者，欲重其威也。钲者，铙也，似铃，柄中上下通	应劭	《汉书·平帝纪》
43	铙	谓鸣铙而退，明以整归也	郑玄	《史记·乐书第一》集解
44	铙	铙。小钲也。从金，尧声。《军法》：卒长执铙	许慎	《说文·金部》，段注，第750页
45	镯	钲也（《周礼》鼓人以金镯节鼓。郑注：镯，钲也，军行鸣之以为鼓节）。从金蜀声，军司马执镯	许慎	《说文·金部》，段注，第750页
46	铎	大铃也。从金，睪声。《军法》五人为伍，五伍为两，两司马为卒段注：说者谓军法所用金铃金舌谓之金铎。施令时所用。金铃木舌，则谓之木铎	许慎	《说文·金部》，段注，第750页
47	烽燧	边方备胡寇，作高土橹，橹上作桔皋，桔皋头兜零，以薪草置其中，常低之，有寇即火燃举之以相告，曰烽。又多积薪，寇至即燃之，以望其烟，曰燧	文颖	《汉书·贾谊传》

2. 军法类律章句辨析

（1）兵制。关此律注凡 10 条，序号 1～10。

汉代兵制比较复杂，除由丁男充任的正卒、戌卒外，还有自愿从军的募士。在律章句中，集中对两个问题作了注解。

其一，部队编制。凡在军吏士，皆有注册，称为"名籍"。军队最基层编制为"伍"，由五人组成；五个"伍"为"两"；百人为"卒"，故汉代常以"卒伍"作为对军队的代称。

其二，特殊兵种。律章句所涉之兵种有。①"卫士"。汉代 23～56 岁之男子，需服兵役两年，一年在本郡，称"正卒"；一年戌守边郡称"戌卒"，或守卫皇宫称"卫士"。所以郑玄说当时的卫士，就是"此民给徭役者"。②材官。从服虔、应劭等人的注可知，此为步卒，"能引强弓弩官也。"故又称"蹶张士"，即能用脚蹬开硬弓。许慎说其为汉令中的规定，"《汉令》曰：趹张百人。"魏晋律注家如淳说其为律中所定，"材官之多力，能脚踏强弩张之，故曰蹶张。律有蹶张士。"① 或许，其在律和令中都有规定，以致许慎与如淳才各说不一。③奔命。为材官的补充兵种。常兵不足，则"闻命奔走，故谓之奔命。"④羽林孤儿。西汉武帝时选战死军士子孙养于羽林，教以弓矢、殳、矛、戈、戟五兵，作为预备役，东汉沿置。应劭对其含义作了注解："天有羽林大将军之星。林，喻若林之盛。羽，羽翼鸷击之意。故以名武官焉。"

（2）警卫。关此律注凡 15 条，序号 11～25。

《汉仪》云："大驾行幸，使卫士填塞街巷，备非常也。"② 可见汉代的警备保卫工作，由"卫士"一类的军队承担。故将

---

① 《汉书》卷四二《申屠嘉传》注引如淳曰，中华书局，1983，第 2100 页。
② 《周礼注疏》卷三《天官冢宰第一》，贾公彦疏。

此类律注纳入军法类。

其一，皇帝出行的保卫工作。《汉旧仪》云："皇帝辇动称警，出殿则传跸，止人清道。"① 对此，律家注释了三个重要概念。①"清宫"。皇帝行幸所至之处，必先派人搜查，"必遣静宫令先案行清静殿中，以虞非常。"②"传跸"。皇帝外出，卫士要先对所行路线进行警戒，"国有事，王当出，则宫正主禁绝行者，若今时卫士填街跸也。"这种保卫措施又叫"跸"、或称"填街跸"。届时由卫士在道路两旁"绝蒙布巾、持兵杖"护驾，相当于《周礼》中的"道禁"。③"驰道"。为了更好地保护皇帝的人身安全，御驾行走有专门的"驰道"，由军士守护，其他任何人不得行走其上。汉成帝时，定"著太子得绝驰道"之令。至汉末，依应劭注，驰道又被称为"中道"。

其二，日常警卫工作。律注反映出，为了加强平常的警卫力度，汉代有相应的籍符制度。进出宫殿，需有"簿籍"（又叫"引籍"、"通籍"或"诏符"），宫、殿之门，由军人把守，故有司马门、司马殿门之称，应劭说"司马主武，兵禁之意也"，无籍而入者，治以"阑入"之罪。此外，还有一些禁止性的法律规范，如违反"官禁"而进入官府，为"无故擅入"；于城门旁，"在车离耦，耦载而下帏，恐是奸非"，为"离载下帏"，皆在禁止之列。

（3）军功。关此律注凡2条，序号26～27。

汉代军功爵先是承秦旧制，有二十级；武帝时又新定十一级军功爵。从应劭对元朔六年军功令的注释可知，在汉武帝时，"军吏士斩首虏，爵级多无所移与"，可将多出的爵位流贶他人，

---

① 《史记》卷五八《梁孝王世家》索隐，中华书局，1983，第2084页。

"分与父兄子弟及卖与他人也"。服虔对吴王濞遗诸侯书中"它封赐皆倍军法"一语的注释,为"封赐倍汉军法",由此可以看出汉代奖励军功的具体数额:能斩捕大将者,赐金二千五百斤,封五千户;列将,一千五百斤,封二千五百户;裨将,一千斤,封一千户;二千石,五百斤,封五百户:皆为列侯。其以军若城邑降者,卒万人,邑万户,如得大将;人户五千,如得列将;人户三千,如得裨将;人户千,如得二千石;其小吏皆以差次受爵金。①

(4) 军规。关此律注凡 14 条,序号 28～41。

关于军事规范的律章句,主要有这几个方面。

其一,军官的任免。从律注得知,军官的任免形式用"符"。应劭注曰:"符,竹使符也,臧在符节台,欲有所拜,召治书御史符节令发符下太尉也。"太尉是汉代仅居皇帝之下的最高军事长官,上则律注表明,军事上拜将,皆由太尉根据"竹使符"的命令而定。符之规格,许慎说是 6 寸,应劭注作 5 寸,未知孰是?

其二,发兵。为防军事长官专权,汉有兵符制度。兵符之制或始于周,名为"牙璋",至汉则名"铜虎符"。应劭注云:"铜虎符第一至第五,国家当发兵,遣使者至郡合符,符合乃听受之。"可见,兵符之一半由皇帝掌握,一半由郡府掌握,如有战事,皇帝派人持符之一半至郡,与郡府所置另一半相勘合,方能发兵,可以有效防止武官专权。唐代诗人杨炯云:"牙璋辞凤阙,铁骑绕龙城"。可见唐时仍有此制。

---

① 《汉书》卷三五《荆燕吴传》,中华书局,1983,第 1910 页。又见《史记》卷一〇六《吴王濞列传》,中华书局,1983,第 2829 页。

其三，其他军法规范。相关的军事行为规范还有："军兴法"、"兵车之法"、"介者不拜"、"登车不式"、"犯军法"、"逗桡"、"嚣欢夜行"、"入桀"等概念。尤需提到的是"逗桡"。逗桡为律中军法概念。《史记·韩长孺列传》集解引《汉书音义》曰："逗，曲行避敌也；桡，顾望。军法语也。"与应劭注可以互证。其法律后果可证之于如淳的律注："军法，行而逗留畏懦者要斩"，① 又叫"逗遛"。可旁证于《汉书·匈奴传上》："逗遛不进。"孟康注曰："律语也，谓军行顿止，稽留不进也。"还可佐证于《通鉴》："祈连知虏在前，逗遛不进，皆下吏，自杀"。②

（5）军备。关此律注凡6条，序号42~47。

律家关于军事设备之注，有"钲"、"铙"、"镯"、"铎"、"烽燧"等军法用语。由表中可知其义，毋庸赘述。

（八）狱讼类律章句

1. 狱讼类律章句拾遗

该类律注包括诉讼、证据、审判、执行四个方面，共收得章句37条，列表4-4示之。

2. 狱讼类律章句辨析

此类律章句，基本上反映了汉代诉讼审判制度的概貌，其中一些特有的注释，能帮助后人更深入地探查汉代司法制度的细节，还能纠正一些当今法史学界通行的错误看法。

---

① 《汉书》卷五二《韩安国传》注引，中华书局，1983，第2404页。
② 《资治通鉴》卷二四《汉纪一六》宣帝本始三年条。

（1）诉讼。关此律注凡16条，序号1～16。

表4-4　狱讼类律章句

序号	律	章　　　句	律家	出　　　处
（一）诉讼				
1	狱讼之别	争罪曰狱，争财曰讼	郑玄	《周礼注疏》卷十，司徒第二
2	劾	（乡士）听其狱讼，察其辞，辩其狱讼，异其死刑之罪而要之。旬而听于朝。郑注：辩、异，谓殊其文书。要之，为其罪法之要辞，如今劾也。十日乃以职事治之	郑玄	《周礼注疏》卷三十五，秋官司寇第五·乡士
3	劾	法有罪也。从力，亥声。段注：法者，谓以法施之。《广韵》曰：劾，推穷罪人也	许慎	《说文·力部》，段注，第742页
4	讼	讼，争也。从言公声，一曰歌讼	许慎	《说文·言部》，段注，第105页
5	讼	（马质）若有马讼则听之。郑注：讼谓卖买之言相负	郑玄	《周礼注疏》卷三十，夏官司马第四
6	争讼	临财毋苟得，临难毋苟免。很毋求胜，分毋求多。郑注：为伤平也。很，阋也，谓争讼也。诗云：兄弟阋于墙。很，胡懇反；胜，舒证反；分，扶问反；阋，呼历反，犹斗也；争，争斗之争，下文皆同	郑玄	《礼记正义》卷一，曲礼上，第一
7	诉	如其事曰诉，加诬曰譖	何休	《春秋公羊注疏》卷六，庄公元年
8	讦	讦，面相斥罪告讦，从言干声	许慎	《说文·言部》，段注，第105页
9	辡	辠人相与讼也。从二辛	许慎	《说文·辛部》，段注，第785页

序号	律	章　句	律家	出　处
10	上变事击鼓	（太仆）建路鼓于大寝之门外，而掌其政。以待达穷者与遽令，闻鼓声，则速逆御仆与御庶子。郑注：大寝，路寝也，其门外则内朝之中，如今宫殿端门下矣。郑司农云：穷谓穷冤失职则来击此鼓以达于王，若今时上变事击鼓矣。遽，传也，若今时驿马军书当急闻者，亦击此鼓，令闻此鼓声则速逆御仆与御庶子也	郑玄	《周礼注疏》卷三十一，夏官司马下第四
11	妇告威姑	姑。夫母也。从女，古声；威。姑也，从女戌声。《汉律》曰：妇告威姑	许慎	《说文·女部》，段注，第650、651页
12	二千石受狱	（士师）受中，谓受狱讼之成也。郑司农云：士师受中，若今二千石受其狱也。中者，刑罚之中也。故《论语》曰：刑罚不中，则民无所措手足	郑玄	《周礼注疏》卷三十五，秋官司寇第五·乡士
13	诸吏职掌举案	《百官表》诸吏得举法案劾，职如御史中丞。武帝初置，皆兼官所加，或列侯、将军、卿大夫为之，无员也	应劭	《汉书·成帝纪》
14	捕罪人	司视也，从目，从卒。今吏将目捕辠人也。段注：今，各本伪为令，今正。此以汉制明之，故曰今，汉之吏人，携带眼目捕罪人。如虞翻令能缝者，备作贼衣，以采线缝贼裙，有出市里者，吏辄擒之是也	许慎	《说文·卒部》，段注，第525页
15	法冠	张敞之弟张武为梁相，曰：且当以柱后惠文弹治之耳。"应劭曰："柱后，以铁为柱，今法冠是也，一名惠文冠	应劭	《汉书·张敞传》

序号	律	章　　句	律家	出　　处
16	法冠	仄注冠。应劭曰：今法冠是也。李奇认为又叫高山冠；师古以为既非法冠又非高山	应劭	《汉书·五行志》

（二）证据

序号	律	章　　句	律家	出　　处
17	伤	孟秋之月，有司命理赡伤，察创，视折。郑注：创之浅者曰伤	郑玄	《礼记正义》卷十六，月令第六
18	伤人	伤人见血，见血乃为伤人耳	郑玄	《周礼注疏》卷三十五，秋官司寇第五
19	伤	痎。战，见血曰伤，乱或为惛，死而复生为痎	许慎	《说文·死部》，段注，第172 页
20	痕痏	以杖手击殴人，剥其皮肤，肿起青黑而无创瘢者，律谓痕痏。遇人不以义为不直，虽见殴与殴罪同也	应劭	《汉书·薛宣传》
21	痕痏	痕，痏，殴伤也。从疒，只声。痏，痕痏也……一曰痏，瘢也	许慎	《说文·疒部》段注，第372 页
22	凶器、赃物	郑司农云，任器货赂，谓盗贼所用伤人兵器及所盗财物也，入于司兵。若今时杀伤人所用兵器，盗贼赃加责没入县官	郑玄	《周礼注疏》卷三十六，秋官司寇第五

（三）审判

序号	律	章　　句	律家	出　　处
23	听狱者	讋，狱两曹也，从㗊，在廷东也，从曰。治事者也（段：谓听狱者）	许慎	《说文·曰部》，段注，第214 页
24	鞫	鞫，穷治辠人也。段注：今法具犯人口供于前，具勘语拟罪于后。即周之读书用法，汉之以辞决罪也。鞫与穷，一语之转，故以穷治罪人释鞫	许慎	《说文·㚔部》，段注，第526 页

续表 4－4

序号	律	章　　句	律家	出　　处
25	辩	治也。从言在辡之间。段注：谓治狱也	许慎	《说文·辛部》，段注，第785页
26	辞	说也，从舌辛，舌辛犹理辜也	许慎	《说文·辛部》，段注，第785页
27	谳	议罪也。从水，献与法同意。段注：汉书云：诸狱疑于人心不厌者辄谳之是	许慎	《说文·水部》，段注，第599页
28	报	报，当辠人也，从㞋，从㚔。㞋，服辠也	许慎	《说文·㚔部》，段注，第526页
29	报	贾谊谏曰：虽黥罪日报，其势不止。注引郑氏曰：报，论	郑玄	《汉书·食货志》
30	疑狱奏谳	（讶士）凡四方之有治于士者造焉。郑注：谓谳疑辨事，先来诣，乃通之于士也。士主谓士师也，如今郡国亦时遣主者吏诣廷尉议者	郑玄	《周礼注疏》卷三十五，秋官司寇第五·讶士
31	秋请	冬当断狱，秋先请择其轻重也	应劭	《史记·吴王濞列传》集解
32	读鞫	（小司寇）以五刑听万民之狱讼，附于刑，用情讯之，至于旬，乃弊之，读书则用法。注：郑司农云：读书则用法，如今时读鞫，已乃论之。贾疏：汉时读鞫，已乃论之者。鞫谓劾囚之要辞，行刑之时读已，乃论其罪也	郑玄	《周礼注疏》卷三十五，秋官司寇第五
33	乞鞫	（朝士）凡士之治有期日。国中一旬、郊二旬、野三旬、都三月、邦国朞。期内者听，期外者不听。郑注：郑司农云：谓在期内者听，期外者不听。若今时徒，论决满三月，不得乞鞫	郑玄	《周礼注疏》卷三十五，秋官司寇第五·朝士

序号	律	章　　　句	律家	出　　　处
34	刺缀	以铁刺之	应劭	《史记·张耳陈余列传》集解
35	刺爇	以铁刺之，又烧灼之	应劭	《汉书·张耳陈余传》

（四）执行

序号	律	章　　　句	律家	出　　　处
36	右袒	郑氏注《觐礼》云：凡为礼事者左袒；若请罪待刑则右袒	郑玄	《资治通鉴》卷十三，高后八年注引
37	揭头	司烜氏：则为明竁焉。郑注：明竁，若今揭头，明书其罪法也。司烜掌明竁则罪人夜葬舆	郑玄	《周礼注疏》卷三十六，秋官司寇第五下

2. 狱讼类律章句辨析

此类律章句，基本上反映了汉代诉讼审判制度的概貌，其中一些特有的注释，能帮助后人更深入地探查汉代司法制度的细节，还能纠正一些当今法史学界通行的错误看法。

（1）诉讼。关此律注凡 16 条，序号 1～16。

汉代起诉，从性质上划分，可分为"狱"和"讼"。郑玄注："争罪曰狱，争财曰讼。"在《周礼·秋官·司寇》注中又说："狱，谓相告以罪名者"，"讼，谓以财货相告者"。狱大致相当于今日之刑事诉讼，讼则相当于民事诉讼，但又有不同。从提起诉讼的主体来划分，可分为自诉和官方纠举，应劭所注"诸吏得举法案劾"，即为后一种情形，如属公诉，有关官吏应戴"法冠"进行弹劾，以示隆重，法冠又名"柱后惠文冠"、或"仄注冠"。从诉讼形式来看，罪人互控名曰"讦"；当面对质名曰"辩"；冤屈无处申诉可直赴京师击鼓鸣冤，叫"上变事击鼓"，郑玄引郑司农注为"穷谓穷冤失职则来击此鼓以达于王，若今时上变事击鼓矣"。无论何种诉讼，皆须提供"劾辞"，相当于今天的诉状，且狱与讼的文书应有区别，"谓殊其文书。要之，为其罪法之要辞，如今劾也。十日乃以职事治之。"提交劾辞后十日，官府应开庭审理。汉代各级官府均可受理案件，二千石受理狱讼，则同于周之"士师受中"。

许慎之注表明，当时还有"妇告威姑"的诉讼限制，即媳妇不能控告公婆，乃《汉律》之规定。具体出于何律，则不能详查。

（2）证据制度。关此律注凡6条，序号17～22。

律章句中关于证据制度的注释，是现在的法律史论著言犹未及者，为拓宽当代法律史的教学、科研视野，提供了丰富的题材。

①关于"伤"的注释。郑玄两注，一曰："创之浅者曰伤"，一为"伤人见血，见血乃为伤人耳。"在法医学意义上，"伤"属于创之浅者，相当于今天所说"轻微伤"，其标准以是否出血为度。至于跌折肢骨，当是伤之重者，不在"见血"之列，郑玄未注，故贾公彦疏曰："云伤人见血，见血乃为伤人。若不见血，不为伤人也。若然，踠跌折支之等，不见血，岂得不为伤人乎？然今言见血乃为伤人者，止为蹉跌及刃物丽历应见血之等，不为余事而言。"许慎一注："见血曰伤"，与郑注可以互证。

②关于"痕、痏"的注释。是为伤人的两种不同形态。应劭、许慎皆有注，借助段玉裁注可知，应注有脱字，许注太笼统，综而观之当为：以杖手击殴人，剥其皮肤，肿起青黑而无创瘢者，律谓"痕"；其有创瘢者谓"痏"，可见痕轻而痏重。律中所定痕、痏，及相关律注，在其他史料中也能得到印证。《急

就篇》颜注云："殴人皮肤肿起曰痕，殴伤曰痏。"《文选》嵇康诗："怛若创痏"。李善引《说文》："痏，瘢也。"这些说法，都与应劭之注相合，"皆本汉律也"。①

③关于凶器与赃物的注释。由郑玄引郑司农注可以得知，盗贼所用伤人兵器，律谓"任器"，置于官府保管。盗贼所盗财物，律谓"货赂"，加倍缴纳，亦置官府保管，至唐时称为"倍脏"。②

（3）审判。关此律注凡 13 条，序号 23～35。

汉代中央之廷尉，地方之州郡县，均可听狱审判。律注表明，各级听审机构有辅助人员，名"朁"。许慎注云："朁，狱两曹也，从棘，在廷东也，从曰。治事者也。"

审判的概念有多种称呼。"审"又可称"鞠"、"辩"、"辞"、"谳"。"判"在汉时称"报"。过程中遇有疑狱，则可逐级上报，叫"疑狱奏谳"；亦可直接到中央汇报，称"秋请"。判决之后，应向当事人宣读，名曰"读鞠"，即周之"读书"。当事人不服判决，可在一定期限内上诉，为"乞鞠"，超期则不予受理。郑玄注引郑司农云："谓在期内者听，期外者不听。若今时徒，论决满三月，不得乞鞠。"由此可见，汉代被判徒刑的当事人，以三月为上诉期。被判其他刑罚的上诉期如何规定，律注没有反映。而今一些法史教材，以三个月为汉代所有案件的上诉时效，③ 有以偏概全之嫌，宜慎之。

---

① 段玉裁注："盖应注'律谓痕'下，夺去六字，当作其有创瘢者谓痏。"见《说文解字段注》，第 372 页。

② 贾公彦疏："盗贼赃加责没入县官者，其加责者，即今时倍赃也。"《周礼注疏》卷三六《秋官司寇第五》。

③ 张晋藩主编《中国法制史》："汉律所规定的乞鞠期限为三个月。"群众出版社，1982，第 166 页。叶孝信主编《中国法制史》："两汉时乞鞠以三个月为限。"北京大学出版社，2000，第 112 页。

审理过程中，可以使用刑讯。"刺爇"便是其一，见于《汉书》，《史记》中作"刺缀"。应劭注其方法为"以铁刺之，又烧灼之。"

（4）执行。关此律注凡2条，序号36～37。

关于这一环节，律章句中有两条鲜为人见的注释，可以帮助今人了解汉代刑罚的执行情况。

犯人在判决宣布后到行刑前，着装上有特殊要求。郑玄注说明了这一点："请罪待刑则右袒。"所谓"右袒"，就是脱去右边的衣袖。

犯人在执行刑罚时，要用"揭头"的方法注明其身份与罪行。郑玄又注："明橐，若今揭头，明书其罪法也"。即将罪犯姓名、罪状书写于木板之上，且加著于身以耻之。①

（九）监狱类律章句

1. 监狱类律章句拾遗

该类律章句共收得23条，见表4–5。

2. 监狱类律章句辨析

汉朝监狱数量繁多。《汉书·刑法志》载："天下狱二千所"。中央有监狱，地方郡县亦有，下至乡亭，还有被称作"犴"的监狱。在京之狱，共有二十六所。苏林曰："《汉仪注》狱二十六所，导官无狱也。"② 又有史载证明："孝武以下置中都

---

① 《周礼注疏》卷三六《秋官司寇下第五》贾公彦疏："明用刑以板书其姓名及罪状，著于身。"
② 《汉书》卷五九《张汤传》，中华书局，1983，第2643页。

表4-5 监狱类律章句

序号	律	章 句	律家	出 处
(一) 狱名				
1	狱	狱,确也。(段注:召南传曰:狱,埆也。埆同确。坚刚相持之意)从㹜,从言。二犬所以守也	许慎	《说文·㹜部》,段注,第507页
2	囹圄	囹圄,周狱名也	应劭	《汉书·礼乐志》
3	囹圄	囹,狱也,从口令声。圄,守之也,从口,吾声	许慎	《说文·口部》,段注第295页
4	圜土	圜土者,狱城也。狱必圜者规主仁以仁求其情,古之治狱闵于出之	郑玄	《周礼注疏》卷十二地官司徒第二
5	狱城圜	郑司农云:圜谓圜土也。圜土谓狱城也,今狱城圜。司圜职中言,凡圜土之刑人也,以此知圜谓圜土也。大司寇职曰:以圜土聚教罢民。贾疏:释曰:先郑所引,皆当其义,故后郑从之。但狱城圜者,东方主规,规主仁恩,凡断狱以其仁恩求出之,故圜也	郑玄	《周礼注疏》卷三十四,秋官司寇第五·司圜
6	请室	周绛侯"征系清室"。应注:请室,请罪之室,若今钟下也。《汉书·爰盎传》作"请室"	应劭	《史记·袁盎晁错列传》集解
7	掖庭	掖庭,宫人之官,有令丞,宦者为之	应劭	《汉书·宣帝纪》
8	暴室	暴室,宫人狱也。今曰薄室	应劭	《汉书·宣帝纪》
9	若庐	若庐,诏狱也	服虔	《汉书·百官公卿表》
10	别狱	囹圄,所以禁守系者,若今别狱矣	郑玄	《礼记正义》卷十五,月令第六
11	豻	乡亭之狱曰豻	服虔	《汉书·刑法志》

序号	律	章　　句	律家	出　　处
（二）狱官				
12	司隶	隶，给劳辱之役者。汉始置司隶，亦使将徒治道沟渠之徒，后稍尊之，使主府及近郡	郑玄	《周礼注疏》卷三十四，秋官司寇第五·司隶
13	狱司空	𤞤。司空也，从犾，臣声。复说狱司空	许慎	《说文·犬部》段注，第506~507页
（三）刑徒				
14	罪囚	囚，系也，从口，人在口中	许慎	《说文·口部》，段注，第295页
15	奴	玄谓奴，从坐没入县官者，男女同名贾疏：汉时名官为县官，非谓州县也	郑玄	《周礼注疏》卷三十六，秋官司寇第五
16	奚官女	古者从坐男女没入县官为奴，其少才知以为奚。今之侍史官婢或曰奚官女	郑玄	《周礼注疏》卷一，天官冢宰第一
17	罪隶	盗贼之家为奴者	郑玄	《周礼注疏》卷三十四，秋官司寇第五·罪隶
18	官男女	宫者，丈夫则割其势，女子闭于宫中，若今官男女也	郑玄	《周礼注疏》卷三十六，秋官司寇第五
19	阍人	阍人，司昏晨以启闭者。刑人墨者使守门圄御苑也	郑玄	《周礼注疏》卷一，天官冢宰第一
（四）狱具与监管				
20	桎梏	桎，足械也，所以质地，从木，至声。梏，手械也，所以告天，从木，告声	许慎	《说文·木部》，段注，第286页
21	桎梏	桎梏，今械也，在手曰梏，在足曰桎	郑玄	《礼记正义》卷十五，月令第六

序号	律	章　　句	律家	出　　处
22	私解脱	律:诸囚徒私解脱桎梏钳赭,加罪一等;为人解脱与同罪。(义)纵鞠相赂饷者二百人以为解脱死罪,尽杀之	服虔	《资治通鉴》卷十七,武帝元狩四年条注引
23	臾	束缚捽为臾曳。从申从乙。段注:束缚而牵引之谓之臾曳。凡史称瘐死狱中,皆当作此字	许慎	《说文·申部》,段注第 790~791 页

官狱 26 所,各令长名。"① 律家对监狱的注释,主要集中在四个方面。

(1) 关于监狱名称与含义的注释。凡 11 条,序号 1~11。

应劭、郑玄之注告知我们,监狱又称"囹圄"、"圜土",西周已有其名。"狱"之字形,从两犬旁,许慎解为"二犬所以守也。"其义在于拘守罪囚。故段玉裁注云:"说从犾之意。韩诗曰:宜犴宜狱,乡亭之系曰犴,朝廷曰狱。狱字从犾者,取相争之意。许云所以守者,谓陛牢拘罪之处也。"②

在中央监狱中,律注介绍了四种监狱。

① "请室"。又叫"钟下",应劭注为"请罪之室"。实际就是监狱。这可从曹魏如淳之注得到佐证。"请室,狱也,若古刑于甸师氏也。"③ 苏林说得更清楚,汉有为皇帝护驾之官——

---

① 《后汉书》卷一一五《百官志二》,中华书局,1982,第 3581 页。有学者研究,此二十六所监狱中,可考者凡十九:郡邸、暴室、上林、左右都司空、居室、京兆尹、掖庭、共工、导官、若卢、都船、寺互、内官、别火、太子家令、未央厩、北市、东市、西市。见李文彬著《中国古代监狱简史》,西北政法学院科研处 1984 年 9 月内部编印,第 23 页。

② 《说文解字段注》,第 507 页。

③ 《史记》卷一〇一《袁盎晁错列传》,中华书局,1983,第 2738 页。

"请室令"，请室乃此官属下的监狱。① 主要用来囚禁贵族官僚中有罪者。

②"掖庭"。应劭注掖庭狱，有令丞为其长，皆由宦者担任，隶属于少府，② 负责囚禁宫中妇人和女官之有罪者。又称"掖庭秘狱"。③

③"暴室"。又名"薄室"，应注其为关押有罪宫人之监狱。暴室本为进行"织作染练"的作坊，取暴晒之义为其名耳；或称薄室，"薄亦暴也"。④ 因暴室职务、人手繁多，特置监狱以关押其中的犯罪者，故此称暴室狱。依《续汉书·百官志》本注云："治其皇后贵人有罪亦就此室。"汉灵帝之宋皇后，被人构言挟左道祝诅，帝信之，收其玺绶。"后自致暴室，以忧死。"⑤ 可见，暴室是用来囚禁后妃和宫人中的有罪者，而掖庭则关押一般女官。

④"若庐"。服虔注："若庐，诏狱也。"隶属于少府。至于进一步的解释，则有两种说法，邓展认为是洛阳两狱之一，"主受亲戚妇女。"如淳引《汉仪注》认为"若庐狱令，主治库兵将相大臣。"唐颜师古比较分析后认为如淳的说法是正确的。⑥ 结合《资治通鉴》可知，若庐狱始置于西汉，东汉除省，和帝永元九年（公元 97 年）复置。⑦

---

① 《汉书》卷四八《贾谊传》注引苏林曰："音絜清。胡公《汉官》车驾出有请室令在前先驱，此官有别狱也。"中华书局，1983，第 2257 页。

② 《汉书》卷一九上《百官公卿表》："少府属官有永巷令丞，太初元年更名为掖廷。"中华书局，1983，第 730 页。

③ 《资治通鉴》卷三一《汉纪二三》成帝永始元年条记"掖庭秘狱"，"师古曰：《汉旧仪》：掖庭诏狱，令、丞，宦者为之，主理妇人、女官也。"

④ 《汉书》卷八《宣帝纪》注引师古曰，中华书局，1983，第 236 页。

⑤ 《后汉书》卷一〇下《皇后纪下》，中华书局，1982，第 448 页。

⑥ 《汉书》卷一九上《百官公卿表上》注引，中华书局，1983，第 731 页。

⑦ 《资治通鉴》卷四九《汉纪四一》安帝永初二年条注文云："前汉有若庐狱，属少府。《汉旧仪》曰：主鞠将相大臣，东都初省，和帝永元九年复置。"

关于监狱的律注，还有"别狱"这一特殊概念。郑玄曰："囹圄，所以禁守系者，若今别狱矣。"乍看似汉代某一监狱的名称，综合相关资料进行比对，才知"别狱"恐为某一类监狱之泛称，而非特指。应劭曰："古狱官曰尉氏，郑之别狱也。"① 苏林曰："胡公《汉官》车驾出有请室令在前先驱，此官有别狱也。"② 很可能是这样，某监狱在其他地方设置另一监狱，仍归其管辖，故称别狱。郑玄说，汉之别狱相当于古之囹圄；段玉裁考辨后认为，囹圄为秦狱名，在汉则名若庐，此言"别狱"，当指若庐在另地所设之狱。③ 苏林所说"请室"，盖为请室令所置之别狱。

（2）关于狱官的注释。凡2条，序号12～13。

此类律注，仅见2条。"司隶"为管治刑徒之官，汉代始置，与周之司隶职能相同。贾公颜疏曰"以汉时司隶官与周同，故举以为况也。""狱司空"为郡县监狱中的监管人员。"应劭《汉官仪》曰：绥和元年，罢御史大夫官，法周制初置司空。议者又以县道官有狱司空，故覆加大为大司空，是则汉时有大司空，有狱司空，皆主罪人，皆有治狱之责，以其辨狱也，故从犾。犾者，狱之省。"④

（3）关于刑徒的注释。凡6条，序号14～19。

介绍了"奴"、"奚官女"、"罪隶"、"官男女"、"阍人"五种。前三种乃受连坐而罚于官府服役者；后两者分别是受过宫

---

① 《汉书》卷二八上《地理志》注引，中华书局，1983，第1559页。
② 《汉书》卷四八《贾谊传》注引，中华书局，1983，第2257页。
③ 《说文解字段注》，第295页："《月令》郑注曰：囹圄，所以禁守系者，若今别狱矣。郑志崇精问曰：囹圄，何代之狱？焦氏答曰：《月令》，秦书，则秦狱名也。汉名若庐，魏曰司空。"
④ 《说文解字段注》，第506～507页，段玉裁注文。

刑、墨刑而为官府劳作者。可与《礼记》郑玄注互证："周则墨者使守门，劓者使守关，宫者使守内，刖者使守囿，髡者使守积。"①

（4）关于监管制度的注释。凡4条，序号20～23。

律注对汉代刑具，以及"私解脱"和"庚死"等监狱管理之概念，均有涉及。汉代通用刑具"桎"、"梏"，许慎、郑玄皆有注，意亦相同，"桎"为戴在脚上的刑具；"梏"为加于手上的刑具。"私解脱"为罪名（详见本章第三节罪名类）。"庚死"为律名。如淳注云："律，囚以饥寒而死曰庚。"苏林注曰："庚，病也。囚徒病，律名为庚。"② 凡囚徒因"束缚而牵引"、因饥寒、或因病痛而死于狱中，皆称"庚死"。在律令中，"庚"字写作"臾"。

（十）礼制类律章句

1. 礼制类律章句拾遗

关于礼制类律章句，笔者共收得25条，列表4－6于后。

2. 礼制类律章句辨析

秦朝"弃礼任法"，西汉始恢复礼制。自汉高祖时叔孙通立《朝仪》，演至东汉章帝时曹褒"撰次天子至于庶人冠婚吉凶终始制度，以为百五十篇"，定名《新礼》。③ 两汉制礼之事持续不断，故律家为汉礼所作之注，亦屡见于史。细加分析，可归纳为如下两个问题专予辨析。

---

① 《礼记正义》卷一一《王制第五》。
② 《资治通鉴》卷二五《汉纪一七》宣帝地节四年条注引。
③ 《后汉书》卷三五《张曹郑列传》，中华书局，1982，第1203页。

表 4–6　礼制类律章句

序号	律	章　句	律家	出　处
(一) 舆服				
1	车服	太皇太后诏，以为公孙弘节俭，衣布禁内，此可谓减于制度。《史记·平津侯主父列传》集解引应劭曰：礼，贵有常尊，衣服有常品	应劭	《史记·平津侯主父列传》集解，又见《汉书·公孙弘传》
2	车服	古者诸侯贰车九乘，秦灭九国，兼其车服，汉依秦制，故大驾属车八十一乘	应劭	《汉书·司马相如传》
3	大路	观，阙门边两观也。礼诸侯一观。大路，天子之车	应劭	《汉书·礼乐志》
4	九锡	一曰车马，二曰衣服，三曰乐器，四曰朱户，五曰纳陛，六曰虎贲百人，七曰斧钺，八曰弓矢，九曰秬鬯。此皆天子制度，尊之，故事事锡与，但数少耳	应劭	《汉书·武帝纪》
5	九锡	郑玄曰：按九锡之名，古无有也	郑玄	《资治通鉴》卷三十六，平帝元始四年
6	緢	绮丝之数也。《汉律》曰：绮丝数谓之緢，布谓之总，绶组谓之首	许慎	《说文·系部》，段注，第686页
7	缌麻	缌。十五升抽其半布也。一曰两麻一丝布也。从系，思声。段注：传曰：缌者十五升抽其半，有事其缕，无事其布曰缌，凡布幅广二尺二寸	许慎	《说文·系部》，段注，第699页
8	缦	缯无文也。从系，曼声。《汉律》曰：赐衣者缦表白裹	许慎	《说文·系部》，段注，第687页

序号	律	章　　句	律家	出　　处
（二）祭祀				
9	祠祶司命	祶，以豚祠司命也。从示比声。《汉律》曰：祠祶司命。段注：《风俗通义》曰：《周礼》司命文昌也，今民间祀司命，刻木长尺二寸为人像，行者担箧中，居者别作小屋。齐地大尊重之，汝南余郡亦多有，皆祠以月者，率以春秋之月。按月者同豬，许所谓豚也	许慎	《说文·示部》，段注，第5页
10	绛	籀文缯。从宰省。扬雄以为《汉律》祠宗庙丹书告也	许慎	《说文·系部》，段注，第685页
11	朝夕	天子春朝日，秋夕月，拜日东门之外，朝日以朝，夕月以夕	应劭	《史记·孝武本纪》集解
12	祫祭明堂	礼五年而再殷祭，壹禘壹祫。祫祭者，毁庙与未毁庙之主皆合食于太祖	应劭	《汉书·平帝纪》
13	舞宗庙之酎	郑司农云：学士谓卿大夫诸子学舞者。版，籍也，今时乡户籍，世谓之户版。大胥主此籍，以待当召聚学舞者。卿大夫诸子则按此籍以召之。汉《大乐律》曰：卑者之子不得舞宗庙之酎。除吏二千石到六百石及关内侯到五大夫子，先取適子高七尺已上，年十二到三十，颜色和顺，身材修治者以为舞人。与古用卿大夫子同义	郑玄	《周礼注疏》卷二十三，春官宗伯下第三
14	道中祠	始汉家于道中祠，排祸咎移之于行人百姓。以其不经，今止之也	文颖	《汉书·武帝纪》
15	见姅变侍祠	姅，妇人污也（谓月事及免身及伤孕皆是也）。从女，半声。《汉律》曰：见姅变不得侍祠	许慎	《说文·女部》，段注，第662页

序号	律	章　　句	律家	出　　处
16	妇谥	高皇后吕氏,生惠帝。应劭曰:礼,妇人从夫谥,故称高也	应劭	《汉书·高后纪》
17	惠	《礼·谥法》:柔质慈民曰惠	应劭	《资治通鉴》卷十二,惠帝
18	景	《礼·谥法》:布义行刚曰景	应劭	《资治通鉴》卷十五,孝景皇帝上
19	武	《礼·谥法》:威强睿德曰武	应劭	《资治通鉴》卷十七,世宗孝武皇帝
20	昭	《礼·谥法》:圣闻周达曰昭	应劭	《资治通鉴》卷二十三,孝昭皇帝
21	元	《礼·谥法》:行义悦民曰元	应劭	《资治通鉴》卷二十八,元帝
22	平	《礼·谥法》:布纲治纪曰平	应劭	《资治通鉴》卷三十五,平帝

（三）丧葬

序号	律	章　　句	律家	出　　处
23	丧葬	假于鬼神、时日、卜筮以疑众,杀。郑注:今时持丧葬筑盖嫁取卜数文书,使民倍礼违制	郑玄	《礼记正义》卷十三,王制第五
24	丘封	以爵等为丘封之度,与其树数。郑注:别尊卑也。王公曰丘,诸臣曰封。《汉律》曰:列侯坟高四丈,关内侯以下至庶人各有差	郑玄	《周礼注疏》卷二十二,春官宗伯第三

（四）嫁娶

序号	律	章　　句	律家	出　　处
25	亲迎立轺併马	元始三年春,又诏光禄大夫刘歆等杂定婚礼。四辅、公卿、大夫、博士、郎、吏家属皆以礼娶,亲迎立轺併马。服注:轺音摇,立乘小车也。併马,骊驾也	服虔	《汉书·平帝纪》

（1）汉代礼制具有明显的法律属性，可谓之"礼法"。

《汉书·礼乐志》记载："叔孙通所撰《礼仪》与律令同录，藏于理官。"颜师古注云："理官，即法官也。"可见汉时之礼仪与律令，同具法律效力，亦为广义汉律中之一类别。沈家本就说："汉礼仪多在律令中。"① 由上表可见，明确指出某礼为律中规定的注文，有7条。

①丘封之礼在《汉律》。郑玄引"《汉律》曰：列侯坟高四丈，关内侯以下至庶人各有差。"

②"卑者之子不得舞宗庙之酎"的礼，见于汉《大乐律》。

③"见娣变不得侍祠"之礼在《汉律》。

④"祠宗庙丹书告"之礼在《汉律》。

⑤"祠祀司命"之礼在《汉律》。

⑥"赐衣者缦表白裏"之礼在《汉律》。

⑦"绮丝数谓之绱，布谓之总，绶组谓之首"等丝布规格之礼在《汉律》。

这些实证资料证明，汉代之礼实即为法。根据沈家本先生的考证，其中"祠宗庙丹书告"，乃祠宗庙之礼；"祠祀司命"乃祭文昌神之礼，皆为汉初《傍章》中的规定，② 而《傍章》，即汉律体系60篇之中的18篇。正如《晋书·刑法志》所言："叔孙通益律所不及，《傍章》十八篇。"

基于礼制与律令具有相同属性和相同功用，将这些礼称为"礼法"是可以成立的。而律家为这些礼法所作之注，自可入于

---

① 章太炎：《检论》卷三《汉律考》，见刘梦溪主编《中国现代经典·章太炎卷》，河北教育出版社，1996，第185页。

② 转引自华友根《叔孙通为汉定礼乐制度及其意义》，载《学术月刊》1995年第2期，第54～55页。

律章句行列。

（2）关于礼制类律章句分类的说明。

在表中，笔者并未按人们熟悉的"五礼"分类法来分类，原因在于汉代制礼，尚未有吉、凶、军、宾、嘉的分类法，[①]故律家为礼制所作之注，只能根据资料显示的实际情况分出下述四种，与"五礼"的分类法既有相通处，又有不同点。

①舆服。此类律注凡8条，序号1~8。礼制的实质在于强调人与人之间的等级差别，故车服礼制亦在彰显差别，不同级别的人在车舆、服冕上均应有所区别。天子大驾有属车81乘以显其荣华。至于服饰冠冕，叔孙通在其所定的《汉礼器制度》中，对上自天子、诸侯、列土之君，下及庶民的服冕之质料、色彩、式样及尺寸都作了严格区分。其具体规定，从表中律章句也可得到印证。"凡冕之制皆玄上纁下。……当应以缯为之，以其前后旒用丝故也。按《汉礼器制度》广八寸，长尺六寸也。"[②]何为缯？参以许慎的律注即可详知，凡有花纹之丝布为缯，无花纹者为缦。"缦，缯无文也。从系，曼声。《汉律》曰：赐衣者缦表白裹。"[③]

②祭祀。此类律注凡14条，序号9~22。祭祀之礼，在后来晋定"五礼"时，被纳入"吉礼"中。律章句所涉祭祀礼制，有朝夕，祠祧司命，道中祠，见姅变不得侍祠，宗庙丹书告，卑

[①] "五礼"早见于《尚书·尧典》："舜修五礼。"孔安国传："修吉、凶、宾、军、嘉之礼。"但在汉代，它仅是种理论学说，未进入实践。从《汉书》之《礼乐志》、《郊祀志》，《后汉书》之《礼仪志》、《祭祀志》以及《三国志·魏书》看，整个汉魏之世，都未以"五礼"为框架来制定礼仪。直到晋代荀顗、挚虞等撰《晋礼》，始按吉、凶、军、宾、嘉五类编排，首开以"五礼"制礼之先河。参见杨志刚《中国礼仪制度研究》，华东师范大学出版社，2001，第156页。

[②] 《礼记正义》卷一一《王制第五》孔颖达《正义》曰。

[③] 《说文解字段注》，第687页。

者之子不得舞宗庙之酎，袷祭明堂等规定。尤需提到的是宗庙礼制。

宗庙是皇室祭奠祖先的场所。"自高祖下至宣帝，与太上皇、悼皇考，各自居陵旁立庙，又园中各有寝、便殿。日祭于寝，月祭于庙，时祭于便殿。"① 汉惠帝时，叔孙通受命定《宗庙仪法》、《庙乐》，其中对祭祀之时限、贡献之物品、先后之程序、伴奏之乐曲等，都作了细微的规定。② 从郑玄的注释，可以看到汉代祭祀宗庙的一些细节。如宗庙仪式中的舞蹈，须由特殊身份的人担任。"《大乐律》曰：卑者之子不得舞宗庙之酎。除吏二千石到六百石及关内侯到五大夫子，先取适子高七尺已上，年十二到三十，颜色和顺，身材修治者以为舞人。与古用卿大夫子同义。"至东汉明帝时，宗庙制度发生变化，是时所定《上陵礼》，废除了西汉以来的"陵旁立庙"之制，对祖先的祭扫典礼由宗庙迁至寝陵进行，传统的宗庙失去作用。③

宗庙礼制还包括禘祭、袷祭之礼。禘祭、袷祭，皆为祭祀祖先的礼仪，东汉光武帝命张纯议宗庙之礼时制定，具体操行方法在应劭注中有说明。"礼五年而再殷祭，壹禘壹袷。袷祭者，毁庙与未毁庙之主皆合食于太祖。"

另外，贵族薨后追封谥号，当在宗庙礼制之内。应劭对汉皇曾封"惠"、"景"、"武"、"昭"、"元"、"平"等谥号作过注解，并指出妇人从丈夫之号封谥。"礼，妇人从夫谥，故称高也。"吕雉因系高祖皇帝刘邦之妻，故谥号为"高皇后"。

---

① 《汉书》卷七三《韦贤传》，中华书局，1983，第3115页。
② 《汉书》卷四三《叔孙通传》，中华书局，1983，第2129页。另参见华友根《叔孙通为汉定礼乐制度及其意义》，载《学术月刊》1995年第2期，第53页。
③ 参见杨志刚《中国礼仪制度研究》，华东师范大学出版社，2001，第150页。

③丧葬。此类律注凡 2 条，序号 23～24。丧葬之礼，在"五礼"中入于凶礼的范畴。相关律章句仅见 2 条，然藉此可见，汉时关乎丧葬之礼是十分严格的。郑玄注曰："今时持丧葬筑盖嫁取卜数文书，使民倍礼违制。"违背丧葬之礼者，构成"倍礼违制"，法律后果各有等差，"有免职、废国、遣归、警告、治罪、论杀等刑罚。"① 关于丧葬规格，律章句也有说明。"《汉律》曰：列侯坟高四丈，关内侯以下至庶人各有差。"郑玄注释说，王公之坟名"丘"，诸臣之坟名"封"，各有高低，以体现尊卑，故"丘封"制度即关于丧葬规格的礼法制度。②

④嫁娶。此类律注凡 1 条，序号 25。关于嫁娶之礼，在"五礼"中属于嘉礼的范畴。在汉律章句中，得见 1 条注释。汉平帝元始三年（公元前 36 年）新定婚礼，规定"四辅、公卿、大夫、博士、郎、吏家属"必须严格按礼制嫁娶，行"亲迎"之礼时，须用"立轺并马"的礼数迎娶新娘。服虔注释为："轺音摇，立乘小车也。并马，骊驾也。"

综合第三、四章，关于"律章句"之所考所辨，凡 543 条。需要说明的是，表中所列这 543 条，有的条目是完整律章句条款，一条目即一条款；有的条目则不一定是完整的律章句条款，一条目不等同一条款，但必为某律章句条款之内容，使用时须审慎之。

---

① 吕丽：《汉魏晋礼仪立法与礼仪故事》，载《法制与社会发展》2003 年第 3 期，第 103 页。

② 《周礼注疏》卷二二《春官宗伯第三》冢人，贾公彦疏："郑引汉律者，《周礼》丘封高下树木之数无文，以汉法况之。……案《春秋纬》云：天子坟高三刃，树以松。诸侯半之，树以柏。大夫八尺，树以药草。士四尺，树以槐。庶人无坟，树以杨柳。"

五　钩考辑要

胡适先生说："多研究些问题，少谈些主义。"撰写本著，笔者无意于义理宏论，专注于综罗史料。过程之中，找到了一些新材料，发现了一些新问题，对汉代法律史和法学史之研究，或有裨助，概有四者：一曰钩沉；二曰立新；三曰补漏；四曰纠错。

（一）钩沉

所谓"钩沉"，系指史料上的新发现。

汉律的研究，是19世纪末20世纪初以来百余年法律史学和历史学研究中的重点和难关。清末民初有杜贵墀、张鹏一、薛允升、沈家本、程树德等名家；当代之研究者更是人才辈出。① 他们的作品，对再现汉律真面貌，功莫大焉！然自彼及此，他们的

---

① 国内如李学勤、谢桂华、朱绍侯、熊铁基、钱剑夫、裘锡圭、林剑鸣、安作璋、吴荣曾、陈直、杨宽、彭年、陈汉生、钱大群、高敏、彭卫、彭浩、阎步克、张俊民、曹旅宁、王子今、高恒、徐世虹、张建国、刘笃才、崔永东、李均明、林梅村等先生，港台如饶宗颐、曾宪通、劳干、许倬云、杜正胜、邢义田、黄盛璋、黄源盛、廖伯源、严耕望等先生，日本如泷川政次郎、仁井田陞、滋贺秀三、大庭脩、内田智雄、堀毅、中田薰等先生。

视角，皆为"直奔主题"式，即对汉律本文体系进行研究，忽略了对汉律解释体系的探查；即有涉猎，亦无深入。以故，现有关于汉律的研究成果，其实并不全面。

拙著从律章句学的角度去考察汉律，由于所采视角不同，研究进路自然也不一样，收集史料的范围和侧重点随之不同。传统治汉律者所看到的史料，或许有笔者未能收集到的；笔者所收集的史料，也有他们没看到的，因而在史料的挖掘上有了较大的突破和收获。在笔者占有的资料中，有大量的是前人和今人虽曾注意到但并未系统地进行收集的部分，比如郑玄《三礼注》、《毛诗笺》，何休的《春秋公羊解诂》，许慎的《说文解字》，应劭的《风俗通义》，以及史汉、文集中散见的经律注文，当然还有近几十年来的考古出土文献。

以新发现的材料为基础，再来对汉律和汉代法学进行研究，便有了翔实的支点。无论是提出无人论及的新问题，还是对已有论及但尚未深化的问题进行补足，还是对已有人论及但有错误的问题进行纠错、辨误，都可以这些新史料为原点引伸而发，或直接加以解答，或征以其他史料加以解答，最后还要回到那个原点。因而可以说，资料的突破是研究得以推陈出新以至破旧立新的前提。

1. 辑录律章句 543 条

汉律章句共 26272 条，7732200 字，自唐宋以来，终无从事考订者。笔者综罗相关经、史、子、集，以及出土文献，共得543 条。其中包括：（1）律说 11 条；（2）具律类律章句 77 条；（3）罪名类律章句 64 条；（4）刑名类律章句 49 条；（5）事律类律章句 101 条；（6）职官类律章句 109 条；（7）军法类律章句 47 条；（8）狱讼类律章句 37 条；（9）监狱类律章句 23 条；

（10）礼制类律章句25条。

律章句作为汉律体系的一部分，理当进行系统的收集、整理，方可使研究资以深入。这一史料工作，前人在钩考汉律时曾有涉及，如薛允升著《汉律辑存》，沈家本著《汉律摭遗》，程树德著《汉律考》，但都是从汉律本身的角度去旁采的，并无系统。笔者对律注所作钩沉，或为系统整理汉律章句的草创之作。对它的收罗、比对、分析、条理，亦倾注了良多心血，诚望能对其他人的研究有所借鉴。

2. 新发现汉律说2条

律说是汉代律章句的一种表现形式，清末民初已引起学者的关注。程树德著《汉律考》，钩出律说8条；林梅村、李均明在整理出土文物时，于《敦煌汉简》中辑出1条；笔者新得2条。遂使汉代遗存律说由原有的9条增加到11条。

（1）"《令甲》，女子犯罪，作如徒六月，雇山遣归。说以为当于山伐木，听使入钱雇功直，故谓之雇山。"（《汉书·平帝纪》注文，又见于《通鉴》平帝元始元年注文）文中虽只有"说以为……"，而无"律"字，但定为律说无疑。

（2）《文选》卷一《东都赋》注引《汉书音义》："臣瓒曰：律说云：勒兵而守曰屯。"

（二）立新

所谓"立新"，即占有了新材料，或者说注意到了一些前人未曾关注的史料，以此为基，有助于对目前学界于汉律和汉代法学中尚未论及或很少论及的新问题辟立新论。

1. 关于法律注释之新问题

（1）汉代将从事律令注释与研究之人称"律家"，乃律章句学之主体。法史论著常将其称为"律学家"，是有欠准确的。笔者使用时又将他们称做"律章句学者"、"律章句家"。

（2）考出了1世纪东汉的三大律家。东汉律家陈宠说"律有三家"，国内学界无人注意这一问题，台湾、日本学界虽有论及却无考证，致使该"律三家"成为律章句学、乃至汉代法学史中的一个谜。拨冗得见，"律三家"为杜林、郭躬、陈宠三氏及其所代表的律章句学家派。

（3）考出了2世纪东汉九大律家中的七家。《晋书·刑法志》说汉代著律章句者十有余家，指名提到的有叔孙宣、郭令卿、马融、郑玄四家，余不可知也。律九家为许慎、马融、钟皓、吴雄、郑玄、何休、服虔、文颖、应劭，其中马、郑二人，晋志已有提名；其余七家，系笔者悉心钩考后所陈愚见。

（4）汉律章句学有明确的注律原则："应经合义"。公元94年由陈宠提出。对律文做义理解释，秦汉之际律令学已有；但律章句学强调要以儒家经传为率对律文作义理解释，则是它的创见，形成自此及清一以贯之的法学学术原则。

（5）律章句学有自创的注律方法。即以小学方法对律令沿革以及律语的音、形、义进行注释。其中律令沿革注和律令音注的学术方法，对后世律学产生了深远影响。

2. 具律类之新问题

（1）"式"、"诰"也是汉代的法律形式。

习见只将律、令、科、比、品作为汉代的法律形式。查律章句可知，"式"亦为其中之一，又称"法式"，还称"式法"。"诰"作为另一种法律形式，出现在汉武帝元狩六年。

（2）汉代已形成区别"故"、"误"、"过"、"过失"的犯罪理论。

现代刑法理论将罪过视为支配犯罪主体实施犯罪行为的心理状态，一般表现为故意和过失两种基本形态。在汉律章句中，将"罪过"称作"本意"、"本心"，也要区分故意和过失。郭躬说："法令有故、误……误者其文则轻。"对"误"、"过"、"过失"，郑玄有6条注释，细究可知："误"又释为"过"，类似于今日"过于自信"的过失，《晋律》中"意以为然谓之失"的"失"，当为汉律章句之"过"、"误"演变而成。"过失"类似于今日疏忽大意的过失，《晋律》中"不意误犯谓之过失"中的"过失"，与汉律章句中的"过失"有直接的继承关系。今有论者认为汉代律家对"过"、"误"、"过失"的解释前后混杂，甚至说"郑玄对法律概念并未下多大工夫。"乃是没看到相关的完整的汉律章句所致。

（3）汉律章句中有关于正当防卫的理论。

郑玄在注《礼记》时曾有阐述，孔颖达作疏时亦作引证。

（4）汉律中有"逾冬减死"的刑法原则。

当年秋天不执行刑罚者，转至第二年，必得减刑。对此律家有注，亦有案例支撑。

3. 鲜见之罪名

（1）刺探尚书事。汉时尚书掌机密，欲谋刺探盗取机密者，为犯罪。

（2）漏言（或称"泄漏省中语"）。泄露朝廷机密的行为，为犯罪。

（3）行言许受赂。听从托言，收受贿赂的行为，为犯罪。

（4）株送徒。惩治博戏之徒的罪名。

（5）倍礼违制。"持丧葬筑盖嫁取卜数文书"，违背礼制，属犯罪。

（6）娶会。人死后以礼制婚嫁合葬之，俗称"嫁死人"。严重背逆人伦，为犯罪。

（7）见姅变侍祠。妇人有月事而参侍祭祠，礼所不容，属犯罪。

（8）道中祠。在道路上巫祠为犯罪，武帝天汉二年始有此令。

（9）私奸服丧。在为尊亲服丧期间与中人通奸，为犯罪。

（10）私解脱。为罪囚脱枷锁桎梏，解脱者与罪囚同罪。

（11）反杀。既杀一人，恐其子弟报仇，返而杀之，为杀人罪中之重者。

（12）姘。丈夫与妻子带来的婢女通奸，为犯罪。

（13）与盗。见人为盗而参与、协助之。所谓"共盗为盗"，为犯罪。

（14）过失杀伤人畜产。虽视为罪，但由乡民调处之。

（15）门首洒潴。在他人门前壅堵水源，致生妨害，为犯罪。

4. 新见之刑名

（1）焚如。王莽始作此刑，适用对象为不孝子，方法为烧死。

（2）颎。此刑为《汉令》所定，适用于有罪的蛮夷卒，方法为绊系双脚。

（3）胥靡。是较轻的劳役刑，办法为将罪犯连锁起来并强制其从事劳动。

（4）弄儿。盖为劳役刑的一种形式。因连坐而来的罪犯侍史、官婢，其所生子取以作"弄儿"，以供人役使。

（5）诶。对犯有微罪的官吏进行责骂。其制始于秦，汉亦沿之以为官刑。

（6）不齿。耻辱刑种。被处"不齿"的人，平民百姓不与其论长幼、打交道，使之被所在群体孤立起来。

5. 事律中的新内容

（1）赋税制度中的新发现。

"敛民钱"为征收人头税；"缗钱"为征收财产税；汉还有"贵与老幼废疾"免赋的法律规定。每年八月对全国人数、财物进行统计，制成"簿书"，作为征收依据，叫做"八月案比"。缴纳实物税以"棐"、"箄"为具体单位，"棐"是椭圆形的竹器；"箄"是方形小筐，其规格在汉律令中均有规定。

汉代还有一些特殊税种。如马口钱，盐税，酒税等。尤需一提的是地方上缴的特种税，在许慎律注中三见：①"《汉律》，会稽郡献鲭（即蚌）酱二斗。"②"《汉律》，会稽献殽（即煎朱萸）一斗。"③南郡蛮夷献賨布为赋。

（2）货币制度中的新发现。

汉代法定货币称"法钱"，若八铢钱、荚钱、四铢钱、半两钱、赤仄钱、皮币、白金、麟趾裹蹄金、少府禁钱、水衡钱，皆是其类。

（3）婚姻家庭制度中的新发现。

汉代家庭以立有"户版"为法律上的标志。离婚叫"来归"，天子诸侯出妻只能"六出"，不能以"无子"的理由出妻。匹夫以"无子"理由出妻，须得女方五十岁后才能休掉。离婚时，妻子可以将其带来的嫁妆财物带走，即"弃妻，畀所赍"。离婚后，不再嫁，以妇德教人，汉时称为"乳母"。如果女子在公婆丧期中为丈夫所休,则无需为公婆服丧。

(4)法赗。为官吏因公死亡,官府发予棺材的法律制度,是《公令》中的规定。此外对"一室二尸"的丧家,官府也要发给棺材,叫做"赗补",有社会救济的性质。

(5)给楂。为士卒死亡,官府给予小棺之法律规定。

(6)揭椟。为一种社会福利制度。对"死于道路"的人,官府负责埋葬,并设"楬"(即公示牌),书写死者的死亡时间,悬挂其衣服"任器",等待其亲属前来辨认。

(7)移过所文书。汉代有严格的关传制度,凡过关津者,须持有"传"才能通过,叫"移过所文书";文书有特殊要求,称"斗检封",其形方,上有封检印章,内有文书,书其物事,通商者持以过关。汉初已有此制。文帝十二年废。景帝四年恢复。武帝时又废。此为汉代商业管理法律制度中新发现的内容。

6. 其他方面的新内容

(1)病免。汉律规定,吏病满百日当免职。此制少为人知,只知汉有"致仕"的退休制度。此为汉代职官制度中新内容。

(2)洗沐。职官休假,五日一下。此制少见有论及,为汉代职官的例假制度。此外汉代还有夏至、冬至休假,"最法当得"的"予告"假,因病而休的"赐告"假,以及为尊亲服丧的"宁"假等律令规定。

(3)铜虎符。由周之牙璋演变而来,是汉代军法中的兵符制度。

(4)逗桡。汉代军法之一,曲行避敌,顾望不前者,腰斩。

(5)痕、痏。关于认定伤情的法律规定。"痕",指以手杖击人致肿大青黑而无创瘢的伤;痏为留有创瘢的伤。此外,"创之浅者"、"见血"等,也是汉代认定"伤"的法医学标准。

（6）揭头。定罪待刑之囚犯"右袒"以示区别，行刑时将罪刑、法条写于木版，悬挂其身以辱之，称作"揭头"。乃汉律中关于行刑方法的法律规定。

（7）庾死。汉代监狱二千余所，中央以请室、掖庭、若庐、暴室等狱为典型，乡亭小狱名"犴"。囚徒因"束缚而牵引"、因饥寒、或因病痛而死于狱中，皆称"庾死"。是为监狱管理制度中的法律术语。"庾"在汉律令中写作"臾"。

（8）汉代礼制就是法。本文收集的律章句中，有7条直接史料能证明此论。

（三）补漏

所谓"补漏"，即补人之意犹未尽处。同样是在占有新材料的基础上，可以对目前学界于汉律和汉代法学中已有论及但尚未深入而有缺漏的问题进行补充。

（1）连坐制度。从律章句的考证，可以察看更多的信息。"连坐"又叫"相保"、"坐率"，在汉代时废时兴。汉初有其制，文帝前元年（公元前179年）废之，武帝后又屡见不鲜。另可得见其例外规定：①老幼连坐不为奴；②本犯无故被杀不连坐家属；③巫蛊案连坐者处腰斩刑。

（2）阿党罪。传统见解为：朝廷官吏外附地方诸侯，与之结党营私的行为，为"阿党"。此定义不全面。还有两义：第一，司法官枉法裁判、出罪入罪以示人恩，进而交结党羽者。第二，官吏依附朝中宠贵，结成利益集团，致使政治秩序混乱者。

（3）矫诏罪。对此罪名，文中从两方面作了深化。其一，在汉律令中，"矫诏"之"矫"写作"挢"字，本为"举手"

之意，引伸为"挢擅"，喻指诈称、篡改诏令的行为。其二，该罪名分矫诏不害、矫诏害、矫诏大害三种形态。其中矫诏害处弃市刑；矫诏大害处腰斩刑。矫诏不害如何量刑，未见史载。

（4）伤人罪。分伤人致痕、伤人致痏，伤情不同，量刑有差。

（5）阑入罪。此罪与引籍、诏符、通籍等制相配合，无符籍而入者，构成该罪。著者对此罪名作了细究。第一，汉时进入宫门，皆持籍符以通行。"汉法"所言符籍，是进入宫殿的凭证，在"二尺竹牒"上记录进入者的年纪、名字、物色，由守门司马验证。第二，汉之宫门，每门皆使司马一人守之，故又称司马殿门，宫旁小门称掖门。第三，阑入殿门者处死刑；阑入掖门者处城旦。

（6）契券制度。券书是买卖合同，但不是借贷合同。借贷合同曰"书契"；担保合同曰"下手书"；质押行为称"贽"。

（7）征召制度。天子直接拜官的官吏选任制度，又叫"诏书除吏"。具体做法为，皇帝欲召某人为官，用"檄书"。章怀太子李贤注《后汉书·光武纪》说："《说文》以木简为书，长尺二寸，谓之檄，以征召也。"

（8）訾官制度。即纳钱买官的职官法。具体金额随时而变，景帝后元三年（公元前141年）前为十算（十万）。是年，因"贾人有财不得为吏，廉士无訾又不得宦"，为选拔窘迫有识之士，遂将金额降为四算（四万）。

（9）朝律。周制曰"朝觐"，汉律曰"朝请"：春见天子曰朝、秋见曰请。改"觐"为"请"的原因，在律章句材料中也有反映。应劭曰："冬当断狱，秋先请择其轻重也。"说明这一改动与汉朝形成固定的"秋冬行刑"制度有关。

（10）参互法。法史教程将其作为任官制度的籍贯限制，"婚姻之家及两州人士不得交互为官"，这只是其中的一层意思。另外还有日常政务互为监督之义，所谓"参互，谓司书之要贰与职内之人职岁之出，故书互为巨。"可知汉代官府的钱粮出入，需有三人签字，文中之"巨"，当为"据"之通假字。

（11）劾辞。即起诉文书。藉律章句还可作作进一步描述，汉代起诉有"狱"、"讼"之分，两种不同诉讼在文书格式上也有不同要求。在这一环节，二千石官可以直接受理狱讼，与周之"士师受中"相类。

（12）审判。汉代审与判各有不同的律语，其字不同，其义亦殊，不可混为一词。"鞫"、"辩"、"辞"、"谳"等字表示"审"；"报"字表示"判"。

（13）乞鞫。为上诉期限，习见以三月为统一上诉期。实则不然，三个月只是被判徒刑的案件之上诉期。

（14）汉代礼制之细节。谈到汉礼，大都概言"礼法结合"的大问题而一代而过，于具体细节，则语焉不详，或不愿深究。律章句中有诸多记载，可资研究深入。如祭祀之礼可见于《大乐律》；丧葬之礼可见于《汉律》之"丘封"制度；婚礼有"立韬併马"之规定等。

（四）纠错

所谓"纠错"，即辨人之言有错讹处。还是在占有新材料的基础上，可以对目前学界于汉律和汉代法学中已有论及但有错误的问题进行纠错、辨误。

（1）汉代已有惩治犯罪意图的法律规定，称"谋"。对此，许慎有注，且有相关案例支撑。学界多以"谋"始于晋《泰始律》。误。

（2）汉代已形成系统的"八议"特权法制度。依据一为4条经律章句；二为3个适用"八议"的案例，据此可证"八议"法制化实始于汉。学界通说以为"八议"制度始出于曹魏《新律》。误。

（3）汉代已形成"保辜"制度。以何休的经律章句、以及唐人的注疏为据。习见以为"保辜"制度始成于唐。误。

（4）苛人受钱。官吏为人治理债务而趁机收受钱财，只能由特殊主体——官吏构成，属赃罪。或以其为利用威吓之法攫取钱财，由普通主体构成，属盗贼类犯罪。误。

（5）挟书罪。汉初有此罪名，自高祖至惠帝四年，前后行用15年，始除《挟书律》。后人多以此仅为秦罪名，汉初行黄老宽大之策，无有因袭。误。

（6）群饮。汉有"群饮"罪名，法律后果为罚金四两。或以为"群饮"为西周初年罪名，后果为死刑，不见于他朝。误。

（7）力役。法史教材大多认为，汉人20岁始服力役。实际上是23岁，曰"傅之畴官"。有的教程将汉代承担力役的年龄，与缴纳人头税的年龄（15岁始"敛民钱"，即赋税）混为一谈，说高祖时为15岁，到景帝时改为20岁，并视其为取得民事行为能力的标志。误。

（8）军功爵。汉承秦制，继承其20级军功爵；武帝时又新定11级军功，功多者还可将爵级转卖与他人。或以为军功爵仅行于嬴秦。误。

（9）关于"不齿"刑的史料辨误一则。

《太平御览》卷五百五十九引《汉赵记》：上洛男子盗墓，

使墓主张卢死而复生，但仍被定罪，"诏曰：以其意恶功善，论答三百，不齿终身。"程树德在《汉律考·律令杂考》中将此则资料出处注为《太平御览》卷五百五十九引《汉记》，视其为汉代史料，并用以证汉制，法律史界至今皆袭其说。事实上，"上洛发墓"乃十六国之前赵（公元304～329年）时案例，用以证明汉代法制是错误的；《汉记》亦为《汉赵记》之误。

附录一

东汉"律三家"考析^①

摘要：公元 1 世纪的东汉有三大律家。"律三家"究为何人？自汉亡迄今，文献不详。本文考诸史籍，参酌时论，认为，"律三家"指郭躬、陈宠、杜林及其各自所代表的律学学派。"律三家"研究方法与研究成果促进了东汉律学的繁荣和古代法学的发展。文中对中国台湾地区和日本学者的观点提出了商榷。

关键词：律三家　杜林　郭躬　陈宠

"律三家"之说出自东汉陈宠。汉和帝永元六年（公元 94 年），陈宠代郭躬为廷尉，掌管中央司法，针对汉律令制度存在的问题，奏请和帝蠲除苛法，其中说到：

"汉兴以来，三百二年，宪令稍增，科条无限。又律有三家，其说各异。"^②

此言透露出，在他所见所闻的那个时代（公元 25～99 年），也就是公元 1 世纪中、下叶的东汉，存在着三大律家，且对法律的解释各不相同。然"律有三家"，究竟是哪三家？陈宠并未言

---

① 本文由俞荣根、龙大轩合撰。此文节本发表于《法学研究》2007 年第 2 期。

② 《后汉书》卷四六《郭陈列传》，中华书局，1982，第 1554 页。

明。他们的代表人物是谁？有何律学成果？文献语焉不详。遂使千九百年前的法学世家，为历史烟云所淹没，不免令人扼腕。

1."律三家"问题各说商兑

自汉亡迄今，少有学人深究"律三家"问题。细检历代刑法志、《后汉书》及其以后各种正史、典志、杂史等相关文献资料，均无明确交代。堪称制度史、法制史经典之作的，诸如沈家本《历代刑法考》、吕思勉《中国制度史》、程树德《九朝律考》等，亦找不到相关答案。

近世以来，治中国法制史的中外学者在其论著中亦曾提及"律三家"问题，多属转述原文或释读文义，对"律三家"所指是谁虽有所指陈，然作考论者仍属希见。笔者尽心搜寻，得三种说法，兹列于下：

其一，梁启超之说。梁氏谓："后汉永元六年，廷尉陈宠上疏，谓律有三家，说各驳异。所谓三家者，即萧张赵三氏所定之律也。"①

其二，邢义田之说。台湾学者邢义田认为，"三家之律唯大、小杜可考"，故《晋书·刑法志》中"叔孙、郭、马、杜诸儒章句"中的"杜"，"疑指大杜或小杜章句"。②

其三，中田薰之说。日本已故著名学者中田薰认为，"至东汉中叶，有名的明法学家有郭氏、吴氏和陈氏三大家族，据说郭氏的学说就是源自《小杜律》。前述陈宠所谓'律有三家'指的

---

① 梁启超：《论中国成文法编制之沿革得失》，载《饮冰室合集二·文集之十六》，中华书局，1989，第11页。
② 邢义田：《秦汉的律令学——兼论曹魏律博士的出现》，载黄清连主编《制度与国家》，中国大百科全书出版社，2005，第118页。

或许就是这三大家族。"①

从陈宠所论"律三家"背景、时间等因素来看,欲寻踪其所指是哪"三家",有几个基本条件是必须具备的。

第一,陈宠说的是"律有三家,其说各异"。可见,这"三家"是"说"律,而非"定"律。也就是说,"律三家"是律说家,或律章句家,②后世通称律家。瞿同祖先生认为:"陈宠说:'律有三家,其说各异。'可见有专门从事法学研究的人。"③日本著名学者大庭脩先生写道:"在《陈宠传》中有'律有三家'的话,即对律的解释有三个学派(学说)存在。"④他们的看法无疑是正确的。

第二,《晋书·刑法志》载,陈宠在永元六年的奏疏中说到当时"刑法繁多"的原因,举出两个,其一是国家法条繁杂:"汉兴以来,三百二年,宪令稍增,科条无限";其二便是"律有三家,说各驳异(《后汉书·郭陈列传》作'其说各异')"。这三家之律说既然归于繁多"刑法"内容之中,可见,"律有三家",应为闻名于当时法律界和司法界,且为朝廷认可的律章句

---

① 〔日〕中田薰著:《论支那律令法系的发达》,载何勤华编《律学考》,商务印书馆,2004,第79页。

② 关于"律章句"、"律章句学"、"律章句家"等概念,法史学界已有采用。如徐世虹在《中国法制通史》卷一《战国秦汉卷》第十章第三节中,以"律章句学"为题标,文中有"律令章句学"、"律章句学派"等说法。并认为,"律章句则是汉儒采用训诂学的方法分析汉律,阐发法制,'律说'或为其成果形式之一。"(法律出版社,1999,第230~232页)已故著名法律史学家张警教授《〈晋书·刑法志〉注释》云:"汉代学者解说经籍,有时除训释词义外,还串讲经文大意,这种注解方法叫做章句。东汉时期学者注解《汉律》,同样是用这一方法,所以他们注解法律的文字,也称为章句。"(成都科技大学出版社,1994,第53页)本文为便于讨论,把儒家以训诂方式注律和律家以训释词义等方法注律,以及训诂学者以律解经释义,进而形成的成果,统称"律章句";将其注律的学术成果统称为"律章句学";将这方面的学者或学派统称为"律章句家"。

③ 瞿同祖:《法律在中国社会中的作用:历史的考察》,载《瞿同祖法学论著集》,中国政法大学出版社,1998,第412页。

④ 〔日〕大庭脩:《秦汉法制史研究》,上海人民出版社,1991,第6页。

家、律说家或律家。也就是说，这"律三家"之律章句、律说具有法律效力，能合法地适用于司法审判，不同于巷间舞文弄墨、教唆词讼的无名讼师之说。

第三，史书明确记载，陈宠说"律有三家"的话是在东汉和帝永元六年，即公元 94 年。据此推断，这"律三家"中任何一家都应声名显赫于此时之前。

由此可知，上述关于"律三家"的三种说法都存在某种缺失。

首先，关于梁氏之说。梁氏所谓"萧张赵三氏所定之律"，指萧何所定《九章律》、张汤所定《越宫律》，赵禹所定《朝律》。其所言为"定"律而非律章句、律说，显然不属陈宠所指"律三家"。此说理解有误，不在本文讨论范围。

其次，关于邢氏之说。邢义田先生认为《晋书·刑法志》中的"杜疑指大杜或小杜章句"，此论不全，亦不确。仅言大杜、小杜二家，不足三家之数，是为不全。其所谓"三家之律"，即陈宠所说"律有三家"，用《晋书·刑法志》中"叔孙、郭、马、杜"①之"杜"来充"三家"之数，认为此"杜"可能就是指的大杜或小杜的律章句，则失之不确。

东汉律家中有大杜、小杜两家，名号不同，风格亦殊，大杜深严，小杜宽厚，各有传授，文献所记，灿然分明。关于"大杜律"，东汉习之者有冯绲、苑镇。冯绲为汉顺帝至桓帝时人，"习父业，治《春秋》严、韩，《诗》仓氏，兼律大杜"。②苑镇

---

① 《晋书》卷三〇《刑法志》："文帝（司马昭）为晋王，患前代律令本注烦杂，陈群、刘邵虽经改革，而科网本密，又叔孙、郭、马、杜诸儒章句，但取郑氏，又为偏党，未可承用。于是令贾充定法律"，中华书局，1983，第 927 页。

② 《隶释》卷七《车骑将军冯绲碑》，页 13 上。（《隶释》，碑帖考证汇编，（宋）洪适著，二十七卷。）

系荆州从事，"韬律大杜"。① 关于"小杜律"，《后汉书·郭躬传》中说郭宏"习小杜律"。唐章怀太子注此条时说"对父故言小。"② 清惠栋《后汉书补注》亦称："知郭氏世传小杜律。"《后汉书》乃南朝宋人范晔所著，章怀太子系唐高宗时人，惠栋为清乾嘉学人，《晋书》编撰者房玄龄等人则生活于唐贞观时代。可见，在房玄龄等人之前和之后的史家，均知汉代律学有大杜、小杜之分，撰《晋书》的房玄龄等人不可能不知道这一点。但在《晋书·刑法志》中言及汉代律家时，却只统言"叔孙、郭、马、杜诸儒章句"，对其中的"杜"氏，既不明言大杜，亦不确指小杜。邢文说，"杜疑指大杜或小杜章句"，似结论过早。实际上，此"杜"既非大杜，亦非小杜，也不是大杜和小杜之合称，而是另有所指。

再次，关于中田氏之说。中田薰先生所言，盖依循程树德先生之故论。程氏云："东汉中叶，郭吴陈三家，代以律学鸣，而郭氏出于小杜，可考者止此。"③ 程树德先生治学严谨，下笔审慎，在这段文字中，他并未将"郭吴陈"说成是陈宠所言"律三家"，只是用以说明东汉中叶律学的代表人物。

程先生所言"郭吴陈"中，"郭"指以郭躬为代表的郭氏律家，"吴"指以吴雄为代表的吴氏律家，"陈"指以陈宠为代表的陈氏律家。郭躬与陈宠都生活于公元 1 世纪，郭略早于陈，基本上是同时代人。故尔，中田氏将郭、陈作为"律三家"中之二家是有道理的。

① 《隶释》卷一二《荆州从事苑镇碑》，页6下。(《隶释》，碑帖考证汇编，(宋) 洪适著，二十七卷。)
② 《后汉书》卷四六《郭陈列传》注"对父故言小"，可知，当时世称杜延年之律说为"小杜律"，其父杜周之律说为"大杜律"。中华书局，1982，第 1543 页。
③ 程树德著：《九朝律考》卷八《汉律考·律家考》，第 175~176 页。

问题出在对第三家的认定上，即将吴雄视为"律三家"之一。这是一个明显的误判。吴雄乃顺帝（公元 126～144 年）时人，远在陈宠之后。① 陈宠在向汉和帝说当时"律有三家"这句话时（公元 94 年），吴雄或尚未出生，或还在幼年，谈不上以律学名世，自成一家。所以，吴雄无论如何也挤不进陈宠所谓的"律三家"之列。

中田先生很可能未对吴雄的生活时代与陈宠说"律有三家"的时间详加比较，误将吴雄与郭、陈并列为"律三家"，遂致错失。

我们赞同中田薰先生将郭躬、陈宠纳入东汉"律三家"的意见。他们作为"律三家"中的二家当之无愧。当然仍应细加考析，不能只满足于一个带有"或许"的不确定推断。这一点，留待下文完成。

现在要考析的是，陈宠所言"律三家"的第三家究为何人？

2. "律三家"之第三家考析

《晋书·刑法志》谈到汉魏间律家有两处：

一曰："是时承用秦汉旧律……后人生意，各为章句。叔孙宣、郭令卿、马融、郑玄诸儒章句十有余家，家数十万言。……天子于是下诏，但用郑氏章句，不得杂用余家。"

二曰："文帝为晋王，患前代律令本注烦杂，陈群、刘邵虽经改革，而科网本密，又叔孙、郭、马、杜诸儒章句，但取郑氏，又为偏党，未可承用。"

这两处都是讲曹魏时代的事。两相对照，可知后者多了一个"杜"。叔孙宣无考。郭令卿可能就是郭躬家族中某人。马融，

---

① 吴雄生平事迹附载于《后汉书》卷四六《郭陈列传》："顺帝时，廷尉河南吴雄季高，以明法律，断狱平，起自孤臣，致位司徒。"中华书局，1983，第 1546 页。

字季长，东汉通儒，生活于公元 79～166 年间。陈宠论"律三家"之时，他才 15 岁，还是"志于学"的年龄，未成一家之说。郑玄是他的学生，生于公元 127 年，卒于 200 年。运用排除法，马、郑都不可能在"律三家"之列。剩下一个杜家，前文已述，不当囿于大杜、小杜。由《晋书·刑法志》返回《后汉书》查寻，与以律学鸣世之"杜"最切合者，莫过于杜林。

在东汉律家中发现杜林，笔者不是第一人。徐世虹教授曾写道："又据《晋书·刑法志》所记'叔孙、郭、马、杜诸儒章句'之语，可知律章句学家还包括杜氏。杜氏或为杜林。"① 此说颇有见地。不过，徐著重在说明《晋书·刑法志》所记"叔孙、郭、马、杜诸儒章句"中之"杜"是杜林，指出杜林是"律章句学家"，并未注意杜林是否"律三家"中之一家。

史载：杜林（？～公元 47 年）字伯山，东汉经学家、文字学家。扶风茂陵（今陕西兴平东北）人。少好学，"博洽多闻，时称通儒。"公元 30 年，与经学家郑兴等人投归光武帝。历任侍御史、光禄勋、大司空之职。公元 38 年，梁统等人主张恢复肉刑，杜林极力反对，认为"宜如旧制，不合翻移"，其议得到皇帝的认可。杜林一生研治《古文尚书》，曾得漆书《古文尚书》一卷，引起过学术界的争论。他长于文字学，曾撰《苍颉训纂》、《苍颉故》各一篇。②

与郭躬、陈宠有所不同，说杜林是律章句家或律家，并纳入"律三家"之一，在于他由治经而兼治律、经律互注的成就。这

---

① 载张晋藩总主编、徐世虹主编《中国法制通史》卷二《战国秦汉卷》，法律出版社，1999，第 231 页。
② 《后汉书》卷二七《杜林传》，中华书局，1982，第 934 页。作者按：杜林所著之书已佚，（清）马国翰《玉函山房辑佚书》辑有《苍颉训诂》一卷。

正合于徐世虹教授等关于"律章句"的界定："律章句则是汉儒采用训诂学的方法分析汉律，阐发法制"。①

第一，杜林乃经学中小学之宗，东汉以小学方法注律，当推杜林为首。《汉书·杜邺传》云："（杜）邺子（杜）林，清静好古，亦有雅材，建武中历位列卿，至大司空。其正文字过于（杜）邺、（张）竦，故世言小学由杜公。"可见，杜林在经学中享有重要地位，其独特贡献尤在古文经学及小学方面。"扶风杜林传《古文尚书》，林通郡贾逵为之作训，马融作传，郑玄注解，由是古文尚书遂显于世。"②

杜林的小学源自其外曾祖父张敞。"《苍颉》多古字，俗师失其读，宣帝时征齐人能正读者，张敞从受之，传至外孙之子杜林，为作训故，并列焉。"杜林为之作《苍颉训纂》一篇，《苍颉故》一篇，在班固（公元32～92年）所见的小学十家中占据一家、小学著作四十五篇中占两篇。③而汉时的《苍颉》，恰恰中间有大量汉律的内容，在安徽阜阳发现的汉初《苍颉》残简中，就有"杀捕狱问谅"的残文。④《后汉书》注文中引《苍颉篇》曰："钻，持也。"钻即镬，"谓镬去其膑骨也。"⑤ 此即其对刑罚——膑刑的解释。杜林既为《苍颉》作训故，也就同时在为汉律作注。他的这种经律互注，基于其经律兼通。杜林可谓东汉以小学训诂方法注释汉律之第一人。

第二，杜林的律章句精华犹存。如，杜林认为"法度之字皆从寸"的观点，便得到了广泛的认同和长久的沿袭。比其稍

---

① 《中国法制通史》卷二《战国秦汉卷》，法律出版社，1999，第232页。
② 《后汉书》卷七九上《儒林传上》，中华书局，1982，第2566页。
③ 《汉书》卷三〇《艺文志》，中华书局，1983，第1720页。
④ 阜阳汉简整理组：《阜阳汉简苍颉篇》（简C041），载《文物》1983年第2期，第27页。
⑤ 《后汉书》卷四六《郭陈列传》，中华书局，1982，第1549页。

晚的文字学家许慎（约公元58～147年）说："耏。或从寸，诸法度字从寸。"① 这一说法，便是杜林观点的延续。再晚一点的应劭（东汉末学者，196年任泰山太守）说得更明确："轻罪不至于髡，完其耏鬓，故曰耏。古'耏'字从'彡'，发肤之意。杜林以为法度之字皆从'寸'。后改如是（按：即'耐'）。言耐罪以上皆当先请也。耐音若能。"②

此一观点，还得到了《资治通鉴》注者胡三省的进一步引证。③ 再往后的清人段玉裁，在为《说文》作注时说："江遂曰：'《汉令》谓完而不髡曰耐。'…… 至杜林以后，乃改从寸作耐。"④ 这说明杜林的律注，不仅对后世律学产生了深远影响，而且对汉代立法也曾产生过重大影响，律令中的刑罚"耏"（剔去胡须鬓毛，保留头发），以前写作"耏"，但自杜林的律章句出现后，则改写为"耐"。

第三，杜林之律学可能源自西汉小杜律。前文已述，杜周第三子杜延年"亦明法律"，昭宣之世，位居九卿十余年，五凤（公元前57～前54年）中任御史大夫，其治律之学传于后世，称"小杜律"。但如何传承，史载不明。正如程树德先生所说："而治律之师承，则语焉不详。"⑤ 细究杜林家世学渊，或许对此可有所补缀。

据《汉书·杜周传》，杜延年子杜钦，"少好经书"、"好谋而成"，曾受召入白虎殿对策。杜钦"目偏盲，故不好为吏"，

---

① 《说文·而部》。见《说文解字段注》，上海古籍出版社，1981，第454页。
② 《说文解字段注》，第454页。
③ 《史记》卷一一八《淮南衡山列传》集解引应劭注文，中华书局，1983，第3090页。《资治通鉴》卷三〇《汉纪二十三》成帝建始二年（公元前31年）条注引。
④ 《说文解字段注》，第454页。
⑤ 程树德著：《九朝律考》卷八《汉律考·律家考》，第176页。

幼承庭训，家学渊源，加上耳濡目染，继承"小杜律"律书及宽仁的治律精神，势然而理当。杜钦与茂陵杜邺交好，"俱以材能称京师"。[①] 杜林便是杜邺之子。杜林"少好学沈深"，时称"通儒"，又谙律学，其律学很可能源自父执辈杜钦。

又载：光武帝建武十四年，太中大夫梁统主重刑，上疏曰："自高祖至于孝宣，海内称治，至初元、建平而盗贼浸多，皆刑罚不衷，愚人易犯之所致也。由此观之则轻刑之作，反生大患"。[②] 时杜林任光禄勋，极力反对，认为"古之明王，深识远虑，动居其厚，不务多辟"，提倡轻刑。可见，其法律思想承自"小杜律"的"宽厚"之风。

或许有人生疑：杜林既传"小杜律"，为何不以"小杜"名家？

邢义田先生曾谓："然大、小章句非必成于杜周、杜延年本人。传其学者，守师说而定章句也有可能。"[③] 也就是说，传"小杜律"的人，不一定以"小杜律"名家，亦可以自家为名。这一说法颇与史实相符。如同样传习"小杜律"的郭躬，《后汉书》、《晋书·刑法志》及后代史家也不是以"小杜律"名家，而被称为颖川郭氏律家。同理，杜林与郭躬一样，是"守师说而定章句"者，即传"小杜律"而以自己姓氏名家。

3. "律三家"中之郭、陈二家考析

南齐崔祖思说："汉来治律有家，子孙并世其业，聚徒讲授，至数百人。故张、于二氏，絜言文、宣之世；陈、郭两族，

---

① 《汉书》卷六〇《杜周传》，中华书局，1983，第 2667 页。

② 《资治通鉴》卷四三《汉纪三五》光武帝建武十四年（公元 38 年）条。

③ 邢义田：《秦汉的律令学——兼论曹魏律博士的出现》，载黄清连主编《制度与国家》，中国大百科全书出版社，2005，第 118 页。

流称武、明之朝"。① 谓在东汉前期的光武帝、明帝时代，有郭氏、陈氏两大律学家族。他们累世传授，子孙中名家辈出。在郭氏家族中，当以郭躬最为著名；在陈氏家族中，则数陈宠为典范。故宋代学者徐天麟在编撰《东汉会要》时，直接将郭躬、陈宠置于"律学"栏目。② 王应麟撰《玉海》，亦将二人纳入"汉法名家"栏目。③ 这些史料，可作为将郭躬、陈宠定入"律三家"的佐证。这里对他们的家学传承、律学成就和学说特色再作些考析。

(1) 关于郭躬。

郭躬（公元 1～94 年），字仲孙，颖川阳翟人（现河南）。其父郭宏习"小杜律"，"躬少传父业，讲授徒众常数百人"。④后为公府辟为郡吏，几经升迁，于汉章帝元和三年（公元 78 年）任廷尉。汉和帝永元六年（公元 94 年）卒于官，享年 95 岁。在任期间，评案议法，"务在宽平"；条奏法令，亦得施行，是一位成功的法律实践家。

郭躬的律学成就，向为史家所称道。

首先，通明律学，审断中平。郭躬于律学深有研究，思想倾向源自小杜律。《文苑英华》卷三九七载："郭躬以律学通明"。有案例为证：汉明帝永平（公元 58～75 年）中，奉车都尉窦固出击匈奴，骑都尉秦彭为副。秦彭在别屯未及请示窦固而以法斩人，窦固奏秦彭专擅，请诛之。显宗（即汉明帝）召集公卿朝臣议其罪科。郭躬时为郡吏，官小位卑，由于通明法律，奉召入

---

① 《玉海》卷六五《诏令·汉法名家》。
② （南宋）徐天麟撰：《东汉会要》卷三六《律学》。
③ 《玉海》卷六五《诏令·汉法名家》。
④ 《后汉书》卷四六《郭陈列传》，中华书局，1982，第 1543 页。

议。公卿朝臣都赞成窦固的弹奏，独郭躬不同意，认为秦彭阵前斩人是合法的。明帝问他：军征在外，"校尉一统于督"，秦彭怎可"专杀"？他从容应对曰："一统于督者，谓在部曲也。今（秦）彭专军别将，有异于此。兵事呼吸，不容先关督帅。且汉制启戟即为斧钺，于法不合罪。"① 明帝采纳了郭躬的意见。

郭躬一生行事，皆有宽仁恕道之风，"奏谳法科，多所生全"。得到了《后汉书》"论曰"的高度赞扬："郭躬起自佐吏，小大之狱必察焉。原其平刑审断，庶于勿喜乎？若乃推己以议物，舍状以贪情，法家之能延庆于世，盖由此也。"②

其次，对汉律"故"、"误"等理解精当，在犯罪理论上有独特贡献。东汉明帝时，有兄弟共杀人，明帝认为兄未尽到训弟之责，故重处兄而减弟死罪。中常侍孙章宣诏，误言两者皆重处，尚书奏孙章矫制，罪当腰斩。帝诏郭躬问之，躬对"（孙）章应罚金"。帝曰："章矫诏杀人，何谓罚金？"躬解释说："法令有故、误，章传命之谬，于事为误，误者其文则轻。"明帝又问："章与囚同县，疑其故也。"躬引《诗·小雅》之文："周道如砥，其直如矢。"又引《论语》孔子之言："君子不逆诈。"然后奏曰："君王法天，刑不可委曲生意。"明帝终于被说服，高兴地说："善！"③

郭躬引《诗经》、《论语》中的儒学经义作为立论依据，对汉律中之"故"、"误"做出了区分和解释，并反复申明，君主不可"委曲生意"，将误臆断为故。他的这种正直，既基于其高尚的品格，也源于其精深的律学造诣。尤其值得注意的是，郭躬

① 《后汉书》卷四六《郭陈列传》，中华书局，1982，第1543页。
② 《后汉书》卷四六《郭陈列传》，中华书局，1982，第1547页。
③ 《后汉书》卷四六《郭陈列传》，中华书局，1982，第1544页。

征引《诗经》、《论语》来说明律意，生动地展示了东汉引经注律之风，这是古代法律儒家化的一个重要阶段，对进一步完善律学理论有着不可忽视的意义。郭躬正是这一过程中起着积极推进作用的一位有贡献的律家。

晋代律家张斐在《律注要略》中说："其知而犯之谓之故。"① 可知"故"有两要素，一是"知"，相当于今天所说认识因素；一是"犯"，相当于今日所说意志因素。我国现行《刑法》第 14 条规定，"明知自己的行为会发生危害社会的结果，并且希望或者放任这种结果发生"是故意。以古代"故"的律理来诠释该条法意，简明而贴切。"误"在汉代又释为"过"，或为当今意义上的过失。从郭躬到张斐关于"故""过"见解，对现代刑法解释理论的拓展与完善，也有一定的借鉴价值。

再次，其律注成果转化为立法成果。章帝时，郭躬"决狱断刑，多依矜恕，乃条诸重文可从轻者四十一事奏之，事皆施行，著于令。"②

最后，开门授徒，形成世代相传的律学世家。郭躬之父郭宏习"小杜律"。③ 郭躬少传父业，讲授徒众常数百人，后为郡吏，辟公府。元和三年（公元 86 年），拜廷尉。"郭氏自宏后数世，皆传法律。子孙至公者一人，廷尉七人，侯者三人，刺史二千石、侍中、中郎将者二十余人，侍御史正监平者甚众"。④

在这里顺便提出一个想法。《晋书·刑法志》中明确指出，汉代治律章句者有郭令卿，此人查史无考，或许与颖川郭氏有

---

① 《晋书》卷三〇《刑法志》，中华书局，1983，第 928 页。
② 《后汉书》卷四六《郭陈列传》，中华书局，1982，第 1544 页。
③ 《后汉书》卷四六《郭陈列传》，中华书局，1982，第 1543 页。
④ （南宋）徐天麟撰：《东汉会要》卷三六《律学》。

关。此论沈家本先生亦曾提及："郭令卿或为颖川之裔，令卿其字也。"①

（2）关于陈宠。

陈宠（？～公元 106 年），字昭公，沛国洨人。家传律学，宠"明习家业"，为司徒鲍昱辟幕僚，"掌天下狱讼"。又为鲍昱撰《辞讼比》七卷，将"决事科条"依类分编，后被官府"奉以为法"。章帝初年，迁为尚书，上疏建言"荡涤烦苛之法"，帝遂令有司"绝钻钻诸惨酷之科，解妖恶之禁，除文致之请谳五十余事，定著于令。"和帝永元六年（公元 94 年），接替郭躬为廷尉，建议"钩校律令条法"，删繁就简，于是才说了本文开篇所引的那段话。永元十六年（公元 104 年）为司空，在位三年而卒，是与郭躬齐名的律章句家和法律实践家。

第一，久远深厚的家学传承。沛国陈氏律家与颖川郭氏律家基本起于同时，但传授不同律说，自成一派，独具特色。史载：陈宠的曾祖父陈咸，"成哀间以律令为尚书，"后王莽篡政，召其为掌寇大夫，咸称病不仕，"于是乃收敛其家律令书文，皆壁藏之。"陈咸断狱风格以"仁恕"著称，常常告子孙："为人议法，当依于轻，虽有百金之利，慎无与人重比。"②有三子：陈参、陈丰、陈钦，皆为官。陈钦子陈躬，建武初为廷尉左监。陈躬子即陈宠，宠子陈忠，字伯始，安帝永初（公元 107～113 年）时，因"明习法律"而居三公曹，延光三年（公元 125 年）任司隶校尉，第二年，因病去世。陈氏律家，以陈咸为始祖，既有"律令书文"传世，又有"仁恕"之风传家，人才辈出，累世治律，先后延续约 150 年之久，可谓源远流长。

第二，明确提出"应经合义"的注律原则。陈宠经律兼通，"宠虽传法律，而兼通经书"，每以经义议疑狱，"每附经典，务从宽恕"，亦长于以经义议事论制。章帝元和中，贾宗建议改"断狱报重"即秋冬行刑的制度，奏请将其由冬初十月改为"三冬之月"。陈宠当庭引经据典，力陈不宜改动。其中论曰："《月令》曰：'孟冬之月，趣狱刑，无留罪。'明大刑毕在立冬也。"结果，"帝纳之，遂不复改。"①

永元中，陈宠"钩校律令条法"，删除超过《甫刑》的条文。正是在这一过程中，他提出了删繁就简、统一法律解释、统一国家法制的主张。在说了"律有三家，其说各异"那句名言的同时，提出以"应经合义"作为"平定律令"的标准。在上疏中，陈宠对"应经合义"原则的把握几乎到了机械程度："臣闻礼经三百，威仪三千，故《甫刑》大辟二百，五刑之属三千。礼之所去，刑之所取，失礼即入刑，相为表里也。今律令死刑六百，耐罪千六百九十八，赎罪以下二千六百八十一，溢于《甫刑》者千九百八十九，其四百一十大辟，千五百耐罪，七十九赎罪。《春秋保乾图》曰'王者三百年一蠲法'。"他认为解决的办法是："宜令三公、廷尉平定律令，应经合义者，可使大辟二百，而耐罪、赎罪二千八百，并为三千，悉删除其余令，与礼相应"。② 这里的"与礼相应"，即与《书经》的《甫刑》经义相应相合。

自西汉董仲舒"经义决狱"以来，在司法领域引用经义断案的做法，日益普遍。儒家由是主导了司法，并进一步向法律解释即立法与准立法领域迈进。其主要途径就是利用注释律令之

---

① 《后汉书》卷四六《郭陈列传》，中华书局，1982，第1551页。
② 《后汉书》卷四六《郭陈列传》，中华书局，1982，第1554页。

际，将儒家经义引入律中。这就是所谓的"引经注律"。陈宠"应经合义"之说，是我们能见到的最早明确提出的注律原则。他这话的含义，一方面要求国家制定的律令条法，要以是否"应经合义"来作删简；另一方面自然也包括律家的注律成果需据此原则定废留。换句话说，只有合乎儒家经义的律注，国家才予认可，否则，则应予废除。

第三，律注成果影响巨大。陈宠为鲍昱作辞曹时，"撰《辞讼比》七卷"。此书"决事科条，皆以事类相从。昱奏上之，其后公府奉以为法。"① 可见，《辞讼比》是陈宠的律学著作，鲍昱奏上后，被公府"奉以为法"。陈宠由是崭露头角，其律注得到官方认可，影响扩大。

陈宠欲依"应经合义"原则，将汉律罪刑条款减至三千条，并进而取舍"律三家"之异说。这些大手笔虽在永元时代"未及施行"，但到安帝永初年间，大部分得以变成现实。陈宠之子陈忠"略依宠意，奏上二十三条，为《决事比》，以省请谳之敝。"②

或许有人会诘问：陈宠所谓"律有三家，其说各异"，显系对"律三家"持批评态度，如把自家也放在其中，似乎有点不合逻辑。

从陈宠疏奏的原意可知，他主张用"应经合义"的原则取舍三家律说，并理所当然地将陈氏律注自诩为符合经义。在"律三家"中，陈氏律家的"应经合义"特色不可小觑。它说明陈氏律家是比较正统的儒学世家，这大不同于"小杜律"和传"小杜律"的郭氏律家。从当时盛行的司马谈的诸子"六家"之

① 《后汉书》卷四六《郭陈列传》，中华书局，1982，第 1549 页。
② 《后汉书》卷四六《郭陈列传》，中华书局，1982，第 1555 页。

说或班固的"九流十家"之说来作分野,"小杜律"尽管改变了"大杜律"的峻刻,吸收了儒家的宽平仁恕精神,但仍属于法家之传承。前引《后汉书》本传"论曰"赞郭躬"法家之能延庆于世,盖由此也"之语,也明确把郭氏划入"法家"。所以陈宠置自家于三家之中,正反映出他欲以自家律注来统合另二家之"异"的意愿。质言之,是用正统的儒家律章句、律说来代替法家或儒家化法家的律章句、律说。

4. 简短的结语

综上考论,简言之,可归纳为三句话:第一,东汉"律三家",指郭躬、陈宠、杜林及其各自所代表的律章句学派;第二,郭躬、陈宠对律理的阐发、对"应经合义"之注律原则的倡扬,激发了东汉中后期马融、郑玄等人的引经注律活动,进一步促使律章句成为司法判案的依据,律学理论直接转化于法律实践之中;第三,杜林的治律方法,直接启发了东汉中期之许慎、末期之应劭①等以小学训诂方法注释律令,推动了律学的纵深发展。此其一。

其二,陈宠在其"律有三家,其说各异"之论中,提出统一法律解释的建议,这既符合维护国家法制统一的大方向,又适应了时代发展趋势。他强调三家律说之"异",揭示了当时律章句、律说散乱、繁琐及相互矛盾的弊端。正是这一弊端遂致大多数律章句、律说及其作者湮没无闻。在中国法律史上,这是值得记取的教训。

---

① 著名史学家严耕望先生(1916~1996年)说:"综观(应)劭著述宏富,虽多不传,要见其为汉代制度学、法律学一大家。"《中华百科全书·传记·应字部》,中国文化大学版权所有/资讯中心制作。台湾中国文化大学网, Chinese Culture University All Rights Reserved/Center For Information & Comunications made.

通过"律三家"的考析，除了进一步加深了对东汉律章句、律说的这种弊端的认识外，还发现了问题的另一面：各种形式的律章句、律说之间有相同之处，甚至可以说，是同多异少，其异只是同中之异，或大同小异，至少"律三家"是这样。"律三家"中的郭、杜均传"小杜律"，以宽恕为治律、治狱之精神。陈氏一家虽未知其律说之宗，但史书盛赞其以"仁恕"之风传家。足见三家在法律思想层面上基本一致，可谓"大同"，其异之处则局限于对刑名、罪名之类及适轻适重等具体细节的看法，相比之下，多属"小异"。陈宠强调各家之"异"固所必然。且从法律适用上说，"小异"可致大不公、大不正，"小异"即是国家法制不一致，理当去"异"，实现法制统一。但后人研究此时律章句和律家，切忌只见其"异"而不见其"同"。而正是这"同"的基本面，反映了法律儒家化的大趋势，说明到东汉"律三家"时代，亦即公元 1 世纪左右，儒家思想已基本统治律章句、律说。以峻严刻酷为特点的"大杜律"早无市场，连杜周自己的亲儿子杜延年也将乃父所创的"大杜律"弃之不用，而自创"务在宽平"的"小杜律"，并风传于世。各种律章句、律说都以儒家和儒学经义的精神为依归之日，便是中华法系之法律儒家化即将成型之时。从这一角度来说，对于包括"律三家"在内的东汉律章句学和诸多律家所作出的以儒家经义治律的工作应给予一定的正面评价。

附录二

误读史料八十年

——程树德《汉律考》辨正一则①

摘要：程树德先生之《汉律考》，被奉为法律史学的经典著作，其《律令杂考》中，将"上洛发墓"视为汉代案例，史料出处为《汉记》，并以之印证两汉律令，是为误引。详考可知，该案系前赵案例，出处为《汉赵记》，所反映的是十六国时的法制状况，前后相差近百年。自 1926 年《汉律考》首版面世迄今，关于"上洛发墓"案的时代及其所涉律令，法律史界皆因袭程说，误读史料整八十年。为避免错讹遗流后人，特做辨正一则。

关键词：《汉律考》 "上洛发墓"案 《汉记》 《汉赵记》

"论从史出，以史证论"的研究方法，已为法律史学界所认同。然而，近百年来的法律史研究，在史料的运用上却存在着一些不尽人意处，错用史料必将导致结论错误。如程树德《汉律考·律令杂考》中的"上洛发墓"案，便是一例。程氏认为该案为汉事，反映了汉代关于"发墓"的律令，出处为"《太平御

---

① 本文由龙大轩、梁健合撰。此文节本发表于《历史研究》2007 年第 5 期。

览》卷五百五十九引《汉记》"。今治法史者皆袭其论，无有深究，惟史学界有人存疑，[①] 惜无详辨，故未引起法律史界的重视。事实上，"上洛发墓"乃十六国之前赵（公元 304~329 年）时案例，《汉记》亦为《汉赵记》之误。为避免以讹传讹，纠正法史学界对该则史料的误读、误用，特辨正之。不足之处，诚请方家指正。

1. 法律史学界对"上洛发墓"案的征引与运用

程树德在《汉律考》[②] 中征引了《太平御览》中的"上洛发墓"案，原文如下：

> 上洛男子张卢死二十七日，人盗发其冢，卢得苏，起问盗人姓名。郡县以盗元意奸轨，卢复由之而生，不能决。豫州牧呼延谟以闻，诏曰："以其意恶功善，论笞三百，不齿终身。"

程氏所注出处为"《太平御览》卷五百五十九引《汉记》"。既然该案出自《汉记》，故程先生便顺理成章地将此案所涉"论笞三百，不齿终身"的处罚结论，归为汉代关于"发墓"的律令内容，并置于《律令杂考上》之栏目。程树德先生是现代法律史学的奠基人物之一，其《汉律考》被公认为是考证古代法律史料方面的经典之作，成为后世学者研治汉律的必读书。正因如此，人们在"上洛发墓"案的征引、运用上，往往受其影响。

---

① 有学者在研究盗墓行为时，以"《太平御览》卷五五九引《汉赵记》"所涉"发冢"案为例，认为"程树德将《汉赵记》引作《汉记》，以为汉代法律例证，误。"参阅王子今《中国盗墓史》，中国广播电视出版社，1999，第302页。

② 程树德著：《九朝律考》卷四《汉律考四·律令杂考上》，第111页。

此影响，概见诸两端。

其一是，认为"上洛发墓"案反映了汉代律令的相关规定。如王立民先生在其主编的《中国法制史参考资料》一书中，将此案作为印证汉代"发墓"律令的支撑案例，且明言其转引自程树德先生之《汉律考》。① 乔伟先生的《中国法律制度史》一书在论述汉代盗窃和侵害官私财物罪时，便引"上洛发墓"案为证。② 受乔先生的影响，史学界有学者在研究历代文物保护制度时，亦转引乔著中所引"上洛发墓"案，并将其中"论笞三百，不齿终身"的处罚结论，视为汉律对"发墓"所作之规定。③

其二是，认为"上洛发墓"案是汉代"春秋决狱"的典型例证。现今一些法律史教材与论著中，以该案判决理由为"意恶功善"，将其视为"春秋决狱，论心定罪"的代表。如朱勇先生在其所编《中国法制史》一书中；④ 赵晓耕先生在其所编《中国法制史》一书中，⑤ 皆持此论。

① 王立民主编：《中国法制史参考资料》，北京大学出版社，2006，第89～90页。
② 乔伟主编：《中国法律制度史》（上册），吉林人民出版社，1982，第236页。"发盗普通人坟墓者，法律也有重刑……据《汉记》载：'上洛男子张卢，死二十七日，人盗发其冢。卢得苏，起问盗人姓名。郡县以盗元意奸轨，卢复由之而生，不能决。豫州牧呼延谟以闻，诏曰：以其意恶功善，论笞三百，不齿终身。'（《太平御览》卷五五九引）"
③ 赵杰著：《中国历代文物保护制度述略》，载《考古与文物》2003年第3期，第92～93页。
④ 朱勇主编：《中国法制史》，法律出版社，1999，第134～135页。"'春秋决狱'的核心在于'论心定罪'，即根据人的主观动机、意图、愿望来确定其是否有罪。具体标准是'志善而违于法者免，志恶而合于法者诛'。古书记载：汉代上洛有盗墓者，虽救活墓主，但仍以其'意恶'，诏'论笞三百，不齿终身'。论心定罪原则所强调的是主观'心'的好坏，而'心'的好坏的标准又是儒家的伦理规则。"
⑤ 赵晓耕编著：《中国法制史》，中国人民大学出版社，2004，第124页。"'春秋决狱'的核心在于'论心定罪'，即根据人的主观动机、意图、愿望来确定其是否有罪。具体标准是'志善而违于法者免，志恶而合于法者诛'。古书记载：汉代上洛有盗墓者，虽救活墓主，但仍以其'意恶'，诏'论笞三百，不齿终身'。论心定罪原则所强调的是主观'心'的好坏，而'心'的好坏的标准又是儒家的伦理规则。"另，赵先生在其《春秋决狱》一文（《法律与生活》2006年第10期，第56页）中也表达了同样的观点。

2. "上洛发墓"案之年代及出处辨正

"上洛发墓"案的真正出处，是《太平御览》卷五百五十九《礼仪部三十八·冢墓三》引《汉赵记》，[①] 而非《汉记》。原文如下：

> 上洛男子张卢死二十七日，人有盗发其冢，卢得苏，起且问盗人姓名。郡县以虽元意奸轨，卢复由之而生，不能决。豫州牧呼延谟以闻，诏曰："以其意恶功善，论笞三百，不齿终身。"

上文出自中华书局1960年宋版影印本，与程树德所引《汉记》相较多出两字，分别是"人有盗发其冢"之"有"，"起且问盗人姓名"之"且"；另有一字与程氏所引不同，即"虽元意奸轨"之"虽"，程氏所引作"盗"。

该案究竟出自《汉记》还是《汉赵记》，至为关键。如果出自《汉记》，则反映的是百年前东汉的法制状况；如果出自《汉赵记》，则反映的是百年后前赵（刘曜统治时期）的法制状况。

笔者详考得知，"上洛发墓"案出自《汉赵记》而非《汉记》，理由有三：其一，《汉记》与《汉赵记》并非同一本书，《太平御览》至今最权威的版本为中华书局1960年宋版影印本，其中"上洛发墓"一事出自《汉赵记》。其二，"上洛发墓"中的关键人物"张卢"生活在前赵。其三，"上洛发墓"案中的另一人物"豫州牧呼延谟"也生活在前赵。以下次第展开论证：

---

① 《太平御览》卷五五九《礼仪部三十八·冢墓三》，中华书局，1960 影印本，第 3 册，第 2526 页。

（1）《汉记》与《汉赵记》之区别。

《汉记》实际上就是《东观汉记》，又称《东观记》。据《后汉书》记载，应劭"见《汉书》二十五，《汉记》四，皆删叙润色，以全本体"，① 此处的《汉记》"即《东观记》"。② 《汉记》一书是存在的，它是记载东汉（公元 25～220 年）光武帝到灵帝时期的一部史书，书名得自官府修史馆所在地——"东观"。该书并非一次修成，而是历经几代人的撰修。

早在汉明帝时，班固与"前睢阳令陈宗、长陵令尹敏、司隶从事孟异共成《世祖本纪》"。③ 此后又"撰功臣、平林、新市、公孙述事，作列传、载记二十八篇"，④ 时为该书的奠基期。到汉安帝时，刘珍、李尤等撰写了纪、表、名臣、节士、儒林、外戚等传，从光武帝建武年间到安帝永初年间，这时才有了《汉记》的名称。按《后汉书》记载："永初中，谒者仆射刘珍、校书郎刘騊驗等著作东观，撰集《汉记》"。⑤ "李尤字伯仁，广汉洛人也。少以文章显。和帝时，侍中贾逵荐尤有相如、杨雄之风，召诣东观，受诏作赋，拜兰台令史。稍迁，安帝时为谏议大夫，受诏与谒者仆射刘珍等俱撰《汉记》"。⑥ 此后，陆续有人进行补写。《后汉书》又载："元嘉中，桓帝复诏无忌与黄景、崔寔等共撰《汉记》"。⑦ "（卢植）与谏议大夫马日磾、议郎蔡邕、杨彪、韩说等并在东观，校中书《五经》记传，补续《汉

---

① 《后汉书》卷四八《应劭列传》，中华书局，1982，第 1613 页。
② 《后汉书》卷四八《应劭列传》，中华书局，1982，第 1614 页。
③ 《后汉书》卷四〇《班彪列传》，中华书局，1982，第 1334 页。
④ 《后汉书》卷四〇《班彪列传》，中华书局，1982，第 1334 页。
⑤ 《后汉书》卷五九《张衡列传》，中华书局，1982，第 1940 页。
⑥ 《后汉书》卷八〇《文苑列传上·李尤传》，中华书局，1982，第 2616 页。
⑦ 《后汉书》卷二六《伏湛列传》，中华书局，1982，第 898 页。

记）"。①《邕别传》曰："（蔡）邕昔作《汉记》十意，未及奏上，遭事流离，因上书自陈"。②

通过上述史料梳理，可知《汉记》的存在，所记为东汉之事。程树德将"上洛发墓"案归为汉代之事，应是以此为据。

而《汉赵记》并非《汉记》，其成书年代远远晚于《汉记》，作者为前赵和苞。《史通》记载："前赵刘聪时，领左国史公师彧，撰《高祖本纪》及功臣传二十人，甚得良史之体……刘曜时，平舆子和苞撰《汉赵记》十篇，止于当年，不终曜灭"。③可见《汉赵记》是为十六国之一前赵所编国史。在后世史书的《经籍志》和《艺文志》中都有《汉赵记》一书的记载：

《隋书》卷三三《经籍志二·史志》记载："《汉赵记》十卷，和苞撰。"

《旧唐书》卷四六《经籍志上》记载："《汉赵记》十卷，和苞撰。"

《新唐书》卷五八《艺文志二》记载："和包《汉赵纪》十四卷。"（"和包"即"和苞"）

《宋史》卷二〇四《艺文志三》记载："和苞《汉赵记》一卷。"

由于历时久远，《汉赵记》的篇目卷数虽然到宋时变成了一卷，但至少此书是存世的。清人浦起龙《史通通释》称和苞所

① 《后汉书》卷六四《卢植列传》，中华书局，1982，第2117页。
② 《后汉书》卷六〇《蔡邕列传》，中华书局，1982，第2004页。
③ （唐）刘知几撰、（清）浦起龙释：《史通通释》卷一二《外篇·古今正史》（下册），上海古籍出版社，1978，第358页。

撰《汉赵记》"一脱'汉'字"。① 浦氏该书最早刊行于乾隆十七年。② 据此可知，《汉赵记》一书在乾隆年间又以《赵记》为题名，且浦氏曾见过。按民国时期出版的《史通通释》，浦氏云："《隋志·前赵》，则《汉记》十卷，《唐志》作十四卷，和苞撰"。③ 上海古籍出版社1978年重印的《史通通释》又作："《隋志·前赵》，则《汉赵记》十卷，《唐志》作十四卷，和苞撰"。④ 重印版之《校勘记》云："前赵则《汉赵记》十卷，'赵'字据《隋书》补"。由上可察，《汉赵记》又可能以《汉记》为其他题名。此《汉记》之名，当是脱字造成，并不影响内容本身。今人张泽咸先生研究认为，匈奴人刘渊建国未久即派人修撰本国纪传体史书，其后，刘曜又指令和苞修当代史，撰《前赵记》十卷。⑤ 此书不见于二十五史中，不知所依何据，然观张先生行文，《前赵记》实即《汉赵记》。

鉴上分析，《赵记》、《前赵记》或《汉记》，都有可能是《汉赵记》的其他题名，但《汉赵记》则不可能成为《汉记》的其他题名。既然《汉记》与《汉赵记》系不同的两部书，鉴于1960年《太平御览》宋版影印本的权威性，可以肯定"上洛发墓"出自《汉赵记》而非《汉记》。

---

① （唐）刘知几撰、（清）浦起龙释：《史通通释》卷一二《外篇·古今正史》，商务印书馆，1937年，第3册。
② （唐）刘知几撰、（清）浦起龙释：《史通通释·序》，（上海）商务印书馆，1937年，第1册。
③ （唐）刘知几撰、（清）浦起龙释：《史通通释》卷一二《外篇·古今正史》，商务印书馆，1937年，第3册。
④ （唐）刘知几撰、（清）浦起龙释：《史通通释》卷一二《外篇·古今正史》（下册），上海古籍出版社，1978，第361页。
⑤ 参阅张泽咸《六朝史学发展与民族史的崛兴》，该文原为2004年"蒙文通先生诞辰110周年纪念及学术讨论会"参会文章，由国家清史编纂委员会"中华文史网"于2004年10月9日首发：http://www.historychina.net/cns/DZQK/WSWZK/epaper-content.jsp? infoid=9680&tempChannelid=887。

（2）由"张卢"旁证"上洛发墓"案出自《汉赵记》。

查前三史以及《东观汉记》，均无"张卢"斯人，而在《晋书·刘曜载记》却有记载："上洛男子张卢死二十七日，有盗发其冢者，卢得苏"。[①] 这和《汉赵记》前半段记载的内容相同，上洛人"张卢"因为有人盗挖其墓死而复生。但《晋书》记载仅限于此句，其后郡县不能决、呼延谟上报此案、皇帝下诏判决等内容，却无备叙。据《刘曜载记》，刘曜为"元海之族子，少孤，见养于元海。"[②]"元海"即刘渊（刘元海），是前赵的开国君主。刘曜在太兴元年（公元318年）即位，并"以水承晋金行，国号曰赵"。[③]"上洛发墓"一事既然出现《刘曜载记》中，说明此事自然发生在刘曜在位期间（公元318～329年），"张卢"亦应该生活在前赵。由此可推，"上洛发墓"案中的"诏"，理当是刘曜在位时所下的诏令。[④]

另，《晋书》为唐人编修，其撰写必然参考晋以来的史料，而《汉赵记》当为其一，自然应有"上洛发墓"一事的记载。至于该案在《晋书》中记载得并不完整，盖为房玄龄等人的撰史风格所致。《晋书·载记》的风格之一，就是好记一些怪异和符瑞之事，里面记载的此类故事多达20余个，有的还长达几百字。清人赵翼就指出："采异闻入史传，惟《晋书》及南、北史最多，而《晋书》中僭伪诸国为尤甚"。[⑤] 基于这样的撰写风格，在记叙"上洛发墓"案时，只抽取其中"张卢"死而复生的部

① 《晋书》卷一〇三《刘曜载记》，中华书局，2000，第1800页。
② 《晋书》卷一〇三《刘曜载记》，中华书局，2000，第1793页。
③ 《晋书》卷一〇三《刘曜载记》，中华书局，2000，第1794页。
④ 王子今先生也认为此"诏"为刘曜所颁，参阅王子今《中国盗墓史》，中国广播电视出版社，1999，第358页。
⑤ （清）赵翼撰：《廿二史札记》卷八《晋书·晋书所记怪异》，中国书店，1987，第96页。

分作为怪异之典型，而省略后续的判案情况，是完全可能的。

综上，《晋书》晚出于《汉赵记》，且对《汉赵记》有所采袭。其中关于"张卢"的记载，可以旁证"上洛发墓"案非汉事，而是发生在前赵。

（3）从"豫州牧呼延谟"反证"上洛发墓"案非汉事。

在"上洛发墓"案中，除"张卢"外还有一个人物，即"豫州牧呼延谟"。正是他将此案呈报给当时的皇帝，因此还可以通过考察他生活的年代，从而推断此案发生的时间。

首先，"呼延谟"一名只在《晋书》中出现，而不见于前四史。《晋书·列女传》："陕妇人，不知姓字，年十九。刘曜时孽居陕县，事叔姑甚谨，其家欲嫁之，此妇毁面自誓。后叔姑病死，其叔姑有女在夫家，先从此妇乞假不得，因而诬杀其母，有司不能察而诛之。时有群鸟悲鸣尸上，其声甚哀，盛夏暴尸十日，不腐，亦不为虫兽所败，其境乃经岁不雨。曜遣呼延谟为太守，既知其冤，乃斩此女，设少牢以祭其墓，谥曰孝烈贞妇，其日大雨。"[①] 可见其中为陕妇伸冤平反的"呼延谟"也是生活在前赵，且是刘曜在位时的一个太守。《晋书·刘曜载记》："（刘）曜遣刘岳攻石生于洛阳，配以近郡甲士五千，宿卫精卒一万，济自盟津。镇东呼延谟率荆司之众自崤渑而东……石季龙率步骑四万入自成皋关，岳陈兵以待之。战于洛西，岳师败绩，岳中流矢，退保石梁。季龙遂堑栅列围，遏绝内外。岳众饥甚，杀马食之。季龙又败呼延谟，斩之。"[②] 这段记载与"上洛发墓"案的出处相同，"呼延谟"为前赵刘曜的部将，但在与后赵之战中被石虎（即石季龙）所杀。据此可知，《晋书》中的"呼延

---

① 《晋书》卷九六《列女传·陕妇人传》，中华书局，2000，第1681~1682页。

② 《晋书》卷一〇三《刘曜载记》，中华书局，2000，第1803页。

谟"与《汉赵记》中的"呼延谟",应是同一人,生活于前赵刘曜时期。

其次,"呼延谟"并非汉人,"呼延"一姓源出匈奴。前四史中,不见有以"呼延"为姓的人物,仅可见"呼衍"之姓氏。《史记》载:"呼衍氏,兰氏,其后有须卜氏,此三姓其(匈奴)贵种也"。① 《汉书》载:"呼衍氏,兰氏,其后有须卜氏,此三姓,其(匈奴)贵种也"。② 颜师古云:"呼衍,即今鲜卑姓呼延者是也"。③ 李贤《后汉书》注云:"呼衍其号,因以为姓,匈奴贵种也,今呼延姓是其后"。④ 可见"呼延"一姓源自匈奴,其本称"呼衍",为古代匈奴的大姓。东晋五胡十六国时,呼衍部落方进入中原,此后改称呼延氏,呼延谟正是生活在这一时期,由此说明汉代并无以"呼延"为姓的匈奴人。此外,即使"呼延谟"生活在汉代,但由于其是匈奴人,要担任地属中原的"豫州牧",也完全不可能。

由以上两点,可以断定"豫州牧呼延谟"生活在前赵,凭藉其匈奴姓氏更能排除他生活在汉代的可能性,由此可进一步推定,"呼延谟"所呈报的"上洛发墓"案并非汉事。该两点,或许正是程树德先生在阅读这则史料时没有仔细考虑到的。

3. 程树德先生误引"上洛发墓"案的原因

程树德先生之《汉律考》,广征博引、周密详备,然其误引《汉记》,将"上洛发墓"案视为汉事,并用以印证汉律,诚为百瑜之一瑕,亦不能不说是一个小小的遗憾。笔者认为,程先生

---

① 《史记》卷一一〇《匈奴列传》,中华书局,1972,第2890~2891页。
② 《汉书》卷九四《匈奴传》,中华书局,1983,第3751页。
③ 《汉书》卷九四《匈奴传》颜师古注,中华书局,1983,第3752页。
④ 《后汉书》卷二三《窦融列传》,中华书局,1982,第815页。

之征引偏差，盖由以下两个原因造成：

（1）对某些史料的误解。

程先生恐怕是受到《汉记》一书题名的客观影响，才出现误引。既谓"《汉记》"，便是记载汉代之事，这种推理在逻辑上似可圆通，但并不能绝对合符历史真实。《汉记》一书的传世性，在一定程度上误导了程氏，使其对书中史料深信不疑而加以援用。当然，程氏也可能没有对"上洛发墓"案的行文加以深究，"张卢"、"豫州牧呼延谟"等名氏，便是其没有察觉到的疑点。此外，对于《晋书》中关于"上洛发墓"案的片断记载，恐怕程氏亦未仔细阅读，从而影响其不能辨明该案并非汉事。

（2）《太平御览》的版本局限。

程先生引上洛发墓案，出处为《太平御览》。故其所据《太平御览》的版本局限，很可能是造成他出现征引偏差最直接的原因。

众所周知，《太平御览》作为百科全书性质的类书，共1000卷，分55部，引用古今图书及各种体裁文章共2579种，为宋代四大类书之一。《太平御览》不仅卷数逾千，其版本也有十多种。著名历史学家聂崇岐先生自20世纪三四十年代以来，曾多次参与《太平御览》的资料整理和重印出版工作。1934年，聂先生在哈佛燕京学社编纂出版《太平御览引得》，其中以"汉"字开头的"引得"中，并无《汉赵记》，唯有《汉记》一书，并引卷"559"、"荀悦、张璠参《汉纪》"。[①] 这说明，当时聂先生所见《太平御览》卷五百五十九所引的，就是《汉记》，而非《汉赵记》。但其在《引得》序言又提到："顷闻上海商务印书馆

---

① 聂崇岐：《太平御览引得》，上海古籍出版社，1990重印本，"汉"字部。

将有影印宋本《御览》之举，不知其所据者究竟何时版本，此要待影印出版时方得知其详矣。"① 这又说明聂先生在编纂《引得》时，宋本《太平御览》尚未现世，此为关键。

1935 年商务印书馆出版宋本《太平御览》影印本，成为此后最流行和最权威的版本。到 1960 年，中华书局根据 1935 年上海涵芬楼影印宋本复制重印了《太平御览》，其中卷五百五十九中所引则为《汉赵记》，而非《汉记》。可见宋本《太平御览》所引确为《汉赵记》。聂崇岐先生在 1960 年重印前言中特别指出，《太平御览》版本繁多，且有的版本是根据抄本辗转传刻，在没有见到宋本的基础上，仅凭己意校改而成，因此难免有错漏。② 在宋版统一面世前，《太平御览》的其他抄刻本将《汉赵记》误为《汉记》，正是受到版本局限而出现的一个错误。

据程氏《汉律考序》，此考成于 1918 年，首版于 1926 年，而宋本《太平御览》面世在 1935 年。可以肯定，程先生在撰《汉律考》时没有参阅到宋本《太平御览》，其所看到的版本，当是"卷五五九引《汉记》"的抄刻本，以故出现将"上洛发墓"案归为汉事的错误。

4. "草创者难，因袭者易"——误读史料八十年的背后

"上洛发墓"案虽是误引，但这并不影响程树德先生《汉律考》在法律史学界的地位。若宋本《太平御览》能在其撰《汉律考》时现世且又能参阅到，相信以程先生的治学精神与考据功底，完全可以避免这一点遗憾。相较之下，今世法律史的研习者，虽有机会接触到宋本《太平御览》，却对程先生所征引的史

---

① 聂崇岐：《太平御览引得》，上海古籍出版社，1990 重印本，序言。
② 聂崇岐：《重印太平御览前言》，《太平御览》，中华书局，1960 影印本，第 1 册，第 3～4 页。

料不加订校，不复质疑地直接加以引用或演绎，遂生以讹传讹之虞。若任其发展，恐将误导后学。

程先生在《九朝律考序》中曾希冀："当时无知者，而流传或在百年之后，是仍求之己耳"，① 可以说程先生的愿望是早已实现，不仅法律史学界甚至史学界，此书都被推为经典之作。但就是这样的大家，在书成之后仍一再指出："一书之成，草创者难，而因袭者易，是书搜罗虽富，然疏漏仍不能免，补遗之责，期之后人。"② 由此足见其治学之严谨。程先生是草创者，我们正是他所说的"因袭者"；没有他当日治学考据之"难"，又怎来我们今日撰文出书之"易"？只可惜我们后人都没有担负起"补遗"的责任，辜负了程先生的期望。

《汉律考》自 1926 年首版面世，迄今刚刚 80 年，学界对"上洛发墓"案的误读亦整整 80 年。为避免错讹遗流后人，末学后进如我等，斗胆为程先生之宏著作一则辨正，心中甚为惶恐，然对他的学术精神，却因之而更为敬仰！

---

① 程树德著：《九朝律考》卷一《九朝律考序》，第 1 页。
② 程树德著：《九朝律考》卷一《凡例》，第 2 页。

主要参考文献

一　古籍文献

1. 《周易正义》，（魏）王弼、韩康伯注，（唐）孔颖达等正义，十三经注疏本，中华书局，1980。

2. 《尚书正义》，（汉）孔安国传，（唐）孔颖达疏，十三经注疏本，中华书局，1980。

3. 《毛诗正义》，（汉）郑玄笺，（唐）孔颖达疏，十三经注疏本，中华书局，1980。

4. 《周礼注疏》，（汉）郑玄注，（唐）贾公彦疏，十三经注疏本，中华书局，1980。

5. 《仪礼注疏》，（晋）郑玄注，（唐）贾公彦疏，十三经注疏本，中华书局，1980。

6. 《礼记正义》，（汉）郑玄注，（唐）孔颖达疏，十三经注疏本，中华书局，1980。

7. 《春秋左传正义》，（晋）杜预注，（唐）孔颖达疏，十三经注疏本，中华书局，1980。

8. 《春秋公羊传注疏》，（汉）何休解诂，（唐）徐彦疏，十三经注疏本，中华书局，1980。

9. 《春秋谷梁传注疏》，（晋）范宁，（唐）杨士勋疏，十三经注疏本，中华书局，1980。

10. 《论语注疏》，（魏）何晏等注，（宋）邢昺疏，十三经注疏本，中华书局，1980。

11. 《孝经注疏》，（唐）唐元宗明皇帝御注，（宋）邢昺疏，十三经注疏本，中华书局，1980。

12. 《尔雅注疏》，（晋）郭璞注，（宋）邢昺疏，十三经注疏本，中华书局，1980。

13. 《孟子注疏》，（汉）赵岐注，（宋）孙奭疏，十三经注疏本，中华书局，1980。

14. 《史记》，（汉）司马迁著，中华书局点校本。

15. 《汉书》，（汉）班固著，（唐）颜师古注，中华书局点校本。

16. 《后汉书》，（南朝宋）范晔著，（唐）李贤注，中华书局点校本。

17. 《三国志》，（晋）陈寿著，（南朝宋）裴松之注，中华书局点校本。

18. 《晋书》，（唐）房玄龄等著，中华书局点校本。

19. 《宋书》，（南朝梁）沈约著，中华书局点校本。

20. 《南齐书》，（南朝梁）萧子显著，中华书局点校本。

21. 《梁书》，（唐）姚思廉著，中华书局点校本。

22. 《陈书》，（唐）姚思廉著，中华书局点校本。

23. 《魏书》，（北齐）魏收著，中华书局点校本。

24. 《北齐书》，（唐）李百药著，中华书局点校本。

25. 《周书》，（唐）令狐德棻等著，中华书局点校本。

26. 《隋书》，（唐）魏征等著，中华书局点校本。

27. 《南史》，（唐）李延寿著，中华书局点校本。

28. 《北史》，（唐）李延寿著，中华书局点校本。

29. 《旧唐书》，（后晋）刘昫等著，中华书局点校本。

30. 《新唐书》，（宋）欧阳修等著，中华书局点校本。

31. 《旧五代史》，（宋）薛居正等著，中华书局点校本。

32. 《新五代史》，（宋）欧阳修著，中华书局点校本。

33. 《宋史》，（元）脱脱等著，中华书局点校本。

34. 《明史》，（清）张廷玉等著，中华书局点校本。

35. 《清史稿》，（清）赵尔巽等著，中华书局点校本。

36. 《资治通鉴》，（宋）司马光著，中华书局，1956。

37. 《通典》，（唐）杜佑著，王文锦等校点，中华书局，1988。

38. 《通志》，（宋）郑樵撰，中华书局，1995。

39. 《文献通考》，（元）马端临撰，中华书局，1986。

40. 《秦会要》，（清）孙楷撰，杨善群校补，上海古籍出版社，2004。

41. 《两汉纪》，（汉）荀悦、（晋）袁宏撰，张烈点校，中华书局，2005。

42. 《两汉诏令》（中华再造善本）（1 函 6 册），（宋）林虑、楼昉辑，北京图书馆出版社，2004。

43. 《汉制考》（四卷）（宋）王应麟撰，兰州大学图书馆馆藏古籍。

44. 《八家后汉书辑注》（全二册），周天游点校，上海古籍出版社，1986。

45. 《后汉书集解》，（清）王先谦著，商务印书馆，1959。

46. 《汉官六种》，（清）孙星衍等辑，周天游校注，中华书局，1990。

47. 《白虎通疏证》，（汉）班固著，（清）陈立撰，吴则虞点校，中华书局，1994。

48. 《风俗通义校注》，（汉）应劭撰，王利器校注，中华书局，1981。

49. 《论衡》，（汉）王充著，上海人民出版社，1974。

50. 《西汉会要》，（南宋）徐天麟撰，中华书局，1955。

51. 《东汉会要》，（南宋）徐天麟撰，中华书局，1955。

52. 《三国会要》，（清）钱仪吉著，上海古籍出版社，1991。

53. 《晋会要》，（清）汪兆镛撰，书目文献出版社，1991。

54. 《历代职官表》，（清）黄本骥著，中华书局，1965。

55. 《尔雅广雅方言释名》（清疏四种合刊）（清）郝懿行、王念孙、钱绎、王先谦撰，上海古籍出版社，1989。

56. 《读通鉴论》，（清）王夫之，中华书局，1975。

57. 《廿二史劄记》，（清）赵翼，中华书局，1984。

58. 《十七史商榷》，（清）王鸣盛著，中国书店，1987。

59.《淮南子集释》，（汉）刘安著，何宁撰，中华书局，1998。

60.《颜氏家训》，（北齐）颜之推著，曹惠民注译，中国社会科学出版社，2003。

61.《商君书》，（战国）商鞅著，高亨注译，中华书局，1984。

62.《逸周书会校集注》，（晋）孔晁撰，黄怀信集注，上海古籍出版社，1995。

63.《西京杂记》，（晋）葛洪撰，程毅中校点，中华书局，1985。

64.《慎子》1卷（附逸文）1册〈1函〉，（战国）慎到撰，兰州大学图书馆馆藏古籍。

65.《韩非子集解》，（清）王先慎撰，中华书局，2004。

66.《法言义疏》，（汉）扬雄著，汪荣宝义疏，中华书局，2003。

67.《说苑校正》，（汉）刘向著，向宗鲁校正，中华书局，1987。

68.《列女传》，（汉）刘向著，辽宁教育出版社，1998。

69.《高士传》，（汉）刘向著，辽宁教育出版社，1998。

70.《新书校注》，（汉）贾谊著，王利器校注，中华书局，2004。

71.《盐铁论校注》（修订本），（汉）桓宽注，王利器校注，天津古籍出版社，1983。

72.《韩诗外传集释》，（汉）韩婴撰，许维遹校释，中华书局，1980。

73.《急就篇》，（汉）史游编撰，曾仲珊校点，岳麓书社，1989。

74.《管子集校》，郭沫若、闻一多、许维遹编撰，〔日本〕东丰书店，1981。

75.《太平御览》，（宋）李昉等著，中华书局，1985。

76.《册府元龟》，（宋）王钦若等撰，中华书局，1960。

77.《太平广记》，（宋）李昉等撰，齐鲁书社，1981。

78.《昭明文选》，（南朝梁）萧统编撰，（唐）李善注，中华书局，1977。

79.《艺文类聚》，（唐）欧阳询等撰，汪绍楹校对，中华书局，1965。

80.《文心雕龙义证》，（南朝梁）刘勰著，詹锳义证，上海古籍出版社，1999。

81.《文苑英华》，（宋）李昉等撰，中华书局，1966。

82.《全上古三代秦汉三国六朝文》，（清）严可均校辑，中华书局，1965。

83.《汉魏六朝百三家集题辞注》，（明）张溥著，殷孟伦注，人民文学出版社，1981。

84.《唐律疏议》，（唐）长孙无忌等撰，刘俊文点校，中华书局，1983。

85.《唐六典》，（唐）唐玄宗撰，李林甫注，中华书局，1988。

86.《玉海》，（宋）王应麟著，光绪九年浙江书局重锓，线装本。

87.《隶释》，（宋）洪适撰，（北京）中华书局，1985。

88.《日知录集释》，（清）顾炎武撰，（清）黄汝成集释，岳麓书社，1994。

89.《北堂书钞》，（唐）虞世南撰，中国书店，1989，影印本。

90.《白氏六帖事类集》（1函6册），（唐）白居易撰，文物出版社，1987，影印本。

91.《搜神记》，（东晋）干宝著，花山文艺出版社，1986。

92.《容斋随笔》，（宋）洪迈著，上海古籍出版社，1996。

93.《历代名人年谱》，（清）吴荣光撰，北京图书馆出版社，2002。

94.《一切经音义》，（唐）释慧琳撰，上海古籍出版社，1986，影印本。

95.《律附音义》，（宋）孙奭著，上海古籍出版社，1979，影印馆藏宋刊本。

96.《说文解字段注》，（清）段玉裁著，成都古籍书店影印，1981。

97.《〈说文解字〉系传》，（南唐）徐锴撰，中华书局，1998。

98.《唐明律合编》，（清）薛允升撰，怀效锋、李鸣点校，法律出版社，1999。

99.《大清律辑注》，（清）沈之奇撰，怀效锋、李俊点校，法律出版社，2000。

100.《读律琐言》，（明）雷梦麟撰，怀效锋等点校，法律出版社，2000。

101.《读律佩觿》，（清）王明德撰，何勤华等点校，法律出版社，2001。

二　专著类

1.《历代刑法考》，（清）沈家本撰，群众出版社，1985。

2.《九朝律考》，（民国）程树德著，中华书局，2003。

3. 《中国法制史》，（民国）陈顾远著，商务印书馆，1935 年。

4. 《中国法律与中国社会》，（民国）瞿同祖著，中华书局，1981。

5. 《瞿同祖法学论著集》，（民国）瞿同祖著，中国政法大学出版社，1998。

6. 《隋唐制度渊源略论稿》，（民国）陈寅恪著，商务印书馆，1944 年。

7. 《历代刑法志》，（民国）丘汉平著，群众出版社，1984，点校本。

8. 《中国法律发达史》（上下册），（民国）杨鸿烈著，上海书店，1990，重印本。

9. 《中国法律思想史》（上下册），（民国）杨鸿烈著，商务印书馆，1998，重印本。

10. 《中国法律对东亚诸国之影响》，（民国）杨鸿烈著，中国法律出版社，1999。

11. 《中国刑法史》，（民国）黄秉心编著，改进出版社，1930。

12. 《梁启超法学文集》，（民国）梁启超著，范中信选编，中国政法大学出版社，2000。

13. 《唐律通论》，（民国）徐道邻著，中华书局，1945 年。

14. 《仪礼和和礼记之社会学的研究》，（民国）李安宅著，商务印书馆，1931。

15. 《中华法系》，李钟声著，（台湾）华欣文化事业中心，1985。

16. 《中国法制史论集》，徐道邻著，（台湾）志文出版社，1975。

17. 《中国法制史》，戴炎辉著，（台湾）三民书局，1979。

18. 《唐律通论》，戴炎辉著，台北国立编译馆，1977。

19. 《中国刑法史》，蔡枢衡著，中国法制出版社，2005。

20. 《中国法制史概要》，张金鉴著，（台湾）正中书局，1973 年。

21. 《中国法制史》，曾宪义主编，中国人民大学出版社，2000。

22. 《中国法制史研究通览》，曾宪义、郑定著，天津教育出版社，1988。

23. 《中国法律思想史研究通览》，曾宪义、范中信著，天津教育出版社，1989。

24. 《明大诰研究》，杨一凡著，江苏人民出版社，1988。

25. 《中国法制史考证》，杨一凡主编，中国社会科学出版社，2003。

26. 《中国珍稀法律典籍集成》（14 册），刘海年、杨一凡主编，科学出版社，1994。

27. 《中国古代法律史知识》，刘海年、杨一凡编著，黑龙江人民出版社，1984。

28. 《中国的法律与道德》，杨一凡、刘笃才著，黑龙江人民出版社，1987。

29. 《中国珍稀法律典籍续编》（10 卷本），杨一凡、田涛主编，黑龙江人民出版社，2002。

30. 《近代中国法制与法学》，李贵连著，北京大学出版社，2002。

31. 《中国法律思想史》，李贵连主编，北京大学出版社，2003。

32. 《沈家本传》，李贵连著，法律出版社，2000。

33. 《法史探微》，高绍先著，法律出版社，2003。

34. 《〈尚书〉法学内容译注》，高绍先著，四川出版社，1988。

35. 《中国历代法学名篇注译》，高绍先主编，中国公安大学出版，1993。

36. 《中国刑法史精要》，高绍先著，法律出版社，2001。

37. 《刑法散得集》，陈忠林著，法律出版社，2003。

38. 《刑法学》（上下），陈忠林著，中国人民大学出版社，2003。

39. 《金律研究》，曾代伟著，（台湾）五南图书出版有限公司，1995。

40. 《中国法制史》，曾代伟著，西南交通大学出版社，1999。

41. 《中国经济法制史纲》，曾代伟著，成都科技大学出版社，1994。

42. 《中国法律思想史》，陈金全著，法律出版社，2001。

43. 《北宋法律思想研究》，陈金全著，广西人民出版社，1993。

44. 《原创文化与 21 世纪法文化》，陈金全著，上海社会科学院出版社，2002。

45. 《刑法学的基本范畴研究》，李永升著，重庆大学出版社，2000。

46. 《犯罪心理学》，梅传强主编，法律出版社，2003。

47. 《秦汉法制史论考》，〔日〕堀毅著，法律出版社，1981。

48. 《秦汉法制史研究》，〔日〕大庭脩著，林剑鸣等译，上海人民出版社，1991。

49. 《秦律通论》，栗劲著，山东人民出版社，1985。

50. 《秦汉律研究》，乔伟著，吉林大学法律系法律史教研室印，1981。

51. 《唐律初探》，杨廷福著，天津人民出版社，1982。

52. 《秦汉法制论考》，高恒著，厦门大学出版社，1994。

53. 《中国刑法简史》，宁汉林、魏克家著，中国检察出版社，1999。

54. 《中国刑法史》，周密著，群众出版社，1985。

55. 《中国法律史论考》，钱大群著，南京大学出版社，2001。

56. 《中国法律思想史》，俞荣根主编，法律出版社，2000。

57. 《道统与法统》，俞荣根著，法律出版社，1999。

58. 《儒家法思想通论》俞荣根著，广西人民出版社，1992。

59. 《景凡文存》，俞荣根、杨甸匀整理，内部编印。

60. 《文化与法文化》，俞荣根著，法律出版社，2003。

61. 《中国传统法学述论——基于国学视角》，俞荣根、龙大轩、吕志兴编著，北京大学出版社，2005。

62. 《中国法制通史》，张晋藩总主编，法律出版社，1999。

63. 《中国传统法律文化》，武树臣等著，北京大学出版社，1994。

64. 《中国法律思想史新编》，张国华著，北京大学出版社，1998。

65. 《法律进化论》，〔日〕穗积陈重著，中国政法大学出版社，1998。

66. 《批判与重建：中国法律史研究反拨》，倪正茂主编，法律出版社，2002。

67. 《第二法门》，田涛著，法律出版社，2004。

68. 《中国古代行政立法》，蒲坚著，北京大学出版社，1990。

69. 《中华法系研究》，郝铁川著，复旦大学出版社，1997。

70. 《中国法律传统的基本精神》，范中信著，山东人民出版社，2001。

71. 《秦汉法律与社会》，于振波著，湖南人民出版社，2000。

72. 《秦汉官吏法研究》，安作璋等著，齐鲁书社，1993。

73. 《两汉魏晋法制简说》，张建国著，大象出版社，1997。

74.《中国古代监狱简史》，李文彬著，西北政法学院科研处编印，1984。

75.《中国法学史》，何勤华著，法律出版社，2000。

76.《中国刑法史新论》，张晋藩、林中、王志刚著，人民法院出版社，1992。

77.《出土法律文献研究》，张伯元著，商务印书馆，2005。

78.《传统中国法理探源》，张国华著，北京大学出版社，2004。

79.《中国法律史论稿》，饶鑫贤著，法律出版社，1999。

80.《汉简缀述》，陈梦家著，中华书局，1981。

81.《金文简帛中的刑法思想》，崔永东著，清华大学出版社，2000。

82.《汉简研究文集》，甘肃省博物馆编，甘肃人民出版社，1984。

83.《居延汉简与汉代社会》，李振宏著，中华书局，2003。

84.《汉简研究》，〔日〕大庭脩著，徐世虹译，广西师范大学出版社，2001。

85.《云梦秦简研究》，中华书局编辑部编，中华书局，1981。

86.《云梦秦简初探》，高敏著，河南人民出版社，1981。

87.《简牍与制度——尹湾汉墓简牍官文书考证》，廖伯源著，（台湾）文津出版社，1998。

88.《〈睡虎地秦墓竹简〉词汇研究》，魏得胜著，华夏出版社，2003。

89.《礼与法》，马小红著，经济管理出版社，1997。

90.《礼与法：法的历史连接》，马小红著，北京大学出版社，2004。

91.《儒家伦理与法律文化》，林端著，中国政法大学出版社，2002。

92.《中国礼仪制度研究》，杨志刚著，华东师范大学出版社，2001。

93.《先秦礼学思想与社会的整合》，刘丰著，中国人民大学出版社，2003。

94.《先秦礼学》，勾承益著，巴蜀书社，2002。

95.《〈慎刑宪〉点评》，鲁嵩岳著，法律出版社，1998。

96.《〈崇德会典〉·〈户部则例〉及其他》，朱勇著，法律出版社，2003。

97.《中国法理念》，江山著，中国地质大学出版社，1989。

98.《法律解释问题》，梁治平著，法律出版社，1998。

99.《寻找自然秩序中的和谐——中国传统法律文化研究》，梁治平著，中国政法大学出版社，1997。

100.《中国官文化批判》，刘永佶著，中国经济出版社，2000。

101.《中国伦理学史》，蔡元培著，东方出版社，1996。

102.《二十世纪中国易学史》，杨庆中著，人民出版社，2002。

103.《天人合一观念与华夏文化传统》，陈江风著，三联书店，1996。

104.《困知录》，赵纪彬著，中华书局，1963。

105.《先秦汉魏晋南北朝诗》（上中下），逯钦立辑校，中华书局，1998。

106.《汉代学术史》，王铁著，华东师范大学出版社，1995。

107.《军功爵制研究》，朱绍侯著，上海人民出版社，1990。

108.《国史大纲》，（民国）钱穆著，商务印书馆，1996，修订第3版。

109.《经学历史》，（清）皮锡瑞著，周予同注释，商务印书馆，1992。

110《史记会注考证》，〔日〕泷川资言著，北岳文艺出版社，1999。

111.《中国的国教——从上古到东汉》，张荣明著，中国社会科学出版社，2001。

112.《中国哲学史史料学初稿》，冯友兰著，上海人民出版社，1962。

113.《中国思想通史》，侯外庐主编，人民出版社，1957。

114.《中国古代思想史》，杨荣国著，人民出版社，1973。

115.《中国官僚政治研究》，王亚南著，中国社会科学出版社，1981。

116.《中国政治思想史》（上下），萧公权著，中国文化学院出版部，1980。

117.《中国政治思想史》，杨幼炯著，商务印书馆，1998。

118.《秦汉思想史》，周桂钿著，河北人民出版社，2000。

119.《两汉思想史》，徐复观著，（台湾）学生书局，1976。

120.《徐复观论经学史二种》，徐复观著，上海古籍出版社，2002。

121.《中国传统政治哲学与社会整合》，刘泽华主编，中国社会科学出版社，2000。

122.《十三经概论》，蒋伯潜著，上海古籍出版社，1983。

123.《经与经学》，蒋伯潜、蒋祖怡著，上海书店出版社，1997。

124.《中国制度史》，吕思勉著，上海教育出版社，1985。

125.《中国政治思想史》（3卷），刘泽华著，浙江人民出版社，1996。

126.《中国哲学简史》，冯友兰著，北京大学出版社，1996。

127.《士大夫政治演生史稿》，阎步克著，北京大学出版社，1996。

128.《汉唐职官制度研究》，陈仲安、王素著，中华书局，1993。

129.《汉魏制度丛考》，杨鸿年著，武汉大学出版社，1985。

130.《汉碑集释》（修订本），高文著，河南大学出版社，1997。

131.《汉魏南北朝墓志集释》，赵万里撰，科学出版社，1956。

132.《汉石经集存》（两册），马衡撰，科学出版社，1957。

133.《秦汉问题研究》，张传玺著，北京大学出版社，1995。

134.《秦汉史》，吕思勉著，上海古籍出版社，1983。

135.《中国制度史研究》，杨联陞著，中国社会科学出版社，1992。

136.《秦汉史论集》，高敏著，中州古籍出版社，1982。

137.《秦史集》，马非百著，中华书局，1982。

138.《汉书注商》，吴恂著，上海古籍出版社，1983。

139.《汉书新证》，陈直著，天津人民出版社，1979。

140.《士与中国文化》，余英时著，上海人民出版社，1987。

141.《秦汉官僚制度》，卜宪群著，社会科学文献出版社，2002。

142.《中国思想史》（2卷），葛兆光著，复旦大学出版社，2001。

143.《中国古代官制讲座》杨志玖主编，中华书局，1992。

144.《秦汉魏晋南北朝监察史纲》，李小树著，社会科学文献出版社，2005。

145.《秦汉魏晋南北朝史探微》，田余庆著，中华书局，1983。

146.《秦汉史》，翦伯赞著，北京大学出版社，1983。

147.《秦史稿》，林剑鸣著，上海人民出版社，1981。

148.《秦汉史论集》，张荣芳著，中山大学出版社，1995。

149.《秦汉文献研究》，吴树平著，齐鲁书社，1988。

150.《先秦两汉史研究》，吴荣曾著，中华书局，1997。

151.《两汉经学与政治》，汤志钧等著，上海古籍出版社，1994。

152.《中国古代服饰研究》，沈从文著，上海书店，2002。

153.《中国家族制度史》，徐扬杰著，人民出版社，1992。

154.《古代社会与国家》，杜正胜著，（台湾）允晨文化出版公司，1992。

155.《秦汉史论稿》，邢义田著，（台湾）东大图书公司，1987。

156.《美国学者论中国法律传统》，高道蕴、高鸿钧、贺卫方编，中国政法大学出版社，1994。

157.《中华帝国的法律》，〔美〕D·布迪、C·莫里斯著，朱勇译，江苏人民出版社，1998。

158.《训诂与训诂学》，陆宗达、王宁著，山西教育出版社，1994。

159.《经学简史》，何耿镛著，厦门大学出版社，1993。

160.《中国小学史》，胡奇光著，上海人民出版社，1987。

161.《汉语音韵学导论》，罗常培著，中华书局，1962。

162.《中国语言学史》，王力著，山西人民出版社，1981。

163.《先秦两汉语言学史略》，吴辛丑著，广东高等教育出版社，2005。

164.《训诂简论》，陆宗达著，北京出版社，1980。

165.《训诂学要略》，周大璞著，湖北人民出版社，1980。

166.《反切起源考》，傅定淼著，上海古籍出版社，2003。

167.《训诂学概论》，齐佩瑢著，中华书局，1984。

168.《训诂学纲要》，赵振铎著，陕西人民出版社，1987。

169.《汉语训诂学史》，李建国著，安徽大学出版社，1986。

170.《训诂学基础》，陈绂著，北京师范大学出版社，1990。

171.《社会契约论》，〔法〕卢梭著，商务印书馆，1980。

172.《古代法》，〔英〕梅因著，商务印书馆，1959。

173.《论法的精神》，〔法〕孟德斯鸠著，商务印书馆，1961。

174.《君主论》，〔意〕马基雅维里著，商务印书馆，1985。

三　论文类

1.《中国法律之儒家化》，（民国）瞿同祖著，载《瞿同祖法学论著集》中国政法大学出版社，1998。

2.《汉代法史与法律》，（民国）季源澄著，载《图书集刊》，1943年第4号。

3. 《汉之决事比及其源流》，（民国）陈顾远著，载《复旦学报》1947 年第 3 期。

4. 《汉魏晋的肉刑论战》，（民国）刘公任著，载《人文月刊》1937 年第 八号。

5. 《说文引汉律令》、《说文引汉令为说解》，（民国）马叙伦著，载《说 文解字研究》，上海商务印书馆，1933。

6. 《西汉儒家对于法学的概念》，陈威立著，载《三民主义半月刊》1953 年第 12 号。

7. 《罪刑法定与非法定的和合——中华法系的一个特点》，俞荣根著，载 《批判与重建：中国法律史研究反拨》，法律出版社，2002。

8. 《秦律刑罚考析》，刘海年著，载《云梦秦简研究》，中华书局，1981。

9. 《居延汉简》，劳干著，载《中央研究院历史语言研究所专刊》之 40，1960。

10. 《中国封建社会只有律家律学律治而无法家法学法治说》，钱剑夫著， 载《学术月刊》1979 年第 2 期。

11. 《秦汉的律令学——兼论曹魏律博士的出现》，邢义田著，载黄清连 主编《制度与国家》，中国大百科全书出版社，2005。

12. 《论支那律令法系的发达》，中田薰著，载何勤华主编《律学考》，商 务印书馆，2004。

13. 《东汉初年的一宗诉讼案卷》，刘海年著，载《中国法律史国际学术讨 论会论文集》，《法律史研究》丛书第 1 辑，陕西人民出版社，1990。

14. 《古代刑狱杂考》，杜正胜著，载《中国史新论》，（台湾）学生书 局，1985。

15. 《中国古代盗窃罪研究》，钱大群著，载《中外法律史新探》，陕西人 民出版社，1994。

16. 《论张斐的法律思想》，刘笃才著，载《法学研究》1996 年第 6 期。

17. 《律学衰因及其传统评价》，师棠著，载《法学》1990 年第 5 期。

18. 《中国古代的法学、律学、吏学与谳学》，武树臣著，载《中央政法管理干部学院学报》1996 年第 5 期。

19. 《汉律在中国法制史上的地位》，叶峰著，载《政治与法律》1986 年第 4 期。

20. 《汉律篇名新笺》，高恒著，载《法律史论丛》第 1 辑，法律出版社，1981。

21. 《论引经决狱》，高恒著，载《法律史论丛》第 3 辑，法律出版社，1983。

22. 《中国古代魏晋律学研究》，蒋集耀著，载《学术月刊》1990 年第 3 期。

23. 《中国传统律学述要》，怀效锋著，载《华东政法学院学报》1998 年创刊号。

24. 《叔孙通为汉定礼乐制度及其意义》，华友根著，载《学术月刊》1995 年第 2 期。

25. 《汉魏晋礼仪立法与礼仪故事》，吕丽著，载《法制与社会发展》2003 年第 3 期。

26. 《秦汉律学考》，何勤华著，载《法学研究》1999 年第 5 期。

27. 《中国经学史的演变》，范文澜著，载《范文澜历史论文选集》，中国社会科学出版社，1979。

28. 《汉代经学的确立与演变》，严正著，载《经学今诠初编》，辽宁教育出版社，2000。

29. 《〈汉书〉应劭注训诂研究》，胡继明著，载《四川师范学院学报》2003 年第 5 期。

30. 《〈唐律音义〉与宋初语音》，曹洁著，载《贵州大学学报》2004 年第 4 期。

31. 《〈汉书〉服虔注音义初探》，李苑静著，载《西华师范大学学报》2003 年第 6 期。

32. 《汉代章句之学与语法研究》，任远著，载《语言研究》1995 年第 1 期。

33.《论章句与章句之学》，杨权著，载《中山大学学报》2002 年第 4 期。

四　出土文献

1.《睡虎地秦墓竹简》，睡虎地秦简整理小组编，文物出版社，1978。

2.《龙岗秦简》，中国文物研究所、湖北省文物考古研究所编，中华书局，2001。

3.《疏勒河流域出土汉简》，林梅村、李均明编，文物出版社，1984。

4.《阜阳汉简苍颉篇》（简 C041），阜阳汉简整理组编，载《文物》1983 年第 2 期。

5.《居延汉简甲编》，中国科学院考古研究所编辑，北京科学出版社，1959。

6.《居延汉简乙编》，中国社会科学院考古研究所编，中华书局，1980。

7.《居延汉简补编》，萧璠、刘增贵、林素清合编，台湾《中央研究院历史语言研究所专刊》之 99，1998。

8.《武威汉简》，甘肃省博物馆、中国科学院考古研究所编著，文物出版社，1964。

9.《江陵张家山汉简〈奏谳书〉释文》（1），张家山汉简整理小组编，载《文物》1993 年第 8 期。

10.《江陵张家山汉简〈奏谳书〉释文》（2），张家山汉简整理小组编，载《文物》1995 年第 3 期。

11.《尹湾汉墓简牍》，连云港博物馆、东海县博物馆、中国文物研究所编，中华书局，1997。

12.《敦煌悬泉汉简释粹》，胡平生、张德芳编，上海古籍出版社，2001。

五　工具书

1.《中国大百科全书》，中国大百科全书出版社，1994。

2.《法学辞典》（增订版），上海辞书出版，1984。

3.《中国儒学辞典》，赵吉惠、郭厚安主编，辽宁人民出版社，1988。

4. 《辞源》，（北京）商务印书馆，1981。

5. 《中华百科全书》（网络版），台湾中国文化大学"百科全书"网，网址如下：http：//living. pccu. edu. tw/chinese/index. asp

6. 《中国现代经典》，刘梦溪主编，河北教育出版社，1996。

后　记

　　本书系由笔者的博士论文《汉代律章句学考论》之考据部分改写而成。

　　感谢吾师俞荣根教授的点化，使我的研究方法由以前的义理宏论转向考据小学。而后者，应当更适合自己出身史学、跻身法学的学术底子。学而无根，何以精进？这一转化，不仅是学术路子的转变，甚至是人生道路的重大转折。它，意味着学术将与自己的人生相伴而行，永不相欺，也永不相弃！虽青灯孤影，亦无怨焉。

　　中国社会科学院杨一凡教授，为我的学术发展方向数陈灼见，多加提携，使自己坚定了信念，当执弟子礼以谢之。

　　书不尽言，言不尽意。纵有思绪万种，尽在不言之中。

龙大轩识于

2009 年 3 月 28 日

作 者 简 介

　　龙大轩　男，汉族，1965年3月生，重庆市梁平县人。历史学硕士，法学博士，现为西南政法大学教授，主要从事法律史学与民族法文化研究。

　　在《历史研究》、《法学研究》、《现代法学》、《思想战线》等刊物发表论文50余篇，其中多篇为《新华文摘》、《中国社会科学文摘》、《中国学术年鉴》、《人大报刊复印资料》、《高等学校文科学报》等刊物转载。出版学术专著7部，其中个人专著《乡土秩序与民间法律》获司法部2002年法学研究优秀成果三等奖；合作专著《羌族习惯法》（副主编）获重庆市第三届哲学社会科学优秀成果一等奖、重庆市首届社会科学规划项目奖。2006年获得"重庆市高校优秀中青年骨干教师"荣誉称号。

中国法制史考证续编·第五册（全十三册）

汉代律家与律章句考

主　　编／杨一凡

著　　者／龙大轩

出 版 人／谢寿光
总 编 辑／邹东涛
出 版 者／社会科学文献出版社
地　　址／北京市西城区北三环中路甲 29 号院 3 号楼华龙大厦
邮政编码／100029
网　　址／http：//www.ssap.com.cn
网站支持／（010）59367077
责任部门／人文科学图书事业部（010）59367215
电子信箱／bianjibu@ssap.cn
项目经理／宋月华
责任编辑／魏小薇
责任校对／吴小云

总 经 销／社会科学文献出版社发行部
　　　　　（010）59367080　59367097
经　　销／各地书店
读者服务／市场部（010）59367028
印　　刷／三河市文通印刷包装有限公司

开　　本／787mm×1092mm　1/16
印　　张／17.5（全十三册共 365 印张）
字　　数／206 千字（全十三册共 4351 千字）
版　　次／2009 年 8 月第 1 版
印　　次／2009 年 8 月第 1 次印刷

书　　号／ISBN 978-7-5097-0821-7
定　　价／4600.00 元（全十三册）

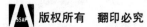